원픽 토픽 1

ONE PICK TOPIK 1

한국어 배우기 시리즈 4

원픽 토픽 1
ONE PICK TOPIK 1

토픽 기출문제(83회, 91회) 분석 및 풀이

+ 어휘, 문법 총정리 및 TIP

+ 연습문제(2회)와 풀이

+ 실전 모의고사(2회)와 풀이

별책 수록
어휘(영어, 중국어, 베트남어)
문법 설명 및 연습

학습 체크지
듣기 QR
OMR 답안지

김천미 · 지은정 · 김지현 · 권미경

dm 동문사

머리말

최근 학문 목적으로 국내 대학교와 대학원 입학을 희망하는 외국인의 수가 꾸준히 증가하고 있다. 현재 19만 명 정도의 외국인이 전문대학, 대학교, 대학원 등의 여러 고등교육기관에서 유학 중이다. 외국인이 한국에 있는 대학에 입학하기 위해서는 대한민국 정부가 직접 출제하고 운영하는 한국어능력시험(TOPIK) 성적이 필요하며, 일반적으로 대학교 입학은 3급, 졸업은 4급 이상의 성적을 요구한다. 이처럼 TOPIK의 중요성이 점점 더 커짐에 따라 체계적인 TOPIK 시험 대비성의 필요성에 대한 목소리도 높아지고 있다.

이에 부응하기 위해 집필진은 다양한 국적의 외국인 학습자가 짧은 시간 안에 효율적이고 체계적으로 TOPIK 1 시험에 대비할 수 있도록 교재를 개발하였다. 이 책은 15주 완성 교재로, [1주차]부터 [12주차]까지는 토픽 91회 기출문제를 유형별로 나누어 전략을 제시하였다. 또한 기출문제와 유사한 연습문제 2회를 통해 학습자들이 각 유형에 대한 감각을 익힐 수 있도록 구성하였다. [13주차]는 토픽 83회 기출문제, [14주차]와 [15주차]는 실전 모의고사 문제로 구성하여 실제 시험에 대비하여 연습할 수 있도록 하였다.

이와 함께 TOPIK 1에서 자주 나오는 문법과 어휘를 체계적으로 정리하였고, 인사말, 가족 관계, 외래어, 접속어 등은 〈TIP〉으로 제시하였다. 특히 어휘 학습에서는 다양한 국적의 외국인 학습자를 고려하여 어휘를 영어, 중국어, 베트남어로 제시하여 사전 없이도 쉽게 학습할 수 있도록 하였고, 그 외의 언어권 학습자는 스스로 모국어로 표기하여 학습할 수 있도록 하였다. 그리고 〈학습 체크하기〉를 통해 학교에서는 15주 완성으로, 개인 학습자는 2주 완성으로 학습 진도를 점검할 수 있도록 구성하였다.

이 책을 통해 TOPIK 1을 준비하는 외국인 학습자가 단기간에 쉽고 효율적으로 시험을 준비하여 좋은 점수를 받을 수 있기를 바란다.
이 책을 출간해 주신 동문사 이중수 사장님과 유재영 상무님, 중국어와 베트남어 번역에 도움을 준 레베카 카이 씨와 부티응억 씨께 감사를 드린다.

2024년 12월
저자 일동

일러두기

- 『원픽 토픽 1』은 국내 전문대학, 대학교, 대학원 등의 입학을 준비하는 외국인 학습자가 TOPIK 1 시험에 대비할 수 있도록 개발한 교재이다.

- 이 교재는 15주 완성(학교용) 교재이며, 전체 15주차로 구성되어 있다. 1주차부터 12주차까지는 PART 1, 13주차부터 15주차까지는 PART 2로 되어 있다. 또한 〈한눈에 쏙쏙 어휘 공부하기〉와 〈한눈에 쏙쏙 문법 공부하기〉는 별책으로 만들어 휴대하여 학습하거나 과제로 제출할 수 있도록 하였다. 부록으로 83회 기출문제, 모의고사 1, 2의 정답 및 풀이, OMR 답안지를 제시하였다.

- 〈한눈에 쏙쏙 어휘 공부하기〉는 토픽 1에서 자주 나오는 어휘를 뽑아 영어, 중국어, 베트남어로 번역하였다. 이 언어들 외의 다른 언어를 모국어로 하는 경우는 직접 어휘를 찾아서 써 볼 수 있도록 하였다. 번역이 있는 경우 다시 한번 어휘를 쓰면서 연습할 수 있도록 구성하였다.

- 〈한눈에 쏙쏙 문법 공부하기〉는 토픽 1에서 자주 나오는 70개의 문법을 설명하고, 예문을 제시하였으며, 연습 문제를 풀고 정답을 확인하면서 스스로 문법 연습을 할 수 있도록 하였다.

- 〈토픽 1에 자주 나오는 문법 정리〉에서는 비격식체와 격식체, 관형형, 불규칙 등 혼동하기 쉬운 10개의 문법을 표로 정리하였다.

- 〈학습 체크하기〉는 학교용으로는 15주 완성, 개인용으로는 2주 완성으로 되어 있다. 학습을 완료하면 표에 체크하면서 학습자들이 자율적으로 자신의 학습 진도를 확인할 수 있도록 하였다.

- 〈기출문제 분석〉에서는 토픽 기출문제 83회, 91회를 주제, 유형별로 분석하고, 질문 유형을 제시하여 학습자가 토픽 시험의 내용을 파악하고 유추할 수 있도록 하였다.

- 1주차부터 12주차는 91회 기출문제, 연습하기 2회를 유형별로 나누어 전략과 함께 제시하였다. 1주차부터 5주차까지는 듣기 연습, 6주차부터 12주차까지는 읽기 연습으로 구성하였다. 듣기 연습은 QR을 사용하여 스마트폰으로 어디에서든지 쉽게 연습을 할 수 있게 하였다. 또한 정답 및 풀이를 문제 뒤에 제시하여 문제를 푼 후 바로 정답을 확인할 수 있도록 하였다.

- 주차별로 TIP을 제시하여 토픽 1에서 자주 출제되는 인사말, 의문사, 가족, 단위 관련 단어, 시간, 외래어, 존대, 서로 반대되는 형용사, 장소, 직업, 빈도 부사, 접속어를 추가로 공부할 수 있게 하였다.

- 13주차는 〈토픽 기출문제 83회〉를 제시하여 전체 토픽 시험을 연습할 수 있도록 하였다. OMR 답안지에 직접 답안을 작성하면서 실전 연습이 가능하게 하였다.

- 14주차는 〈모의고사 1〉, 15주차는 〈모의고사 2〉로 구성하여 학습자들이 실전 연습을 충분히 할 수 있도록 하였다.

- 13주차, 14주차, 15주차의 〈정답 및 풀이〉를 함께 제시하여 정답을 확인하고 스스로 자신의 실력을 체크하면서 부족한 부분을 보완할 수 있도록 하였다.

TOPIK 안내

TOPIK 시험목적

- 한국어를 모국어로 하지 않는 재외동포 · 외국인의 한국어 학습 방향 제시 및 한국어 보급 확대
- 한국어 사용 능력을 측정 · 평가하여 그 결과를 국내 대학 유학 및 취업 등에 활용

TOPIK 응시대상

- 한국어를 모국어로 하지 않는 재외동포 및 외국인으로서
- 한국어 학습자 및 국내 대학 유학 희망자
- 국내외 한국 기업체 및 공공기관 취업 희망자
- 외국 학교에 재학중이거나 졸업한 재외국민

TOPIK 유효기간

- 성적 발표일로부터 2년간 유효

TOPIK 시험의 주요 활용처

- 외국인 및 재외동포의 국내 대학(원) 입학 및 졸업
- 국내/외 기업체 및 공공기관 취업
- 영주권/취업 등 체류비자 취득
- 정부초청 외국인 장학생 프로그램 진학 및 학사관리
- 국외 대학의 한국어 관련 학과 학점 및 졸업요건

TOPIK 주관기관

책임운영기관
교육부
국립국제교육원

TOPIK의 종류 및 구성

1. 시험 종류는 TOPIK Ⅰ, TOPIK Ⅱ, TOPIK 말하기 평가로 구분. PBT(Paper Based Test; 이하 'PBT') 또는 IBT(Internet Based Test; 이하 'IBT') 방식으로 시행

2. TOPIK Ⅰ PBT는 초급 수준의 듣기 30문항, 읽기 40문항으로 구성되며, 시험시간은 듣기 40분, 읽기 60분, 총 100분

3. TOPIK Ⅰ IBT는 초급 수준의 듣기 30문항, 읽기 30문항으로 구성되며, 시험시간은 듣기 40분, 읽기 45분, 총 85분

4. TOPIK Ⅱ PBT는 중·고급 수준의 듣기 50문항, 쓰기 4문항, 읽기 50문항으로 구성되며, 시험시간은 듣기 60분, 쓰기 50분, 읽기 70분, 총 180분

5. TOPIK Ⅱ IBT는 중·고급 수준의 듣기 40문항, 쓰기 3문항, 읽기 40문항으로 구성되며, 시험시간은 듣기 45분, 읽기 55분, 쓰기 50분 총 150분

6. TOPIK 말하기 평가는 초·중·고급 수준의 6문항으로 구성되며, 시험시간은 총 30분으로 하고, IBT 방식으로 시행

7. 영역별 문항 수와 시험시간은 변경될 수 있다. 단, 변경 시에는 「고등교육법 시행령」 제42조의5 및 「행정권한의 위임 및 위탁에 관한 규정」 제22조에 따라 한국어능력시험 공식홈페이지 등에 공고하고, 전 고등교육기관 및 국외 시행기관 등에 공문으로 공지

토픽 PBT

시험 수준 및 등급

- **시험 수준:** 토픽 I, 토픽 II
- **평가 등급:** 6개 등급(1~6급)
- 획득한 종합 점수를 기준으로 판정되며, 등급별 분할 점수는 아래와 같습니다.

구분	토픽 I		토픽 II			
	1급	2급	3급	4급	5급	6급
등급 결정	80~139	140~200	120~149	150~189	190~229	230~300

※ 35회 이후 시험 기준으로 TOPIK I은 초급, TOPIK II는 중 · 고급 수준입니다.

시험 시간표

시험 수준	교시	영역	한국			시험시간(분)
			입실 완료 시간	시작	종료	
토픽 I	1교시	듣기, 읽기	09:20까지	10:00	11:40	100
토픽 II	1교시	듣기, 쓰기	12:20까지	13:00	14:50	110
	2교시	읽기	15:10까지	15:20	16:30	70

※ 토픽 I 은 1교시만 실시함

※ 해외 시험 시간은 현지 접수기관에 문의하시기 바랍니다.

시험 수준별 구성

시험 수준	교시	영역	문제 유형	문항수	배점	총점
토픽 I	1교시	듣기	선택형	30	100	200
		읽기	선택형	40	100	
토픽 II	1교시	듣기	선택형	50	100	300
		쓰기	서답형	4	100	
	2교시	읽기	선택형	50	100	

문제 유형

- 선택형 문항(4지선다형)
- 서답형 문항(쓰기 영역)
  - 문장완성형(단답형): 2문항
  - 작문형: 2문항(200-300자 정도의 중급 수준 설명문 1문항, 600~700자 정도의 고급 수준 논설문 1문항)

쓰기 영역 작문 문항 평가 범주

문항 번호	평가 범주	평가 내용
51-52	내용 및 과제 수행	-제시된 과제에 맞게 적절한 내용으로 썼는가?
	언어사용	-어휘와 문법 등의 사용이 정확한가?
53-54	내용 및 과제 수행	-주어진 과제를 충실히 수행하였는가? -주제와 관련된 내용으로 구성하였는가? -주어진 내용을 풍부하고 다양하게 표현하였는가?
	글의 전개 구조	-글의 구성이 명확하고 논리적인가? -글의 내용에 따라 단락 구성이 잘 이루어졌는가? -논리 전개에 도움이 되는 담화 표지를 적절하게 사용하여 조직적으로 연결하였는가?
	언어사용	-문법과 어휘를 다양하고 풍부하게 사용하며 적절한 문법과 어휘를 선택하여 사용하였는가? -문법, 어휘, 맞춤법 등의 사용이 정확한가? -글의 목적과 기능에 따라 격식에 맞게 글을 썼는가?

등급별 평가 기준

시험 수준	등급	평가 기준
토픽 I	1급	자기 소개하기, 물건 사기, 음식 주문하기 등 생존에 필요한 기초적인 언어 기능을 수행할 수 있으며 자기 자신, 가족, 취미, 날씨 등 매우 사적이고 친숙한 화제에 관련된 내용을 이해하고 표현할 수 있다. 약 800개의 기초 어휘와 기본 문법에 대한 이해를 바탕으로 간단한 문장을 생성할 수 있다. 또한 간단한 생활문과 실용문을 이해하고, 구성할 수 있다.
	2급	전화하기, 부탁하기 등의 일상생활에 필요한 기능과 우체국, 은행 등의 공공시설 이용에 필요한 기능을 수행할 수 있다. 약 1,500개~2,000개의 어휘를 이용하여 사적이고 친숙한 화제에 관해 문단 단위로 이해하고 사용할 수 있다. 공식적 상황과 비공식적 상황에서의 언어를 구분해 사용할 수 있다.
토픽 II	3급	일상생활을 영위하는 데 별 어려움을 느끼지 않으며 다양한 공공시설의 이용과 사회적 관계 유지에 필요한 기초적 언어 기능을 수행할 수 있다. 친숙하고 구체적인 소재는 물론, 자신에게 친숙한 사회적 소재를 문단 단위로 표현하거나 이해할 수 있다. 문어와 구어의 기본적인 특성을 구분해서 이해하고 사용할 수 있다.
	4급	공공시설 이용과 사회적 관계 유지에 필요한 언어 기능을 수행할 수 있으며, 일반적인 업무 수행에 필요한 기능을 어느 정도 수행할 수 있다. 또한 뉴스, 신문 기사 중 비교적 평이한 내용을 이해할 수 있다. 일반적인 사회적 · 추상적 소재를 비교적 정확하고 유창하게 이해하고 사용할 수 있다. 자주 사용되는 관용적 표현과 대표적인 한국 문화에 대한 이해를 바탕으로 사회 · 문화적인 내용을 이해하고 사용할 수 있다.
	5급	전문 분야에서의 연구나 업무 수행에 필요한 언어 기능을 어느 정도 수행할 수 있으며 정치, 경제, 사회, 문화 전반에 걸쳐 친숙하지 않은 소재에 관해서도 이해하고 사용할 수 있다. 공식적 · 비공식적 맥락과 구어적 · 문어적 맥락에 따라 언어를 적절히 구분해 사용할 수 있다.
	6급	전문 분야에서의 연구나 업무 수행에 필요한 언어 기능을 비교적 정확하고 유창하게 수행할 수 있으며 정치, 경제, 사회, 문화 전반에 걸쳐 친숙하지 않은 주제에 관해서도 이해하고 사용할 수 있다. 원어민 화자의 수준에는 이르지 못하나 기능 수행이나 의미 표현에는 어려움을 겪지 않는다.

TOPIK 유의사항

유의사항
Information

1. 시험 시작 지시가 있을 때까지 문제를 풀지 마십시오.
   Do not open the booklet until you are allowed to start.

2. 수험번호와 이름을 정확하게 적어 주십시오.
   Write your name and registration number on the answer sheet.

3. 답안지를 구기거나 훼손하지 마십시오.
   Do not fold the answer sheet; keep it clean.

4. 답안지의 이름, 수험번호 및 정답의 기입은 배부된 펜을 사용하여 주십시오.
   Use the given pen only.

5. 정답은 답안지에 정확하게 표시하여 주십시오.
   Mark your answer accurately and clearly on the answer sheet.

marking example	① ● ③ ④

6. 문제를 읽을 때에는 소리가 나지 않도록 하십시오.
   Keep quiet while answering the questions.

7. 질문이 있을 때에는 손을 들고 감독관이 올 때까지 기다려 주십시오.
   When you have any questions, please raise your hand.

15주 완성 학습 체크하기(학교용)

◆ 이번 주의 학습을 완료했으면 ∨표 하세요.

주	주차	체크하기(∨)
1주	1주차(듣기 1번-6번)	
2주	2주차(듣기 7번-14번)	
3주	3주차(듣기 15번-21번)	
4주	4주차(듣기 22번-24번)	
5주	5주차(듣기 25번-30번)	
6주	6주차(읽기 31번-39번)	
7주	7주차(읽기 40번-45번)	
8주	8주차(읽기 46번-50번)	
9주	9주차(읽기 51번-56번)	
10주	10주차(읽기 57번-62번)	
11주	11주차(읽기 63번-66번)	
12주	12주차(읽기 67번-70번)	
13주	13주차 토픽 기출문제 83회	
14주	14주차 모의고사 1	
15주	15주차 모의고사 2	

2주 완성 학습 체크하기(개인용)

◆ 오늘의 학습을 완료했으면 ∨표 하세요.

1주차	1일	2일	3일	4일	5일	6일	7일	
	1주차	2주차	3주차	4주차	5주차	5주차	7주차	
2주차	8일	9일	10일	11일	12일	13일	14일	15일
	8주차	9주차	10주차	11주차	12주차	13주차 토픽83회	14주차 모의고사1	15주차 모의고사2

차 례

PART 1 토픽 기출문제 91회 및 연습

PART 2 토픽 기출문제 83회 및 모의고사

부록

기출문제 분석(토픽 83회, 91회)

듣기(1-30번)

<table>
<tr><th rowspan="2">문항</th><th colspan="2">주제</th><th colspan="2">유형</th><th colspan="2">질문 유형</th></tr>
<tr><th>83회</th><th>91회</th><th>83회</th><th>91회</th><th>83회</th><th>91회</th></tr>
<tr><td>1</td><td>학생</td><td>학생</td><td>질문(명사)</td><td>질문(명사)</td><td rowspan="4" colspan="2">물음에 맞는 대답 고르기</td></tr>
<tr><td>2</td><td>책</td><td>과자</td><td>질문(동사)</td><td>질문(동사)</td></tr>
<tr><td>3</td><td>장소(카페)</td><td>음료수</td><td>질문(의문사)</td><td>질문(의문사)</td></tr>
<tr><td>4</td><td>교통 이용</td><td>교통 이용</td><td>질문(의문사)</td><td>질문(의문사)</td></tr>
<tr><td>5</td><td>사과하기</td><td>인사하기</td><td rowspan="2" colspan="2">대화문</td><td rowspan="2" colspan="2">이어지는 말 고르기</td></tr>
<tr><td>6</td><td>부탁하기</td><td>전화하기</td></tr>
<tr><td>7</td><td>물건(과일) 사기</td><td>영화표 사기</td><td rowspan="4" colspan="2">대화문</td><td rowspan="4" colspan="2">어디인지 고르기</td></tr>
<tr><td>8</td><td>식당</td><td>교통(버스)</td></tr>
<tr><td>9</td><td>백화점</td><td>서점</td></tr>
<tr><td>10</td><td>약국</td><td>신발 가게</td></tr>
<tr><td>11</td><td>가족</td><td>음식의 맛</td><td rowspan="4" colspan="2">대화문</td><td rowspan="4" colspan="2">무엇에 대해 말하고 있는지 고르기</td></tr>
<tr><td>12</td><td>시간</td><td>약속 장소</td></tr>
<tr><td>13</td><td>운동</td><td>날씨</td></tr>
<tr><td>14</td><td>값</td><td>고향</td></tr>
<tr><td>15</td><td>위치</td><td>쇼핑</td><td rowspan="2" colspan="2">대화문</td><td rowspan="2" colspan="2">가장 알맞은 그림 고르기</td></tr>
<tr><td>16</td><td>버스 타기</td><td>청소</td></tr>
<tr><td>17</td><td>일상생활</td><td>방학</td><td rowspan="5" colspan="2">대화문</td><td rowspan="5" colspan="2">대화 내용과 같은 것 고르기</td></tr>
<tr><td>18</td><td>요리</td><td>가수</td></tr>
<tr><td>19</td><td>일상생활</td><td>축구</td></tr>
<tr><td>20</td><td>물건 사고팔기</td><td>기타</td></tr>
<tr><td>21</td><td>병원 예약</td><td>휴대전화</td></tr>
<tr><td>22</td><td>공부</td><td>아침에 일어나기</td><td rowspan="3" colspan="2">대화문</td><td rowspan="3" colspan="2">대화에서 여자의 중심 생각 고르기</td></tr>
<tr><td>23</td><td>시계 고치기</td><td>냉면 주문</td></tr>
<tr><td>24</td><td>공연</td><td>수첩</td></tr>
<tr><td>25–26</td><td>회사 행사</td><td>마트 이용 시간</td><td colspan="2">안내방송</td><td rowspan="3" colspan="2">물음에 답하기</td></tr>
<tr><td>27–28</td><td>꽃을 사는 이유</td><td>미술관</td><td colspan="2">대화문</td></tr>
<tr><td>29–30</td><td>경찰</td><td>수영 대회</td><td colspan="2">인터뷰</td></tr>
</table>

읽기(31–70번)

문항	주제		유형		질문 유형	
	83회	91회	83회	91회	83회	91회
31	과일	과일	문장	문장	무엇에 대한 글인지 고르기	
32	쇼핑	나이				
33	방학	직업				
34	영화	운동장	문장(동사)	문장(장소)	빈칸에 알맞은 말 고르기	
35	노래	옷	문장(명사)	문장(조사)		
36	학교	병원	문장(동사)	문장 (형용사)		
37	일상생활	케이크	문장 (형용사)	문장(부사)		
38	만남	창문	문장(부사)	문장(동사)		
39	학용품	집	문장(조사)	문장(동사)		
40	광고(우유)	광고(김밥)	광고문	광고문	내용과 맞지 않는 것 고르기	
41	광고(방)	안내(공원)	광고문	안내문		
42	여행	약속	문자 댓글	문자 메시지		
43	외식	일상생활	생활문	생활문	내용과 같은 것 고르기	
44	방문	축제	생활문	생활문		
45	약속	자전거	생활문	생활문		
46	빵 만들기	등산	생활문	생활문	중심 내용 고르기	
47	수영	쇼핑	생활문	생활문		
48	정리	만남	생활문	생활문		
49–50	직장	초대	생활문	생활문	글을 읽고 물음에 답하기	
51–52	축제	행사	안내문	설명문		
53–54	병원	운동	생활문	생활문		
55–56	박물관	차	설명문	설명문		
57	채소가게	기념품	생활문	생활문	순서에 맞게 배열하기	
58	펭귄 우체국	계획	설명문	설명문		
59–60	학교 가기	박물관	생활문	생활문	글을 읽고 물음에 답하기	
61–62	여행	식당				
63–64	수업 신청	주문	안내문	생활문		
65–66	초콜릿의 영향	행사	설명문	설명문		
67–68	건강	우산				
69–70	추억	이웃	생활문	생활문		

PART

1

토픽 기출문제 91회, 정답 및 풀이

- 연습하기 1, 정답 및 풀이
- 연습하기 2, 정답 및 풀이
- TIP 1 ~ TIP 8

1주차

유형별 전략

기출문제 풀어보기: 토픽 91회(듣기 1번–6번)

연습하기 1

연습하기 2

TIP 1: 인사말, 의문사

1 주차

듣기 1번-6번

유형별 전략

[1-4번] 물음에 맞는 대답 고르기

1-2번 전략

질문을 듣고 '네/아니요' 대답을 고른다.
"명이에요/예요?"로 질문하면 "네, 명이에요/예요"/"아니요, 명이/가 아니에요"로 대답한다. 또는 "명이/가 있어요?"로 질문하면 "네, 명이/가 있어요"/"아니요, 명이/가 없어요"로 대답한다.

3-4번 전략

의문사(누구/누가, 언제, 어디, 무엇/뭐, 어떻게, 왜, 몇)가 들어있는 질문을 듣고 대답을 고른다.

[5-6번] 이어지는 말 고르기

5-6번 전략

만나거나 헤어질 때 하는 인사나 누군가에게 하는 부탁, 감사, 사과하는 문장을 듣고 이어지는 대답을 고른다.

기출문제 풀어보기

토픽 91회(듣기 1번-6번)

※ [1-4] 다음을 듣고 〈보기〉와 같이 물음에 맞는 대답을 고르십시오.

보기

가: 공책이 있어요?

나: ________________

❶ 네, 공책이 있어요. ② 네, 공책을 사요.
③ 아니요, 공책에 써요. ④ 아니요, 공책이 작아요.

01. (4점)

① 네, 학생이에요. ② 네, 학생이 없어요.
③ 아니요, 학생이 와요. ④ 아니요, 학생이 좋아요.

02. (4점)

① 네, 과자가 비싸요. ② 네, 과자가 아니에요.
③ 아니요, 과자를 먹어요. ④ 아니요, 과자를 안 좋아해요.

03. (3점)

① 매일 마셔요. ② 제가 마셔요.
③ 우유를 마셔요. ④ 집에서 마셔요.

04. (3점)

① 내일 가요. ② 공원에 가요.
③ 동생이 가요. ④ 지하철로 가요.

정답 및 풀이

01. ①

남자: 학생이에요?
여자: ______________________

풀이 "학생이에요?"라고 물으면 "네, 학생이에요."/"아니요, 학생이 아니에요."로 대답한다.

02. ④

여자: 과자를 좋아해요?
남자: ______________________

풀이 "과자를 좋아해요?"라고 물으면 "네, 과자를 좋아해요."/"아니요, 과자를 안 좋아해요."로 대답한다.

03. ③

남자: 지금 무엇을 마셔요?
여자: ______________________

풀이 "지금 무엇을 마셔요?"라고 물으면 "(우유/물/주스 등)을/를 마셔요."로 대답한다.

04. ④

여자: 학교에 어떻게 가요?
남자: ______________________

풀이 "학교에 어떻게 가요?"라고 물으면 "(버스/지하철/택시 등)(으)로 가요."로 대답한다.

※[5~6] 다음을 듣고 <보기>와 같이 이어지는 말을 고르십시오.

보기

가: 안녕히 계세요.

나: ____________________

① 들어오세요. ② 안녕하세요.
❸ 안녕히 가세요. ④ 맛있게 드세요.

05. (4점)

① 고맙습니다. ② 반갑습니다.
③ 실례합니다. ④ 환영합니다.

06. (3점)

① 네, 어서 오세요. ② 네, 잘 다녀오세요.
③ 네, 안녕히 주무세요. ④ 네, 잠깐만 기다리세요.

정답 및 풀이

05. ①

남자: **많이 드세요.**
여자: ______________________

풀이 "많이 드세요."라고 말하면 "고맙습니다/감사합니다/고마워요/감사해요."로 대답한다.

06. ④

여자: **여보세요. 수미 씨 좀 바꿔 주세요.**
남자: ______________________

풀이 전화 대화에서 "(이름) 씨 좀 바꿔 주세요."라고 말하면 "네, 잠깐만 기다리세요."로 대답한다.

연습하기 1

※ [1-4] 다음을 듣고 〈보기〉와 같이 물음에 맞는 대답을 고르십시오.

보기

가: 사과를 먹어요?

나: ______________________

❶ 네, 사과를 먹어요. ② 네, 사과예요.
③ 아니요, 사과예요. ④ 아니요, 사과가 좋아요.

01. (4점)

① 네, 가방이 없어요. ② 네, 가방을 사요.
③ 아니요, 가방이 없어요. ④ 아니요, 가방이 있어요.

02. (4점)

① 네, 물이에요. ② 네, 물을 마셔요.
③ 아니요, 물이 아니에요. ④ 아니요, 물이 없어요.

03. (3점)

① 자주 공부해요. ② 도서관에서 공부해요.
③ 내일 공부해요. ④ 언니하고 공부해요.

04. (3점)

① 세 명이에요. ② 같이 숙제해요.
③ 친구 집에 가요. ④ 세 시에 만나요.

정답 및 풀이

01. ③

여자: 가방이 있어요?
남자: ________________________

풀이 "가방이 있어요?"라고 물으면 "네, 있어요."/"아니요, (가방이) 없어요."로 대답한다.

02. ②

여자: 물을 마셔요?
남자: ________________________

풀이 "물을 마셔요?"라고 물으면 "네, 마셔요."/"아니요, 안 마셔요."로 대답한다.

03. ②

남자: 우리 어디에서 공부해요?
여자: ________________________

풀이 "우리 어디에서 공부해요?"라고 물으면 "(장소)에서 공부해요." 또는 "(장소)에서 해요."로 대답한다.

04. ④

여자: 언제 친구를 만나요?
남자: ________________________

풀이 "언제 친구를 만나요?"라고 물으면 "(시간)에 만나요."로 대답한다.

※ [5-6] 다음을 듣고 〈보기〉와 같이 이어지는 말을 고르십시오.

보기

가: 안녕하세요?

나: ________________

① 말씀하세요. ② 안녕히 가세요.

❸ 어서 오세요. ④ 안녕히 계세요.

05. (4점)

① 괜찮아요. ② 안녕히 계세요.

③ 안녕하세요. ④ 잘 지냈어요.

06. (3점)

① 축하해요. ② 아니에요.

③ 부탁해요. ④ 잘 지내요.

정답 및 풀이

05. ②

여자: **안녕히 가세요.**
남자: ______________________

풀이 "안녕히 가세요."라고 인사하면 "안녕히 가세요."/ "안녕히 계세요."로 대답한다.

06. ②

남자: **고마워요.**
여자: ______________________

풀이 "고마워요."라고 말하면 "아니에요."/"괜찮아요."로 대답한다.

연습하기 2

※ [1-4] 다음을 듣고 〈보기〉와 같이 물음에 맞는 대답을 고르십시오.

보기

가: 책이에요?

나: ______________________

❶ 네, 책이에요.　　② 네, 책이 아니에요.

③ 아니요, 책이 좋아요.　　④ 아니요, 책이 재미있어요.

01. (4점)

① 네, 학생이 없어요.　　② 네, 학생이 좋아요.

③ 아니요, 학생이 아니에요.　　④ 아니요, 학생이 많아요.

02. (4점)

① 네, 공부해요.　　② 네, 재미있어요.

③ 아니요, 재미없어요.　　④ 아니요, 한국어가 아니에요.

03. (3점)

① 매일 가르쳐요.　　② 집에서 가르쳐요.

③ 한국어를 공부해요.　　④ 누나가 가르쳐요.

04. (3점)

① 버스로 가요.　　② 언니하고 같이 가요.

③ 식당 앞에서 타요.　　④ 두 시에 타요.

정답 및 풀이

01. ③

> 여자: **학생이에요?**
> 남자: ____________________

풀이 "학생이에요?"라고 물으면 "네, 학생이에요."/"아니요, 학생이 아니에요."로 대답한다.

02. ①

> 남자: **한국어를 공부해요?**
> 여자: ____________________

풀이 "한국어를 공부해요?"라고 물으면 "네, 공부해요."/"아니요, 공부(를) 안 해요."로 대답한다.

03. ④

> 여자: **누가 한국어를 가르쳐요?**
> 남자: ____________________

풀이 "누가 한국어를 가르쳐요?"라고 물으면 "(사람)이/가 가르쳐요."로 대답한다.

04. ③

> 남자: **어디에서 버스를 타요?**
> 여자: ____________________

풀이 "어디에서 버스를 타요?"라고 물으면 "(장소, 여기, 저기, –앞, –옆, –근처 등)에서 타요."로 대답한다.

※ [5~6] 다음을 듣고 〈보기〉와 같이 이어지는 말을 고르십시오.

보기

가: 어서 오세요.

나: ______________________

① 말씀하세요. ② 안녕히 가세요.
❸ 안녕하세요. ④ 안녕히 계세요.

05. (4점)

① 괜찮아요. ② 반가워요.
③ 고마워요. ④ 축하해요.

06. (3점)

① 네, 반가워요. ② 네, 고마워요.
③ 들어오세요. ④ 맛있게 드세요.

정답 및 풀이

05. ④

여자: 저 오늘 생일이에요.
남자: ______________________________

풀이 "저 오늘 생일이에요."라고 말하면 "축하해요."/"아, 그래요?"로 대답한다.

06. ②

남자: 여기에 앉으세요.
여자: ______________________________

풀이 "여기에 앉으세요."라고 말하면 "네, 알겠습니다."/"고마워요."/"감사합니다."로 대답한다.

TIP 1 인사말, 의문사

1. 인사말

대화 상황	표현	대답
만났을 때	안녕하세요?/안녕하십니까?	안녕하세요?/안녕하십니까?
헤어질 때	안녕히 가세요.	안녕히 가세요.
	안녕히 가세요.	안녕히 계세요.
	안녕히 계세요.	안녕히 가세요.
처음 만날 때	처음 뵙겠습니다.	네, 만나서 반갑습니다.
오랜만에 만났을 때	오랜만이에요. / 오랜만입니다.	오랜만이에요. / 오랜만입니다.
반가울 때	반가워요. / 반갑습니다.	반가워요. / 반갑습니다.
감사 인사를 할 때	고마워요. / 고맙습니다. 감사해요. / 감사합니다.	아니에요. (별말씀을요.)
사과할 때	미안해요. / 미안합니다. 죄송해요. / 죄송합니다.	괜찮아요. / 괜찮습니다.
생일이나 합격과 같은 좋은 일을 축하할 때	축하해요. / 축하합니다.	감사합니다.
양해를 구할 때	실례합니다.	괜찮습니다. 무슨 일이시죠?
식사를 할 때	맛있게 드세요.	네, 잘 먹겠습니다. 맛있게 드세요.
자기 전 인사를 할 때	잘 자요. 안녕히 주무세요.	잘 자요. 안녕히 주무세요.
어딘가 갔다 와야 할 때	다녀오겠습니다.	잘 다녀오세요.

2. 의문사

의문사	상황	예문
누구/ 누가	행위자, 대상 등의 사람을 물어볼 때	가: **누구**예요? 나: 친구예요.
		가: **누가** 커피를 마셔요? 나: 언니가 마셔요.
언제	날짜, 요일, 시간 등을 물어볼 때	가: 생일이 **언제**예요? 나: 5월 10일이에요.
		가: **언제** 수업이 끝나요? 나: 오후에 끝나요
어디	장소를 물어볼 때	가: 우산이 **어디**에 있어요? 나: 창문 밑에 있어요.
		가: **어디**에서 이야기해요? 나: 카페에서 이야기해요.
무엇/뭐	모르는 사물이나 사실을 물어볼 때	가: 이름이 **무엇**입니까? 나. 김유정입니다.
	목적이나 행위를 물어볼 때	가. **무엇**을/**뭘** 드릴까요? 나: 오렌지 주스 주세요.
어떻게	수단이나 방법을 물어볼 때	가: 공항에 **어떻게** 갔어요? 나: 지하철로 갔어요.
		가: 한국 음식은 **어떻게** 먹어요? 나: 숟가락과 젓가락으로 먹어요.
왜	이유를 물어볼 때	가: **왜** 한국어를 공부해요? 나: 한국 노래를 좋아해서 공부해요.
몇	수를 물어볼 때	가: 시험이 **몇** 시예요? 나: 한 시예요.
		가: 커피를 **몇** 잔 마셨어요? 나: 두 잔 마셨어요.

2주차

유형별 전략

기출문제 풀어보기: 토픽 91회(듣기 7번–14번)

연습하기 1

연습하기 2

TIP 2: 가족

2 주차 듣기 7번-14번

유형별 전략

[7-10번] 대화를 듣고 어디인지 고르기

7-10 전략

대화를 듣고 학교, 교실, 도서관, 꽃집, 영화관, 은행, 시장, 백화점, 약국 등 어디에서 말하고 있는지 알맞은 장소를 고른다.

[11-14번] 대화를 듣고 무엇에 대해 말하고 있는지 고르기

11-14번 전략

대화를 듣고 무엇에 대해 말하고 있는지 고른다. 대화 속의 단어를 잘 듣고, 집, 가족, 취미, 시간, 운동, 물건값, 음식 등의 주제를 고른다.

기출문제 풀어보기

토픽 91회(듣기 7번-14번)

※ [7-10] 여기는 어디입니까? 〈보기〉와 같이 알맞은 것을 고르십시오.

보기

가: 내일까지 숙제를 꼭 내세요.

나: 네, 선생님.

❶ 교실　② 가게　③ 호텔　④ 공원

07. (3점)

① 극장　② 공항　③ 시장　④ 호텔

08. (3점)

① 미용실　② 정류장　③ 우체국　④ 사진관

09. (3점)

① 꽃집　② 서점　③ 약국　④ 빵집

10. (4점)

① 가구점　② 여행사　③ 신발 가게　④ 안경 가게

정답 및 풀이

07. ①

남자: 1시 영화표 2장 주세요.
여자: 네, 여기 있습니다.

풀이 남자가 영화표를 사려고 한다. 여자는 영화표를 준다. 영화표를 사는 곳은 극장, 영화관이다.

08. ②

여자: 민수 씨, 3번 버스 타요?
남자: 네, 저기 오네요. 저 먼저 갈게요.

풀이 여자가 남자에게 몇 번 버스를 타는지 확인하고, 남자는 버스가 오는 것을 보고 타려고 한다. 버스를 타는 곳은 버스 정류장이다.

09. ②

남자: 요리책은 어디 있어요?
여자: 2층으로 가세요, 손님.

풀이 남자는 여자에게 요리책이 있는 곳을 묻고, 여자는 요리책이 있는 곳을 알려준다. 책을 파는 곳은 서점, 책방이다.

10. ③

여자: 이 운동화 신어 봐도 돼요?
남자: 네, 이쪽에 앉아서 신어 보세요.

풀이 여자는 남자에게 운동화를 신어 봐도 되는지 묻고, 남자는 신어 보라고 한다. 운동화, 신발을 파는 곳은 신발 가게이다.

※ [11-14] 다음은 무엇에 대해 말하고 있습니까? 〈보기〉와 같이 알맞은 것을 고르십시오.

보기

가: 누구예요?

나: 이 사람은 형이고, 이 사람은 동생이에요.

❶ 가족 ② 친구 ③ 부모님 ④ 선생님

11. (3점)

① 값 ② 맛 ③ 주말 ④ 시간

12. (3점)

① 운동 ② 요일 ③ 나라 ④ 장소

13. (4점)

① 계획 ② 날씨 ③ 약속 ④ 위치

14. (3점)

① 고향 ② 여행 ③ 취미 ④ 휴일

2주차

정답 및 풀이

11. ②

> 남자: 수미 씨, 떡볶이가 어때요?
> 여자: 조금 매워요.

풀이 남자는 여자에게 떡볶이 맛을 묻고, 여자는 떡볶이 맛이 맵다고 대답한다. 음식의 맛에 대해 이야기를 하고 있다.

12. ④

> 여자: 우리 내일 카페에서 만날까요?
> 남자: 좋아요. 인주 카페에서 만나요.

풀이 여자는 남자에게 내일 만날 장소를 묻고, 남자는 카페에서 만나자고 대답한다. 만나는 장소에 대해 이야기를 하고 있다.

13. ②

> 남자: 오늘 좀 춥네요.
> 여자: 네, 춥고 바람도 많이 불어요.

풀이 남자는 여자에게 오늘 날씨가 춥다고 말하고, 여자는 오늘 날씨가 춥고 바람도 많이 분다고 대답한다. 오늘 날씨에 대해 이야기를 하고 있다.

14. ①

> 여자: 민수 씨는 부산에서 태어났어요?
> 남자: 네, 부산에서 고등학생 때까지 살았어요.

풀이 여자는 남자에게 부산에서 태어났는지 묻고, 남자는 부산에서 고등학생 때까지 살았다고 대답한다. 태어나서 자란 곳을 고향이라고 한다. 두 사람은 고향에 대해 이야기를 하고 있다.

연습하기 1

※ [7-10] 여기는 어디입니까? 〈보기〉와 같이 알맞은 것을 고르십시오.

보기

가: 어디까지 가세요?
나: 공항까지 가 주세요.

① 지하철 ② 비행기 ❸ 택시 ④ 자전거

07. (3점)

① 꽃집 ② 서점 ③ 시장 ④ 박물관

08. (3점)

① 도서관 ② 수영장 ③ 시장 ④ 영화관

09. (3점)

① 식당 ② 은행 ③ 교실 ④ 약국

10. (4점)

① 극장 ② 기숙사 ③ 백화점 ④ 병원

정답 및 풀이

07. ②

여자: 외국어 책 있어요?
남자: 네, 3층에 있어요.

풀이 여자가 외국어 책을 사려고 한다. 남자는 외국어 책이 어디에 있는지 알려준다. 책을 사는 곳은 서점이다.

08. ④

남자: 늦어서 미안해요. 영화 시작했어요?
여자: 아니요. 빨리 들어가요.

풀이 남자와 여자는 영화를 보려고 한다. 남자는 조금 늦었지만 아직 영화는 시작하지 않았다. 영화를 보는 곳은 영화관이다.

09. ①

여자: 김밥 하나하고 물 주세요.
남자: 네, 알겠습니다.

풀이 여자는 남자에게 김밥과 물을 주문한다. 김밥을 사는 곳은 식당이다.

10. ③

남자: 친구 생일 선물을 사고 싶은데요.
여자: 손님, 이 모자 어떠세요?

풀이 남자는 여자에게 생일 선물로 무엇을 사면 좋은지 묻고, 여자는 남자에게 '손님'이라고 하면서 모자를 추천한다. 여러 가지 물건을 살 수 있는 곳은 백화점이다.

※ [11-14] 다음은 무엇에 대해 말하고 있습니까? 〈보기〉와 같이 알맞은 것을 고르십시오.

보기

가: 안녕하세요? 김민수입니다.
나: 저는 박수진입니다. 반갑습니다.

① 집 ❷ 이름 ③ 직업 ④ 주소

11. (3점)

① 일 ② 집 ③ 가족 ④ 시간

12. (3점)

① 여행 ② 직업 ③ 고향 ④ 수업

13. (4점)

① 과일 ② 음료 ③ 식당 ④ 옷

14. (3점)

① 시간 ② 나이 ③ 이름 ④ 날짜

정답 및 풀이

11. ③

여자: 이 사람은 누구예요?
남자: 제 여동생이에요.

풀이 여자는 남자에게 이 사람이 누구냐고 묻고, 남자는 여동생이라고 대답한다. 두 사람은 가족에 대해 이야기를 하고 있다.

12. ③

남자: 어디에서 왔어요?
여자: 저는 부산에서 왔어요.

풀이 남자는 여자에게 어디에서 왔냐고 묻고, 남자는 부산에서 왔다고 대답한다. 두 사람은 고향에 대해 이야기를 하고 있다.

13. ①

남자: 사과 좋아하세요?
여자: 네, 그런데 딸기를 더 좋아해요.

풀이 남자는 여자에게 사과를 좋아하는지 묻고, 여자는 사과를 좋아하지만 딸기를 더 좋아한다고 대답한다. 두 사람은 좋아하는 과일에 대해 이야기를 하고 있다.

14. ②

여자: 형은 몇 살이에요?
남자: 저보다 세 살 많아요.

풀이 여자는 남자에게 형의 나이를 묻고, 남자는 형의 나이를 알려 준다. 두 사람은 형의 나이에 대해 이야기를 하고 있다.

연습하기 2

※ [7-10] 여기는 어디입니까? 〈보기〉와 같이 알맞은 것을 고르십시오.

보기

가: 어디가 아파서 오셨어요?

나: 목이 아파요.

❶ 병원 ② 가게 ③ 시장 ④ 식당

07. (3점)

① 꽃집 ② 약국 ③ 식당 ④ 도서관

08. (3점)

① 우체국 ② 은행 ③ 시장 ④ 극장

09. (3점)

① 버스 ② 지하철 ③ 공항 ④ 택시

10. (4점)

① 박물관 ② 정류장 ③ 공연장 ④ 운동장

정답 및 풀이

07. ③

> 남자: 손님, 뭐 드릴까요?
> 여자: 비빔밥 하나 주세요.

풀이 남자가 여자에게 '손님'이라고 하면서 주문을 받으려고 하고, 여자는 남자에게 비빔밥을 주문한다. 음식을 살 수 있는 곳은 식당이다.

08. ①

> 남자: 어떻게 오셨어요?
> 여자: 편지를 보내고 싶어요.

풀이 남자가 여자에게 여기에 온 이유를 묻고, 여자는 편지를 보내고 싶어한다. 편지나 소포를 보내는 곳은 우체국이다.

09. ④

> 남자: 손님, 어디로 갈까요?
> 여자: 명동으로 가 주세요.

풀이 남자는 여자에게 '손님'이라고 하면서 어디로 가는지 묻고, 여자는 남자에게 가는 곳을 말한다. 이것은 택시 안에서 하는 대화이다.

10. ②

> 남자: 저기 3번 버스 와요.
> 여자: 그럼 저 먼저 갈게요. 내일 봐요.

풀이 남자가 여자에게 3번 버스가 온다고 말하고, 여자는 그 버스를 타려고 한다. 버스를 타는 곳은 버스 정류장이다.

※ [11-14] 다음은 무엇에 대해 말하고 있습니까? 〈보기〉와 같이 알맞은 것을 고르십시오.

보기

가: 오늘이 며칠이에요?
나: 사월 오 일이에요.

① 직업 ② 시간 ❸ 날짜 ④ 가격

11. (3점)

① 나라 ② 이름 ③ 나이 ④ 가족

12. (3점)

① 공부 ② 계획 ③ 나라 ④ 친구

13. (4점)

① 약속 ② 음식 ③ 계절 ④ 장소

14. (3점)

① 기분 ② 지도 ③ 날씨 ④ 시간

정답 및 풀이

11. ④

여자: 형이 있어요?
남자: 아니요, 남동생이 한 명 있어요.

풀이 여자는 남자에게 형이 있는지 묻고, 남자는 형은 없고 남동생이 있다고 말한다. 두 사람은 가족에 대해 이야기를 하고 있다.

12. ②

남자: 방학 동안 뭐 할 거예요?
여자: 여행을 할 거예요.

풀이 남자는 여자에게 방학 동안 무엇을 할 계획인지 묻고, 여자는 여행 계획에 대해 이야기를 하고 있다.

13. ①

남자: 내일 영화 보러 갈까요?
여자: 좋아요. 다섯 시에 만나요.

풀이 남자는 여자에게 내일 같이 영화를 보자고 말하고, 여자는 내일 다섯 시에 만나기로 약속한다.

14. ③

남자: 오늘 아주 춥네요.
여자: 네, 기온이 많이 떨어졌어요.

풀이 남자는 여자에게 오늘 날씨가 춥다고 말하고, 여자는 기온도 많이 떨어졌다고 말한다. 오늘 날씨에 대해 이야기를 하고 있다.

TIP 2 가족

가 족	
할아버지	
할머니	
아버지	
어머니	
부모님	
딸	
아들	
누나	
형	
오빠	
언니	
동생	

3주차

유형별 전략

기출문제 풀어보기: 토픽 91회(듣기 15번-21번)

연습하기 1

연습하기 2

TIP 3: 단위 관련 단어

3 주차

듣기 15번-21번

유형별 전략

[15-16번] 대화를 듣고 가장 알맞은 그림 고르기

15-16번 전략

대화를 듣고 가장 알맞은 상황의 그림을 고른다.

[17-21번] 대화를 듣고 대화 내용과 같은 것 고르기

17-21번 전략

대화를 듣고 대화 내용과 같은 것을 고른다.

기출문제 풀어보기

토픽 91회(듣기 15번-16번)

※ [15-16] 다음을 듣고 가장 알맞은 그림을 고르십시오.(각 4점)

15.

①

②

③

④

16.

①

②

③

④
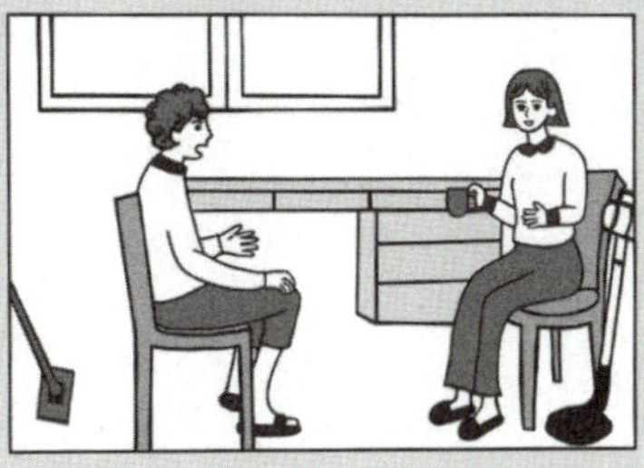

정답 및 풀이

15. ①

> 남자: 이것보다 작은 가방 있어요?
> 여자: 네, 가게 안에 있어요. 들어와서 보세요.

풀이 남자가 가방을 가리키면서 그것보다 더 작은 가방이 있는지 묻고, 여자는 남자가 원하는 작은 가방이 가게 안에 있으니까 들어와서 보라고 말하는 그림을 고른다.

16. ②

> 여자: 책상 위에 물이 있네요.
> 남자: 그럼 이걸로 닦으세요.

풀이 여자가 책상 위에 물이 있다고 하니까 남자가 닦으라고 수건을 주는 그림을 고른다.

※ [17-21] 다음을 듣고 〈보기〉와 같이 대화 내용과 같은 것을 고르십시오. (각 3점)

보기

남자: 요즘 한국어를 공부해요?
여자: 네, 한국 친구한테서 한국어를 배워요.

① 남자는 학생입니다. ② 여자는 학교에 다닙니다.
③ 남자는 한국어를 가르칩니다. ❹ 여자는 한국어를 공부합니다.

17.

① 남자는 방학에 공부를 했습니다.
② 여자는 여행을 가지 못했습니다.
③ 여자는 방학에 남자를 자주 만났습니다.
④ 남자는 아르바이트를 한 적이 없습니다.

18.

① 남자는 김준 씨를 모릅니다.
② 여자는 김준 씨를 좋아합니다.
③ 여자는 어제 김준 씨를 만났습니다.
④ 남자는 김준 씨와 사진을 찍지 못했습니다.

19.

① 남자는 오늘 수업이 없습니다.
② 남자는 여자와 축구를 볼 겁니다.
③ 여자는 오후에 남자의 집에 가려고 합니다.
④ 여자는 축구를 보기 전에 저녁을 먹을 겁니다.

20.

① 남자는 주말에 바쁩니다.
② 여자는 5년 동안 기타를 쳤습니다.
③ 여자는 혼자 기타 연습을 했습니다.
④ 남자는 여자에게 기타를 배우려고 합니다.

21.

① 남자는 새 휴대전화를 받았습니다.
② 남자는 휴대전화를 찾으러 왔습니다.
③ 남자의 휴대전화는 고칠 수 없습니다.
④ 남자의 휴대전화는 소리가 들리지 않습니다.

정답 및 풀이

17. ①

여자: 민수 씨, 오랜만이에요. 방학 잘 보냈어요?
남자: 네, 외국어 공부도 하고 아르바이트도 했어요. 수미 씨는요?
여자: 저는 이번에 여행을 많이 했어요.

풀이 남자와 여자는 오랜만에 만났다. 남자는 방학 동안 외국어 공부도 하고 아르바이트도 했다고 말하고, 여자는 여행을 많이 했다고 말한다.

18. ②

남자: 어제 제가 일하는 곳에 가수 김준 씨가 왔어요.
여자: 정말요? 제가 좋아하는 가수예요.
남자: 같이 사진도 찍었는데, 볼래요?
여자: 네. 와, 멋있네요! 저도 한번 만나보고 싶어요.

풀이 남자가 일하는 곳에 어제 유명한 가수가 왔었다. 여자는 그 가수가 자신이 좋아하는 가수라고 말한다. 남자는 그 가수와 같이 찍은 사진을 보여주고 여자는 그 가수를 한번 만나보고 싶다고 말한다.

19. ②

여자: 오후에 친구들하고 축구를 보기로 했는데, 민수 씨도 올래요?
남자: 어디에서 볼 거예요?
여자: 우리 집에서 볼 거예요. 축구 본 후에 저녁도 같이 먹어요.
남자: 좋아요. 수업 끝나고 바로 갈게요.

풀이 여자는 남자에게 오후에 집에서 친구들하고 축구를 본 후에 같이 저녁을 먹자고 한다. 남자는 수업 끝나고 바로 여자 집으로 가겠다고 한다.

20. ③

여자: 민수 씨는 기타를 정말 잘 치네요. 얼마나 쳤어요?
남자: 저는 5년 정도 기타를 쳤어요.
여자: 전 한 달 전에 치기 시작했어요. 그런데 혼자 연습하니까 어렵네요.
남자: 그럼, 제가 좀 가르쳐 줄까요? 주말에는 시간이 있으니까 연락 주세요.

풀이 남자는 5년 정도 기타를 쳤고, 여자는 한 달 전부터 기타를 쳤다. 그런데 여자는 혼자 연습하기 때문에 어렵다고 한다. 남자는 주말에 시간이 있으니까 가르쳐 주겠다고 한다.

21. ④

여자: 손님, 무엇을 도와드릴까요?
남자: 이 휴대전화요. 소리가 안 들려서요.
여자: 음, 고칠 수는 있는데 1시간 정도 걸릴 것 같습니다.
남자: 네, 알겠습니다. 그럼, 여기서 기다릴게요.

풀이 남자는 휴대전화가 소리가 안 들려서 고치러 왔다. 여자는 휴대전화를 고칠 수 있지만 1시간 정도 걸린다고 말하고, 남자는 고칠 때까지 기다리겠다고 한다.

연습하기 1

※ [15–16] 다음을 듣고 가장 알맞은 그림을 고르십시오. (각 4점)

15.

①

②

③

④

16.

①

②

③

④

정답 및 풀이

15. ③

여자: 여기가 우리 자리예요.
남자: 창가에 앉을래요?

풀이 비행기 안에서 자리를 가리키는 여자가 있는 그림을 찾는다.

16. ③

남자: 이 바지 둘 다 마음에 들어요. 한번 입어 볼게요.
여자: 네, 입어 보세요.

풀이 남자가 바지 두 벌을 들고 있는 그림을 찾는다.

※ [17-21] 다음을 듣고 <보기>와 같이 대화 내용과 같은 것을 고르십시오. (각 3점)

보기

여자: 생일 선물 받았어요?
남자: 네, 형한테서 책을 받았어요.

① 여자는 책을 읽었습니다.
❷ 남자는 형이 있습니다.
③ 여자는 동생입니다.
④ 남자는 책을 샀습니다.

17.

① 남자는 오늘 한국어 시험을 봅니다.
② 여자는 요즘 한국어를 배웁니다.
③ 남자는 숙제가 많이 없습니다.
④ 여자는 오늘 시험이 있어서 바쁩니다.

18.

① 여자는 내일 남자를 만날 겁니다.
② 남자는 지금 회사에 갈 겁니다.
③ 여자는 편한 구두를 살 겁니다.
④ 남자는 혼자 백화점에 갈 겁니다.

3주차

19.

① 남자는 인터넷으로 예약을 하고 왔습니다.
② 남자는 이 식당에서 점심 식사를 하지 못했습니다.
③ 여자는 남자와 같이 점심 식사를 할 겁니다.
④ 여자는 예약을 안 해서 식사를 하지 못했습니다.

20.

① 여자는 택시로 공연장에 갈 겁니다.
② 남자는 5시에 여자를 만날 겁니다.
③ 여자는 너무 늦어서 공연장에 안 갈 겁니다.
④ 남자는 시간이 없어서 지하철을 탈 겁니다.

21.

① 남자는 몸이 좋지 않습니다.
② 여자는 머리와 목이 많이 아픕니다.
③ 남자는 약을 먹고 식사를 할 겁니다.
④ 여자는 머리가 아파서 약을 먹을 겁니다.

정답 및 풀이

17. ①

여자: 요즘 한국어 배우지요? 재미있어요?
남자: 네. 그런데 숙제가 많아서 조금 바빠요. 오늘은 시험도 있어요.
여자: 아, 그래요? 그럼 시험 잘 보세요.

풀이 남자는 요즘 한국어를 배우고 있다. 그런데 숙제가 많아서 조금 바쁘다. 그리고 오늘 시험이 있다.

18. ③

여자: 민준 씨, 지금 백화점에 갈 건데 시간 있어요?
남자: 네, 같이 가요. 뭐 살 거 있어요?
여자: 회사에서 신을 편한 구두를 사려고요.
남자: 아, 저도 구두를 사야 되는데 가서 봐야겠어요.

풀이 여자와 남자는 같이 백화점에 가려고 한다. 여자는 회사에서 신을 편한 구두를 사고 싶어 하고 남자도 구두를 사려고 한다.

19. ②

남자: 두 명 자리 있어요?
여자: 죄송합니다. 예약 안 하셨으면 오늘 점심에는 자리가 없네요.
남자: 이 집 갈비 꼭 먹고 싶었는데……. 다음에 다시 와야겠네요.
여자: 네, 손님. 인터넷으로 쉽게 예약하실 수 있습니다.

풀이 남자는 예약을 하지 않아서 이 식당에서 점심 식사를 하지 못했다. 여자는 인터넷으로 쉽게 예약할 수 있다고 알려준다.

20. ①

남자: 수지 씨도 춤 공연에 갈 거지요?
여자: 네. 공연이 5시니까 지금 나가야 되겠어요.
남자: 공연장 근처가 복잡한데 지하철을 타고 갈까요?
여자: 이 시간에는 길이 안 막히니까 택시를 타고 가요.

풀이 여자와 남자는 같이 춤 공연에 가려고 한다. 공연이 5시여서 지금 나가야 하는데 남자는 공연장 근처가 복잡하니까 지하철을 타고 가자고 한다. 그런데 여자는 이 시간에는 길이 안 막히니까 택시를 타고 가자고 한다.

21. ④

여자: 어제부터 머리가 많이 아픈데 무슨 약을 먹어야 돼요?
남자: 머리만 아프세요? 목은 괜찮으세요?
여자: 목은 안 아픈데 열이 나는 것 같아요.
남자: 그럼 식사 후에 이 약을 드세요.

풀이 여자는 목은 안 아픈데 머리가 아프고 열이 나는 것 같다고 한다. 남자는 여자에게 약을 주면서 식사 후에 약을 먹으라고 한다.

연습하기 2

※ [15–16] 다음을 듣고 가장 알맞은 그림을 고르십시오. (각 4점)

15.

①

②

③

④

16.

①

②

③

④

정답 및 풀이

15. ③

남자: 뭐 먹을까요?
여자: 저는 김밥 먹을래요.

풀이 남자와 여자가 모두 손님이고, 식탁에 앉아서 음식을 주문하기 전에 메뉴를 보는 그림을 찾는다.

16. ①

여자: 갑자기 비가 오네요. 우산이 없는데…….
남자: 어, 저기 우산을 팔아요.

풀이 남자와 여자가 우산이 없고, 근처에 우산을 파는 곳이 있는 그림을 찾는다.

※ [17–21] 다음을 듣고 〈보기〉와 같이 대화 내용과 같은 것을 고르십시오. (각 3점)

보기

남자: 요즘 영어를 공부해요?
여자: 네. 미국에서 온 친구하고 매일 연습해요.

❶ 여자는 영어를 연습합니다. ② 남자는 미국 사람입니다.
③ 여자는 학교에 다닙니다. ④ 남자는 영어를 가르칩니다.

17.

① 여자는 요리를 잘합니다.
② 여자는 요리를 자주 합니다.
③ 남자는 요리하는 것을 좋아합니다.
④ 남자는 요즘 저녁을 잘 못 먹습니다.

18.

① 남자는 모자를 사려고 합니다.
② 남자는 오만 원을 받았습니다.
③ 여자는 남자에게 선물을 합니다.
④ 여자는 모자를 사고 있습니다.

19.

① 남자는 감기에 걸렸습니다.
② 남자는 오늘 집에서 쉽니다.
③ 여자는 오늘 많이 아픕니다.
④ 여자는 어제 집에서 쉬었습니다.

20.

① 남자는 버스에 탔습니다.
② 여자는 약속 시간에 늦을 것 같습니다.
③ 여자는 약속 장소에 도착했습니다.
④ 여자와 남자는 만나지 않기로 했습니다.

21.

① 남자는 음악을 배우고 있습니다.
② 여자는 음악 공부를 한 적이 있습니다.
③ 남자는 음악 듣는 것을 좋아합니다.
④ 여자는 지금 공연장에 가고 있습니다.

정답 및 풀이

3주차

17. ③

남자: 보통 집에서 밥을 해 먹어요?
여자: 아니요. 요리를 잘 못해서 자주 사 먹어요.
민수 씨는요?
남자: 저는 요리하는 걸 좋아해서 만들어서 먹어요.

풀이 여자는 요리를 잘 못해서 자주 사 먹는다. 남자는 요리하는 걸 좋아해서 만들어 먹는다.

18. ①

남자: 저, 아버지 선물을 좀 사려고 하는데요.
여자: 이 모자는 어떠세요?
남자: 멋있네요. 얼마예요?
여자: 오만 원입니다.

풀이 남자는 아버지에게 줄 선물을 사려고 한다. 여자는 남자에게 모자를 사라고 한다. 모자는 5만 원이다.

19. ④

남자: 수지 씨, 얼굴이 좀 안 좋아 보여요.
여자: 감기에 걸려서 아팠어요.
남자: 그래요? 지금은 괜찮아요?
여자: 네, 어제 집에서 쉬어서 이제 괜찮아요.

풀이 여자는 감기에 걸려서 아팠는데, 어제 집에서 쉬고 괜찮아졌다.

20. ②

여자: 여보세요? 민수 씨, 제가 좀 늦을 것 같아요.
남자: 그래요? 얼마나 늦을 것 같아요?
여자: 삼십 분쯤이요. 지금 버스 탔어요. 정말 죄송해요.
남자: 괜찮아요. 그럼 열두 시 반에 만나요.

풀이 여자는 지금 버스를 타서 삼십 분쯤 늦겠다고 한다. 남자는 괜찮으니까 열두 시 반에 만나자고 한다.

21. ③

여자: 공연장에 오니까 정말 신나네요. 같이 와 줘서 고마워요.
남자: 아니에요. 저도 오고 싶었어요.
여자: 음악을 잘 아는 것 같은데 음악 공부를 한 적이 있어요?
남자: 아니요. 음악 듣는 걸 좋아해서 다양한 음악을 많이 들어요.

풀이 여자와 남자는 지금 공연장에 있다. 남자는 음악 공부를 한 적이 없지만 음악 듣는 걸 좋아해서 다양한 음악을 많이 듣는다.

TIP 3 단위 관련 단어

단위 명사	예문
개	사과를 한 **개** 샀어요.
권	책을 두 **권** 읽었어요.
년	2023**년**에 한국에 왔어요.
마리	개가 세 **마리** 있어요
명	교실에 학생이 열 **명** 있어요.
분	한국어 선생님이 다섯 **분** 계세요.
시	아침 일곱 **시**에 일어나요.
분	지금 네 시 이십 **분**이에요.
시간	매일 두 **시간** 한국어를 공부해요.
살	제 동생은 열여섯 **살**이고 저는 스무 **살**이에요.
원	김밥이 육천 **원**이에요.
월	한국은 칠**월**에 비가 많이 와요.
일	오늘은 이십사 **일**이에요.
인분	저는 불고기 이 **인분**을 먹었어요.
층	저는 아파트 구 **층**에 살고 있어요.

4주차

4 주차

듣기 22번-24번

유형별 전략

[22-24번] 대화를 듣고 여자의 중심 생각 고르기

22-24번 전략

대화 중에서 여자의 말을 잘 듣고 여자가 생각하고 있는 것을 고른다.

※ [22-24] 다음을 듣고 여자의 중심 생각을 고르십시오. (각 3점)

22.

① 이번 시험을 잘 보고 싶습니다.
② 친구와 같이 공부하고 싶습니다.
③ 아침 일찍 일어나는 것이 좋습니다.
④ 피곤할 때 더 많이 자는 것이 좋습니다.

23.

① 냉면을 만들어 먹고 싶습니다.
② 음식을 바로 주문해야 합니다.
③ 냉면이 빨리 나오면 좋겠습니다.
④ 음식을 배달해서 먹는 것이 좋습니다.

24.

① 수첩을 찾으러 가고 싶습니다.
② 수업 시간에 늦으면 안 됩니다.
③ 수첩을 새로 사는 것이 좋습니다.
④ 중요한 일은 천천히 해야 합니다.

정답 및 풀이

22. ③

> 남자: 시험 때문에 아침에 일찍 일어나니까 공부도 안 되고 힘드네요.
> 여자: 그래요? 전 아침 일찍 공부하면 더 잘 되는데요.
> 남자: 전 일찍 일어나면 너무 피곤해요. 수미 씨는 괜찮아요?
> 여자: 네, 저는 피곤하지 않고 기분이 더 좋아요.

풀이 여자는 아침에 일찍 일어나서 공부하는 것이 더 좋다고 생각한다. 그리고 여자는 아침에 일찍 일어나면 피곤하지 않고 기분이 더 좋다.

23. ③

> 여자: 저기요. 아까 냉면을 주문했는데, 언제 나와요?
> 남자: 조금만 더 기다려 주세요. 오늘은 손님이 좀 많아서요.
> 여자: 시간이 없어서 그런데 빨리 좀 주실 수 있어요?
> 남자: 네, 죄송합니다. 바로 확인해 보겠습니다.

풀이 여자가 냉면을 주문했는데 나오지 않아서 기다리고 있다. 여자는 시간이 없어서 냉면이 빨리 나오면 좋겠다고 생각한다.

24. ①

> 남자: 미영 씨, 이제 수업 시작하는데 어디 가요?
> 여자: 수첩이 없어서 찾으러 가요. 음악실에 두고 온 것 같아요.
> 남자: 나중에 찾으러 가요. 그때 가서 없으면 새로 사고요.
> 여자: 중요한 수첩이라서요. 수업 전에 올 수 있어요.

풀이 여자는 중요한 수첩을 음악실에 두고 왔다. 수업 전에 갔다 올 수 있기 때문에 여자는 수첩을 찾으러 가고 싶어 한다.

연습하기 1

※ [22-24] 다음을 듣고 여자의 중심 생각을 고르십시오. (각 3점)

22.

① 이사 가는 것을 싫어합니다.
② 집과 학교는 가까운 게 좋습니다.
③ 지금 살고 있는 아파트는 교통이 편합니다.
④ 집 근처에 백화점이 있어서 좋습니다.

23.

① 쓰레기를 잘 버려야 합니다.
② 음식을 남겨도 괜찮습니다.
③ 쓰레기를 버리는 곳이 더 필요합니다.
④ 음식물 쓰레기를 줄여야 합니다.

24.

① 더 큰 옷으로 바꾸고 싶습니다.
② 환불하고 싶습니다.
③ 다른 색 옷을 하나 더 사고 싶습니다.
④ 옷 색이 마음에 들지 않습니다.

정답 및 풀이

22. ②

여자: 지금 살고 있는 아파트에서 이사 가고 싶어요.
남자: 왜요? 근처에 백화점도 있고 교통도 편하지 않아요?
여자: 아니요. 집에서 학교까지 지하철로 1시간 반쯤 걸려요.
남자: 그럼 우리 아파트 근처로 이사 오지 그래요? 학교에 걸어 다닐 수 있어요.

풀이 여자는 지금 살고 있는 아파트에서 이사 가고 싶어 한다. 집에서 학교까지 1시간 반쯤 걸리기 때문에 여자는 학교가 가까운 집에서 살고 싶어 한다.

23. ④

남자: 수지 씨, 뭐 먹을래요? 다 맛있어 보이네요.
여자: 둘이 먹을 거니까 피자 하나하고 주스 두 잔 시켜요.
남자: 조금 적지 않아요? 피자를 하나 더 시키면 어떨까요?
여자: 남으면 음식물 쓰레기가 생기니까 많이 시키지 말고, 더 먹고 싶으면 이따가 하나 더 시켜요.

풀이 여자는 음식물 쓰레기를 줄여야 한다고 생각한다. 여자는 한꺼번에 많이 시키는 것보다 더 먹고 싶으면 다시 음식을 주문하는 것이 좋다고 생각한다.

24. ①

남자: 무엇을 도와드릴까요?
여자: 인터넷으로 옷을 샀는데 혹시 가게에서 바꿀 수 있어요?
남자: 네. 바꾸실 수는 있는데요. 색이 마음에 안 드세요?
여자: 아니요. 색은 마음에 드는데 조금 작아서요.

풀이 여자는 인터넷으로 옷을 샀다. 색은 마음에 드는데, 옷이 조금 작다. 그래서 가게에서 더 큰 옷으로 바꾸고 싶어 한다.

연습하기 2

※ [22-24] 다음을 듣고 여자의 중심 생각을 고르십시오. (각 3점)

22.

① 운동을 열심히 해야 합니다.
② 피곤하지만 운동을 해야 합니다.
③ 일이 끝나고 운동을 하는 것이 편합니다.
④ 아침에 운동을 하는 것이 더 좋습니다.

23.

① 앉아서 일하고 싶습니다.
② 서서 일하는 것도 괜찮습니다.
③ 일을 하고 싶지 않습니다.
④ 일을 더 많이 하고 싶습니다.

24.

① 필요한 물건을 선물하고 싶습니다.
② 선물을 사기가 어렵습니다.
③ 선물을 하지 않는 게 좋겠습니다.
④ 혼자 선물을 준비하고 싶습니다.

정답 및 풀이

22. ④

남자: 수지 씨는 출근하기 전에 운동을 해요?
여자: 네. 저는 아침에 운동을 해요.
남자: 일 끝나고 저녁에 하는 게 편하지 않아요?
여자: 아니요. 저녁에는 보통 피곤해서 아침에 하는 게 좋아요.

풀이 여자는 출근하기 전에 운동하는 것이 더 좋다고 생각한다. 그리고 여자는 저녁에 운동하면 피곤해서 아침에 운동하는 것을 더 좋아한다.

23. ②

남자: 편의점에서 일한 적이 있으세요?
여자: 네, 학교에 다닐 때 아르바이트를 했어요.
남자: 서서 일해야 하는데 괜찮으세요?
여자: 괜찮습니다.
저는 앉아서 일하는 것보다 서서 일하는 게 더 좋아요.

풀이 여자는 학교에 다닐 때 편의점에서 아르바이트를 한 적이 있다. 그리고 여자는 앉아서 일하는 것보다 서서 일하는 것이 더 좋다고 생각한다.

24. ①

남자: 민수 씨 생일 선물 뭐 할까요? 생각해 봤어요?
여자: 민수 씨한테 원하는 걸 물어보는 게 어때요?
남자: 직접 물어봐요?
여자: 네, 꼭 필요한 걸 선물하는 게 좋을 것 같아요.

풀이 여자는 생일 선물을 할 때 그 사람에게 직접 원하는 선물을 물어보는 것이 좋다고 생각한다. 그렇게 하면 필요한 것을 선물할 수 있기 때문이다.

TIP 4 시간, 요일, 과일 관련 단어

1. 시간

지난 –	이번 –	다음 –
어제	오늘	내일
작년	올해/금년	내년

시간	예문
지난	**지난** 주말에 한국 음식을 먹었어요.
이번	**이번** 주말에 수영하고 싶어요.
다음	**다음** 주말에 공원에서 운동할 거예요.
어제	**어제** 영화를 봤어요.
오늘	**오늘** 친구를 만나요.
내일	**내일** 한국어 시험을 봐요.
작년	**작년**부터 한국어를 공부하고 있어요.
올해	**올해** 여름 날씨가 아주 더워요.
내년	동생은 **내년**에 초등학교에 들어가요.

2. 요일

일요일 월요일 화요일 수요일 목요일 금요일 토요일

3. 과일

딸기

바나나

배

복숭아

사과

수박

포도

5주차

유형별 전략

기출문제 풀어보기: 토픽 91회(듣기 25번-30번)

연습하기 1

연습하기 2

TIP 5: 외래어, 관광지 관련 단어

5 주차 듣기 25번-30번

유형별 전략

[25-30번] 물음에 맞는 대답 고르기

25-26번 전략

안내 방송을 듣고 안내 방송을 하는 이유와 내용을 잘 듣고 질문에 맞는 대답을 고른다.

27-28번 전략

대화를 듣고 두 사람이 무엇에 대해 이야기를 하는지 내용을 잘 듣고 질문에 맞는 대답을 고른다.

29-30번 전략

조금 긴 대화를 듣고 질문에 맞는 대답을 고른다.

기출문제 풀어보기

토픽 91회(듣기 25번-30번)

※ [25-26] 다음을 듣고 물음에 답하십시오.

25. 여자가 왜 이 이야기를 하고 있는지 고르십시오. (3점)

① 마트의 위치를 가르쳐 주려고
② 마트의 할인 상품을 소개하려고
③ 마트를 이용할 수 있는 시간을 안내하려고
④ 마트가 새로 문을 여는 것을 알려 주려고

26. 들은 내용과 같은 것을 고르십시오. (4점)

① 이 마트는 오늘 이용할 수 없습니다.
② 이 마트에서는 채소를 팔지 않습니다.
③ 이 마트는 매일 오전 열 시에 시작합니다.
④ 이 마트는 주말에 평일보다 늦게 문을 닫습니다.

정답 및 풀이

※ [25-26]

주말에도 우리 마트를 찾아 주신 손님 여러분 감사합니다. 신선한 채소, 맛있는 과일이 있는 인주마트입니다. 마트 이용 시간은 평일 오전 아홉 시부터 밤 아홉 시까지입니다. 주말에는 밤 열 시까지 이용할 수 있으니 편안하게 한 시간 더 쇼핑하십시오. 많은 이용 부탁드리겠습니다.

25. ③

풀이 여자는 인주마트를 이용할 수 있는 시간에 대해 안내하고 있다.

26. ④

풀이 인주마트에서는 신선한 채소와 맛있는 과일을 판다. 마트는 주말에 평일보다 늦게 문을 닫는다. 마트는 평일에 오전 9시부터 밤 9시까지, 주말에는 밤 10시까지 이용할 수 있다.

※ [27-28] 다음을 듣고 물음에 답하십시오.

27. 두 사람이 무엇에 대해 이야기를 하고 있는지 고르십시오. (3점)

① 미술관이 있는 장소
② 미술관에서 일하는 사람
③ 미술관에 갈 수 있는 날
④ 미술관에서 할 수 있는 일

28. 들은 내용과 같은 것을 고르십시오. (4점)

① 남자는 이 미술관에 가 본 적이 있습니다.
② 여자는 이 미술관에서 인형을 만들었습니다.
③ 여자는 이 미술관에서 산 옷을 입고 있습니다.
④ 남자는 이 미술관에서 산 필통을 가지고 있습니다.

정답 및 풀이

※ [27-28]

남자: 수미 씨, 저 어제 인주시에 있는 종이 미술관에 갔다 왔어요.
여자: 그래요? 저는 못 가 봤는데, 어땠어요?
남자: 여러 나라의 종이가 많았어요. 그리고 종이로 만든 옷이나 그릇도 구경했는데, 그건 살 수도 있었어요.
여자: 아, 그럼, 이 필통도 거기서 산 거예요?
남자: 아니요, 이건 제가 만든 거예요. 거기서 필통이나 인형 같은 것도 만들어 볼 수 있어요.
여자: 재미있었겠네요. 저도 이번 주말에 가 봐야겠어요.

27. ④

풀이 두 사람은 종이 미술관에서 할 수 있는 것에 대해 이야기를 하고 있다.

28. ①

풀이 남자는 어제 종이 미술관에 다녀왔다. 종이 미술관에는 여러 나라의 종이로 만든 옷이나 그릇이 있다. 그리고 미술관에서 필통이나 인형 등을 만들어 볼 수 있다. 남자는 종이 미술관에서 필통을 만들었다.

※ [29-30] 다음을 듣고 물음에 답하십시오.

29. 여자가 수영을 배우게 된 이유를 고르십시오. (3점)

① 수영을 가르치고 싶어서
② 수영이 건강에 도움이 돼서
③ 아버지가 유명한 수영 선수라서
④ 어렸을 때 본 선수처럼 되고 싶어서

30. 들은 내용과 같은 것을 고르십시오. (4점)

① 여자는 작년에 수영 대회에 나갔습니다.
② 여자는 중학생 때 수영을 시작했습니다.
③ 여자는 다음 달 수영 대회에 참가할 겁니다.
④ 여자는 수영 대회에서 상을 못 받았습니다.

정답 및 풀이

※ [29-30]

남자: 김수미 선수, 전국 수영 대회 1등 축하드립니다. 기분이 어떠세요?
여자: 작년에는 팔을 다쳐서 대회에 못 나왔는데, 올해는 이렇게 상을 받아서 정말 기쁩니다.
남자: 네, 그런데 김수미 선수는 어떻게 수영을 시작하게 됐어요?
여자: 초등학생 때 수영 경기를 본 적이 있어요. 한 선수가 가장 늦게 출발했는데 끝까지 열심히 해서 마지막에는 1등을 했어요. 그 모습이 너무 멋있었어요. 그 선수처럼 되고 싶어서 그때부터 수영을 배웠어요.
남자: 그렇군요. 다음 달에 열리는 수영대회에도 참가하시나요?
여자: 그럼요. 그 대회가 끝나면 바로 외국에서 열리는 대회에도 나갈 겁니다.

29. ④

풀이 여자는 초등학생 때 수영 경기에서 멋있는 선수를 보고, 그 선수처럼 되고 싶어서 수영을 배웠다.

30. ③

풀이 여자는 작년에는 수영 대회에 참가하지 못했다. 이번 수영 대회에서는 1등 상을 받았다. 여자는 다음 달에 열리는 수영 대회에 참가할 것이다. 그리고 그 대회가 끝나면 바로 외국에서 열리는 대회에도 나갈 것이다.

연습하기 1

※ [25-26] 다음을 듣고 물음에 답하십시오.

25. 여자가 왜 이 이야기를 하고 있는지 고르십시오. (3점)

① 관광지를 소개하려고
② 승객이 원하는 음료수를 알고 싶어서
③ 늦게 출발하는 이유를 알려 주려고
④ 출발지 날씨와 위치를 설명하려고

26. 들은 내용과 같은 것을 고르십시오. (4점)

① 비행기가 출발했습니다.
② 제주도 날씨가 좋지 않습니다.
③ 서울에 비가 많이 와서 공항이 복잡합니다.
④ 사람들이 오늘 오전 10시까지 기다려야 합니다.

정답 및 풀이

※ [25-26]

여자: 승객 여러분께 안내 말씀드립니다. 이 비행기는 오전 10시에 서울에서 출발해서 제주도까지 가는 비행기입니다. 오늘 아침부터 제주도에 많은 비가 오고 있어서 출발 시간이 늦어지고 있습니다. 자리에 앉아서 기다려 주시고 음료가 필요하신 분들은 알려 주시기 바랍니다. 감사합니다.

25. ③

풀이 여자는 비행기가 늦게 출발하는 이유에 대해 안내방송을 하고 있다.

26. ②

풀이 이 비행기는 서울에서 제주도까지 가는 비행기이다. 제주에는 아침부터 많은 비가 내리고 있다. 날씨가 나빠서 비행기의 출발 시간이 늦어지고 있다. 손님들은 자리에 앉아서 기다리고 음료수가 필요한 사람들은 달라고 하면 마실 수 있다.

※ [27-28] 다음을 듣고 물음에 답하십시오.

27. 두 사람이 무엇에 대해 이야기하고 있는지 고르십시오. (3점)

① 서비스 센터 예약
② 휴대폰 고장 이유
③ 서비스 센터 연락 시간
④ 사고 싶은 휴대폰 가격

28. 들은 내용과 같은 것을 고르십시오. (4점)

① 여자는 새 휴대폰을 사려고 합니다.
② 여자는 인터넷으로 예약하고 있습니다.
③ 여자는 오늘 휴대폰을 고치고 싶어 합니다.
④ 여자는 휴대폰 회사 홈페이지 주소를 모릅니다.

정답 및 풀이

※ [27-28]

남자: 네, 서비스 센터입니다. 무엇을 도와드릴까요?
여자: 휴대폰이 고장 나서 고치려고 하는데 인터넷 예약이 안 되네요.
남자: 죄송합니다. 오늘 하루는 저희 회사 홈페이지를 이용하실 수 없습니다.
여자: 아, 그렇군요. 그럼 직접 예약 좀 해 주시겠어요?
남자: 네, 알겠습니다. 몇 시에 어디로 예약해 드릴까요?
여자: 오늘 6시에 서울역 근처 서비스 센터로 예약해 주세요.

27. ①

풀이 두 사람은 휴대폰 서비스 센터에서 휴대폰 수리를 위한 예약에 대해 이야기를 하고 있다.

28. ③

풀이 여자는 휴대폰이 고장 나서 고치고 싶은데 인터넷으로 예약이 안 돼서 서비스 센터에 전화를 했다. 오늘 하루 동안 회사 홈페이지를 사용할 수 없기 때문에 남자가 직접 예약을 해 준다. 여자는 6시 서울역 근처에 있는 서비스 센터로 예약을 부탁한다.

※ [29~30] 다음을 듣고 물음에 답하십시오.

29. 여자가 요리하는 것을 좋아하게 된 이유를 고르십시오. (3점)

① 요리 방송을 하고 싶어서
② 친구들이 다 요리를 잘해서
③ 맛있는 음식을 먹고 싶어서
④ 처음 만든 음식을 가족이 좋아해서

30. 들은 내용과 같은 것을 고르십시오. (4점)

① 여자는 바빠서 요리를 자주 못 합니다.
② 여자는 친구들과 요리하기를 좋아합니다.
③ 여자는 항상 혼자서 음식을 만듭니다.
④ 여자는 가족하고 같이 요리 방송을 합니다.

5주차

정답 및 풀이

※ [29-30]

남자: 인기 가수 김민지 씨, 요즘 요리 방송도 하고 계시는데요. 언제부터 요리하는 걸 좋아하셨어요?
여자: 어렸을 때부터 가족하고 같이 음식을 자주 만들었어요. 부모님이 제가 처음 만든 음식을 맛있게 드셨는데 정말 기뻤어요.
남자: 그럼 그때부터 자주 음식을 만드셨어요?
여자: 네. 보통은 혼자 만들지만, 가끔은 가족이나 친구들과도 같이 음식을 만들어요.
남자: 아, 방송에서 친구들하고 같이 요리하시는 거 봤어요.
여자: 네, 같이 음식을 만들면서 이야기도 할 수 있어서 아주 좋아요.

29. ④

풀이 여자는 어렸을 때 처음 만든 음식을 부모님이 맛있게 드시는 것을 보고 기뻤다. 그래서 그때부터 요리하는 것을 좋아하게 됐다.

30. ②

풀이 여자는 어렸을 때부터 가족하고 같이 음식을 자주 만들었다. 요즘은 보통 혼자 음식을 만들지만 가끔 음식을 만들면서 이야기를 할 수 있어서 가족이나 친구들과도 같이 음식 만드는 것도 좋아한다.

연습하기 2

※ [25-26] 다음을 듣고 물음에 답하십시오.

25. 여자가 왜 이 이야기를 하고 있는지 고르십시오. (3점)

① 공원 위치를 알려 주려고
② 행사 날짜를 말해 주려고
③ 행사 장소를 알려 주려고
④ 다양한 활동을 준비하려고

26. 들은 내용과 같은 것을 고르십시오. (4점)

① 작년보다 준비한 활동이 많습니다.
② 운동장에서 '환경 캠페인' 행사를 합니다.
③ 이번 주에 공연을 볼 수 있습니다.
④ 토요일에 행사를 못 하게 되었습니다.

정답 및 풀이

※ [25~26]

여자: (딩동댕) 학생회에서 알립니다. 다음 주 토요일에 '환경 캠페인' 행사가 학교 앞 공원에서 열립니다. 학생들이 작년보다 더 다양하고 많은 활동을 준비해서 올해에는 넓은 공원에서 행사를 하게 되었습니다. 학교 운동장으로 가지 마시고, 공원으로 와 주시기 바랍니다. 재미있는 공연도 준비되어 있으니까 많이 와 주십시오. 감사합니다. (댕동딩)

25. ③

풀이 여자는 행사가 다른 장소로 바뀐 것에 대해 안내하고 있다.

26. ①

풀이 이 행사는 다음 주 토요일 학교 앞 공원에서 열린다. 작년에는 학교 운동장에서 했지만 이번에는 학생들이 더 다양하고 많은 활동을 준비했기 때문에 넓은 공원에서 한다. 재미있는 공연도 준비되어 있다.

※ [27-28] 다음을 듣고 물음에 답하십시오.

27. 두 사람이 무엇에 대해 이야기를 하고 있는지 고르십시오. (3점)

① 영화를 여러 번 보는 이유
② 요즘 인기 있는 영화
③ 영화관에서 영화를 보는 이유
④ 집에서 영화를 볼 때 좋은 점

28. 들은 내용과 같은 것을 고르십시오. (4점)

① 남자는 영화관에 자주 갑니다.
② 여자는 집에서 영화를 자주 봅니다.
③ 남자는 여자와 같이 영화를 볼 겁니다.
④ 여자는 남자에게 좋은 영화를 소개했습니다.

정답 및 풀이

※ [27-28]

남자: 민지 씨, 영화 자주 보세요?
여자: 네, 그런데 영화관에는 거의 안 가고 집에서 영화를 자주 봐요.
남자: 저도 요즘에는 집에서 영화를 보는 게 편해요.
여자: 영화를 집에서 보면 자유롭게 멈추거나 다시 볼 수 있어서 좋지요.
남자: 이야기를 나누면서 볼 수도 있고요.
여자: 맞아요. 그리고 저는 좋은 영화는 여러 번 보는 걸 좋아하는데, 영화관에서 보는 것보다 돈도 적게 들어요.

27. ④

풀이 두 사람은 집에서 영화를 보면 무엇이 더 좋은지에 대해 이야기를 하고 있다.

28. ②

풀이 여자는 영화관에 거의 안 가고 집에서 자주 영화를 본다. 집에서 영화를 보면 멈췄다가 다시 볼 수 있고, 여러 번 볼 수 있어서 돈도 절약할 수 있다. 남자는 이야기를 하면서 볼 수 있어서 집에서 영화 보는 것이 더 편하다.

※ [29–30] 다음을 듣고 물음에 답하십시오.

29. 남자가 이 책을 쓴 이유를 고르십시오. (3점)

① 한국 이야기가 인기가 많아서
② 특별한 이야기를 쓰고 싶어서
③ 한국 음식과 문화를 알리고 싶어서
④ 한국 음식을 먹어 보고 싶어서

30. 들은 내용과 같은 것을 고르십시오. (4점)

① 남자는 '한국의 맛과 이야기'라는 책을 읽었습니다.
② 남자는 한국에 대한 책을 여러 권 썼습니다.
③ 남자는 한국 문화에 대한 이야기를 하는 것을 좋아합니다.
④ 남자는 한국 음식을 먹어 보는 것이 즐거웠습니다.

정답 및 풀이

※ [29-30]

여자: 작가님의 책이 외국에서 인기가 많은데요, 어떤 책인가요?
남자: 한국 음식과 문화에 대한 책이에요. 제목은 '한국의 맛과 이야기'라고 합니다.
여자: 작가님이 이 책을 쓰신 이유는 무엇이었어요?
남자: 한국 음식이 정말 맛있고 특별한데, 그것을 다른 나라 사람들에게도 알리고 싶었어요.
여자: 그렇군요. 책을 쓰실 때 가장 재미있었던 것은 무엇이었어요?
남자: 다양한 한국 음식을 먹어 보는 것이 가장 즐거웠어요. 그리고 요리를 하는 사람들한테서 음식에 대한 이야기를 듣는 것도 재미있었습니다.

29. ③

풀이 남자는 맛있고 특별한 한국 음식을 다른 나라 사람들한테 알리고 싶어서 이 책을 썼다.

30. ④

풀이 이 책의 제목은 '한국의 맛과 이야기'이고, 외국에서 인기가 많다. 책을 쓰면서 가장 재미있었던 것은 다양한 한국 음식을 먹어 보는 것과 요리를 하는 사람들한테서 음식에 대한 이야기를 듣는 것이었다.

TIP 5 외래어, 관광지 관련 단어

1. 외래어

단어					
그리스	Greece		레몬	lemon	
레시피	recipe		메뉴	menu	
버스	bus		스키	ski	
원룸	studio one-room		인터넷	Internet	
주스	juice		초콜릿	chocolate	
치즈	cheese		치킨	chicken	
카페	cafe		컴퓨터	computer	
케이크	cake		택시	taxi	
프린터	printer		피자	pizza	
햄버거	hamburger		호텔	hotel	

2. 관광지

단어
서울, 남산, 한강
속초
전주
부산
여수
제주도

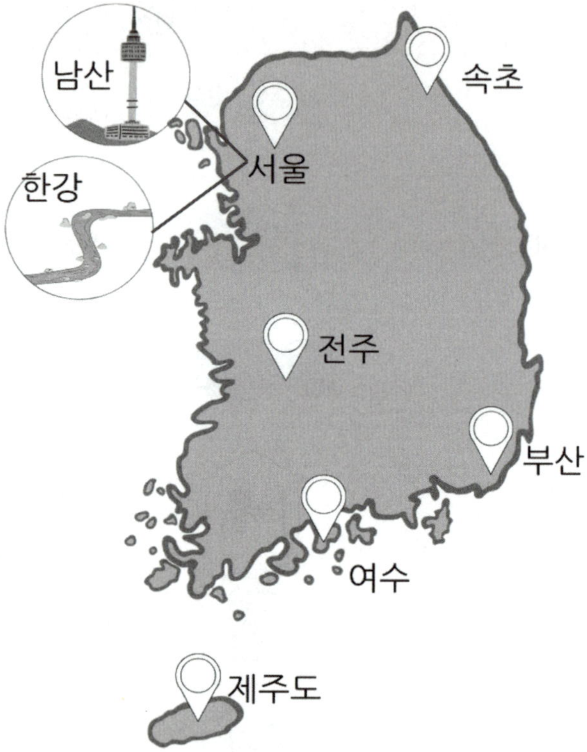

6주차

유형별 전략

기출문제 풀어보기: 토픽 91회(읽기 31번-39번)

연습하기 1

연습하기 2

TIP 6: 존대, 겸양 관련 단어

6 주차

읽기 31번-39번

유형별 전략

[31-39번] 물음에 맞는 대답 고르기

31-33번 전략

문장을 읽고 그 내용이 무엇에 대한 것인지 대답을 고른다.
- 날씨, 약속, 계절, 과일, 쇼핑, 방학, 가족 등

34-39번 전략

문장을 읽고 빈칸에 들어갈 맞는 단어(명사, 동사, 형용사, 조사, 부사 등)를 고른다.
- 우산, 노래, 과일 등
- 보다, 가르치다, 바쁘다, 쉬다 등
- 에, 에서, 도, 만, 까지, 아주, 처음, 다시, 또 등

※ [31-33] 무엇에 대한 내용입니까? 〈보기〉와 같이 알맞은 것을 고르십시오. (각 2점)

보기

오늘은 월요일입니다. 내일은 화요일입니다.

① 공부 ② 얼굴 ❸ 요일 ④ 계절

31.

사과가 있습니다. 수박은 없습니다.

① 시간 ② 과일 ③ 운동 ④ 가족

32.

저는 열다섯 살입니다. 언니는 열일곱 살입니다.

① 나이 ② 날짜 ③ 이름 ④ 나라

33.

수미 씨는 회사원입니다. 컴퓨터 회사에 다닙니다.

① 취미 ② 직업 ③ 약속 ④ 쇼핑

정답 및 풀이

31. ②

풀이 '사과', '수박'은 과일의 종류이다.

32. ①

풀이 '살'은 나이를 말할 때 쓰는 단위이다.

33. ②

풀이 '회사원', '의사', '선생님', '가수', '경찰' 등은 직업을 나타낸다.

※ [34-39] 〈보기〉와 같이 (   )에 들어갈 말로 가장 알맞은 것을 고르십시오.

보기

단어를 모릅니다. (   )을 찾습니다.

① 안경 ② 옷장 ❸ 사전 ④ 지갑

34. (2점)

친구를 만납니다. (   )에서 야구를 합니다.

① 약국 ② 공항 ③ 도서관 ④ 운동장

35. (2점)

백화점에 갑니다. 바지(   ) 치마를 삽니다.

① 도 ② 는 ③ 하고 ④ 에게

36. (2점)

병원이 집에서 (   ). 걸어서 갑니다.

① 큽니다 ② 쌉니다 ③ 가깝습니다 ④ 조용합니다

37. (3점)

저는 케이크를 (   ) 좋아합니다. 매일 먹습니다.

① 아주 ② 아까 ③ 먼저 ④ 어서

38. (3점)

비가 옵니다. 그래서 창문을 (　　　).

① 삽니다　　② 줍니다　　③ 닫습니다　　④ 읽습니다

39. (2점)

오늘 많이 피곤합니다. 집에서 (　　　).

① 쉽니다　　② 됩니다　　③ 자릅니다　　④ 찾습니다

정답 및 풀이

34. ④

풀이 '야구', '농구', '배구', '축구' 등은 운동의 종류이다. 그리고 운동장에서 운동을 한다.

35. ③

풀이 단어와 단어를 연결할 때는 '와/과'나 '하고'를 사용한다. '그리고'는 문장과 문장을 연결할 때 사용한다.

36. ③

풀이 '걸어서 갑니다.'는 가까운 거리를 말한다. 그래서 형용사 '가깝다'를 쓴다.

37. ①

풀이 '아주', '정말', '매우', '진짜' 등의 부사를 써서 '좋아하다'의 정도를 나타낸다.

38. ③

풀이 '그래서'는 이어지는 문장이 앞 문장의 결과를 나타낼 때 연결하는 말이다. '비가 옵니다.'가 원인이므로 '창문을 닫습니다.'가 좋다.

39. ①

풀이 피곤하기 때문에 '쉬다', '자다' 등의 동사를 쓰는 것이 좋다.

연습하기 1

※ [31–33] 무엇에 대한 내용입니까? 〈보기〉와 같이 알맞은 것을 고르십시오. (각 2점)

보기

비빔밥을 먹었습니다. 비빔밥이 맛있습니다.

① 식당　② 취미　❸ 음식　④ 쇼핑

31.

눈이 많이 옵니다. 바람도 불고 춥습니다.

① 시간　② 날씨　③ 방학　④ 계절

32.

도서관에 갑니다. 도서관이 크고 좋습니다.

① 장소　② 고향　③ 수업　④ 계획

33.

오늘은 유월 삼십 일입니다. 내일은 칠월 일 일입니다.

① 나이　② 가격　③ 여름　④ 날짜

정답 및 풀이

31. ②

풀이 '눈이 오다', '바람이 불다'는 날씨를 나타낸다.

32. ①

풀이 '도서관', '학교', '식당' 등은 장소를 나타낸다.

33. ④

풀이 '유월', '칠월'은 '월'이고 '삼십(30)', '일(1)'은 '일'을 말한다. '월'과 '일'은 날짜를 말할 때 쓰는 단위이다.

※ [34~39] <보기>와 같이 (　　)에 들어갈 말로 가장 알맞은 것을 고르십시오.

보기

배가 아픕니다. (　　)에 갑니다.

① 식당　② 우체국　③ 은행　❹ 병원

34. (2점)

오늘은 제 생일입니다. 집(　　) 생일 파티를 합니다.

① 이　② 에서　③ 의　④ 에게

35. (2점)

저는 영화를 좋아합니다. 그래서 영화를 (　　) 봅니다.

① 자주　② 별로　③ 제일　④ 아주

36. (2점)

수영을 잘합니다. 테니스도 잘 (　　).

① 놉니다　② 탑니다　③ 씁니다　④ 칩니다

37. (3점)

> 양말을 (   ). 양말이 아주 예쁘고 따뜻합니다.

① 입습니다 ② 씁니다 ③ 신습니다 ④ 합니다

38. (2점)

> 집 앞에 지하철역이 있습니다. 교통이 (   ).

① 쉽습니다 ② 어렵습니다 ③ 짧습니다 ④ 편합니다

6주차

39. (3점)

> 공항입니다. 세 시에 비행기가 (   ).

① 걸립니다 ② 출발합니다 ③ 나옵니다 ④ 운전합니다

정답 및 풀이

34. ②

풀이 '에서'는 동사의 행위를 하는 장소 뒤에 사용하는 조사이다. 생일 파티를 하는 장소는 '집'이다.

35. ①

풀이 영화를 좋아하기 때문에 영화를 자주 본다. '자주'와 '가끔'은 빈도를 나타내는 부사이다.

36. ④

풀이 '치다'는 '테니스(를) 치다', '피아노(를) 치다', '기타(를) 치다' 등 운동이나 악기와 함께 사용하는 동사이다.

37. ③

풀이 '옷'은 '입다', '신발, 양말' 등은 '신다', '목걸이, 귀걸이' 등은 '하다'의 동사를 사용한다.

38. ④

풀이 집 앞에 지하철역이나 버스 정류장이 있으면 지하철이나 버스를 타러 가기가 쉽다. 그래서 교통이 편하다.

39. ②

풀이 '에'는 시간 뒤에 사용하는 조사이고, 3시에 비행기가 '떠나다, 출발하다' 등의 동사를 쓰는 것이 좋다.

연습하기 2

※ [31-33] 무엇에 대한 내용입니까? 〈보기〉와 같이 알맞은 것을 고르십시오. (각 2점)

보기

아버지는 선생님입니다. 어머니는 회사원입니다.

① 학교 ② 언니 ❸ 부모 ④ 고향

31.

김밥이 맛있습니다. 라면도 맛있습니다.

① 음식 ② 취미 ③ 시간 ④ 나라

32.

저는 아이들을 가르칩니다. 유치원 선생님입니다.

① 가족 ② 나이 ③ 직업 ④ 이름

33.

매일 책을 읽습니다. 주말에는 농구를 합니다.

① 직업 ② 취미 ③ 약속 ④ 요일

정답 및 풀이

31. ①

풀이 '김밥', '라면' 등은 음식의 종류이다.

32. ③

풀이 '선생님', '가수', '의사' 등은 직업을 나타내는 말이다.

33. ②

풀이 '책 읽기', '운동', '요리' 등을 좋아해서 '매일' 하거나 '주말'에 시간이 있을 때 한다. 이런 것을 '취미'라고 한다.

※ [34-39] 〈보기〉와 같이 (　　)에 들어갈 말로 가장 알맞은 것을 고르십시오.

보기

(　　)가 옵니다. 우산을 씁니다.

① 날씨　② 감기　❸ 비　④ 버스

34. (2점)

(　　)에 갑니다. 책을 삽니다.

① 도서관　② 식당　③ 서점　④ 회사

35. (2점)

주차장이 (　　). 그래서 차가 많습니다.

① 조용합니다　② 따뜻합니다　③ 비쌉니다　④ 넓습니다

36. (2점)

가게에 사과가 없습니다. 수박(　　) 삽니다.

① 만　② 하고　③ 에서　④ 이

6주차

37. (3점)

가을입니다. 날씨가 (　　　) 시원합니다.

① 또　② 아주　③ 먼저　④ 일찍

38. (3점)

우체국에 갔습니다. 어머니께 소포를 (　　　).

① 구경했습니다　② 빌렸습니다　③ 보냈습니다　④ 봤습니다

39. (2점)

동생은 요리를 배웠습니다. 불고기를 잘 (　　　).

① 만듭니다　② 씁니다　③ 됩니다　④ 먹습니다

정답 및 풀이

34. ③

풀이 책을 파는 곳은 '서점'이다. 서점이나 책방에 가서 책을 산다.

35. ④

풀이 '주차장'은 차를 주차하는 곳이다. 주차장이 넓으면 차를 많이 주차할 수 있다.

36. ①

풀이 가게에서 사과를 사고 싶었다. 하지만 사과가 없어서 다른 과일은 안 사고 수박만 산다. '만'은 '오로지, 오직' 등을 나타내는 조사이다.

37. ②

풀이 '아주', '정말', '매우', '진짜' 등의 부사를 써서 '시원하다'의 정도를 나타낸다.

38. ③

풀이 '우체국'은 편지나 소포 등을 보내는 곳이다.

39. ①

풀이 '(음식)(을/를) 만들다'는 '요리하다'와 같은 뜻이다. 동생은 요리를 배워서 불고기를 잘 만들 수 있다.

TIP 6 존대, 겸양 관련 단어

보통	존대(높임)	겸양(겸손)
나(는)		저(는)
내(가)		제(가)
우리		저희
-이/가	-께서	
-에게	-께	
나이	연세	
이름	성함	
생일	생신	
집	댁	
명	분	
먹다	잡수시다/드시다	
있다	계시다	
자다	주무시다	
주다		드리다

7주차

유형별 전략

기출문제 풀어보기: 토픽 91회(읽기 40번-45번)

연습하기 1

연습하기 2

TIP 7: 서로 반대되는 단어

7 주차 읽기 40번-45번

유형별 전략

[40-45번] 문장을 읽고 질문에 맞는 대답 고르기

40-42번 전략

(상품 포장) 광고, 지도, 문자 메시지 등의 그림이나 사진을 보고 제시된 보기 중에서 정보가 맞지 않는 것을 고른다.

43-45번 전략

문장을 읽고 내용이 같은 것을 고른다.

기출문제 풀어보기 토픽 91회(읽기 40번-45번)

※ [40-42] 다음을 읽고 맞지 않는 것을 고르십시오. (각 3점)

40.

① 김밥입니다.
② 천오백 원입니다.
③ 불고기 맛입니다.
④ 십이월까지 팝니다.

41.

① 주차장은 공원 안에 있습니다.
② 카페 옆에 화장실이 있습니다.
③ 공원에 입구가 한 개 있습니다.
④ 이곳에서 농구를 할 수 있습니다.

42.

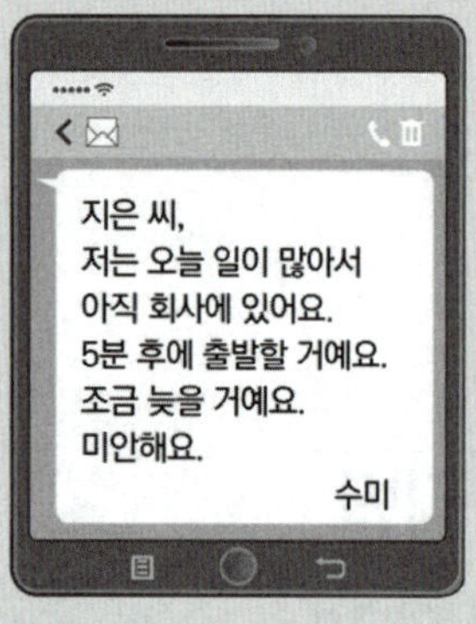

① 수미 씨는 오늘 바빴습니다.
② 수미 씨는 메시지를 보냈습니다.
③ 수미 씨는 지금 회사에 있습니다.
④ 수미 씨는 십 분 후에 출발할 겁니다.

정답 및 풀이

40. ④

풀이 김밥 포장지에 있는 정보이다. 불고기 맛 김밥이고, 값은 천오백 원이다. 김밥을 먹을 수 있는 기간인 유통기한은 십일 월 삼십 일까지이다.

41. ①

풀이 공원 안에 카페, 화장실, 농구장이 있다. 카페는 화장실 옆에 있고, 공원에 입구가 한 개 있다. 주차장은 공원 밖에 있다.

42. ④

풀이 이것은 수미 씨가 지은 씨에게 보내는 문자 메시지이다. 수미 씨는 오늘 일이 많아서 바쁘다. 그래서 아직 회사에 있다. 5분 후에 출발하는데 약속 시간에 늦을 것 같다.

※ [43-45] 다음을 읽고 내용이 같은 것을 고르십시오.

43. (3점)

저는 친구와 함께 삽니다. 우리는 집에서 한국 가수의 노래를 매일 듣습니다. 금요일에는 수업이 끝나고 같이 노래방에 갑니다.

① 친구와 저는 같이 삽니다.
② 저는 금요일에 수업이 없습니다.
③ 우리는 한국 노래를 가끔 듣습니다.
④ 친구는 금요일에 혼자 노래방에 갑니다.

44. (2점)

매년 여름에 한강에서 축제를 합니다. 저는 올해 한강 축제에 처음 갔습니다. 축제에서 춤 공연도 구경하고 맛있는 치킨도 먹었습니다.

① 이 축제는 가을에 합니다.
② 이 축제에서 춤 공연을 봤습니다.
③ 저는 작년에 이 축제에 갔습니다.
④ 저는 이 축제에서 치킨을 못 먹었습니다.

45. (3점)

저는 자전거가 있지만 잘 못 탑니다. 그래서 저는 주말마다 민수 씨를 만나서 자전거를 배웁니다. 나중에 민수 씨와 자전거 여행을 하고 싶습니다.

① 저는 자전거가 없습니다.
② 저는 지금 자전거를 잘 탑니다.
③ 저는 주말에 민수 씨를 만납니다.
④ 저는 요즘 민수 씨와 자전거 여행을 합니다.

정답 및 풀이

43. ①

풀이 나는 친구와 같이 살고, 집에서 한국 가수의 노래를 매일 듣는다. 그리고 금요일에 수업을 들은 후에 친구하고 같이 노래방에 간다.

44. ②

풀이 이 축제는 해마다 여름에 한강에서 열린다. 나는 작년에는 가지 않았고 올해 처음 축제에 갔다. 축제에서 춤 공연도 보고 맛있는 치킨도 먹었다.

45. ③

풀이 나는 자전거가 있다. 그런데 잘 못 탄다. 주말마다 민수 씨를 만나서 자전거를 배운다. 나중에 민수 씨와 같이 자전거 여행을 하고 싶다.

연습하기 1

※ [40-42] 다음을 읽고 맞지 않는 것을 고르십시오. (각 3점)

40.

① 딸기 모양 과자입니다.
② 이 과자는 딸기 맛입니다.
③ 가격은 이천팔백 원입니다.
④ 과자가 스무 개 들어 있습니다.

41.

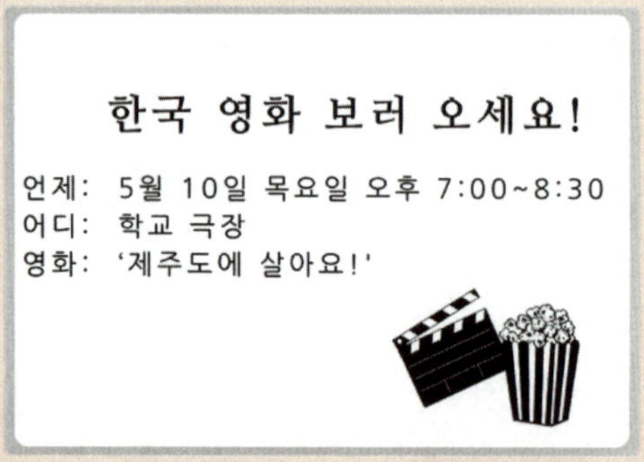

① 저녁에 영화를 볼 수 있습니다.
② 한국 영화를 봅니다.
③ 도서관에서 행사를 합니다.
④ 행사는 목요일에 있습니다.

42.

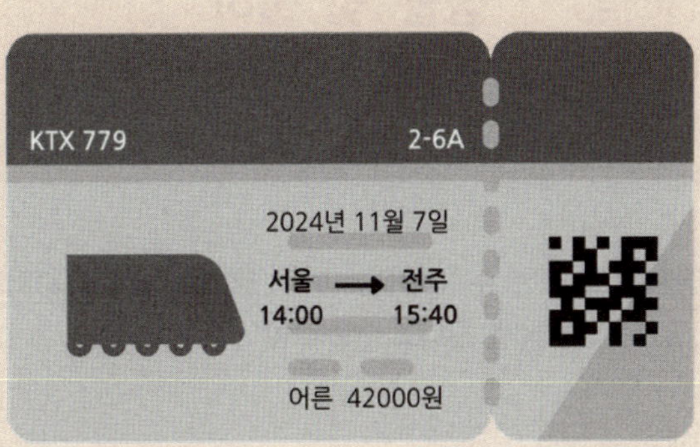

① 표는 사만 이천 원입니다.
② 오후 두 시에 도착합니다.
③ 서울에서 전주로 갑니다.
④ 십일월 칠 일에 기차를 탑니다.

정답 및 풀이

40. ④

풀이 과자 포장지를 보고 알 수 있는 정보이다. 딸기 모양의 과자이고, 딸기 맛 크림이 들어 있다. 값은 이천팔백 원이고, 12개 들어있다.

41. ③

풀이 한국 영화 상영 행사를 광고하고 있다. 이 영화는 오월 십일 목요일 저녁에 한다. 그리고 학교 극장에서 영화를 보여 준다. 이 영화의 제목은 '제주도에 살아요!'이다.

42. ②

풀이 이 표는 서울에서 전주까지 가는 기차표이다. 2024년 11월 7일 2시에 탈 수 있는 기차표이다. 1시간 40분 걸리고 3시 40분에 도착한다. 자리는 2호차 6A이고 기차표 값은 사만 이천 원이다.

※ [43~45] 다음을 읽고 내용이 같은 것을 고르십시오.

43. (3점)

오늘 날씨는 흐리고 바람이 많이 불겠습니다. 오후 늦게부터 비가 오고 내일 오전까지 계속 비가 내리겠습니다. 내일 오후부터는 맑겠습니다.

① 오늘 날씨가 맑을 겁니다.
② 오늘 밤에 비가 올 겁니다.
③ 내일 아침에는 맑고 바람이 불 겁니다.
④ 내일 오후에도 비가 많이 오고 바람이 불 겁니다

44. (2점)

저는 빵 만들기를 좋아합니다. 보통 주말 아침에 빵을 만들어서 가족하고 같이 먹습니다. 가족과 친구들 생일에는 케이크를 만들어서 선물합니다.

① 저는 매일 빵을 만듭니다.
② 보통 혼자 빵을 먹습니다.
③ 가족 생일에 케이크를 만들어 줍니다.
④ 케이크는 어려워서 만들지 못합니다.

45. (3점)

저는 미국 사람이고 뉴욕에 살고 있습니다. 한국 노래를 좋아해서 지금 한국어를 배웁니다. 내년에 좋아하는 가수 공연을 보러 한국에 갈 겁니다.

① 내년에 공연을 보러 한국에 갈 겁니다.
② 저는 한국 노래를 모릅니다.
③ 저는 지금 한국에서 공부합니다.
④ 미국에서 한국어를 배울 수 없습니다.

7주차

정답 및 풀이

43. ②

풀이 오늘 날씨는 흐리고 바람이 많이 불 것이다. 오후 늦게부터 비가 오기 시작해서 내일 오전까지 비가 내릴 것이다. 그런데 내일 오후부터는 날씨가 맑을 것이다.

44. ③

풀이 나는 빵 만드는 것을 좋아한다. 그래서 보통 주말 아침에 빵을 만들어서 가족과 같이 먹는다. 그리고 케이크를 만들어서 가족과 친구들 생일에 선물한다.

45. ①

풀이 나는 미국 사람이다. 지금 뉴욕에 살고 있다. 나는 한국 노래를 좋아해서 한국어를 배우고 있다. 내년에는 좋아하는 한국 가수 공연을 보러 한국에 갈 것이다.

연습하기 2

※ [40~42] 다음을 읽고 맞지 않는 것을 고르십시오. (각 3점)

40.

① 매일 문을 엽니다.
② 수요일은 다섯 시에 문을 닫습니다.
③ 주말에는 입장료를 안 받습니다.
④ 토요일은 열 시에 문을 엽니다.

41.

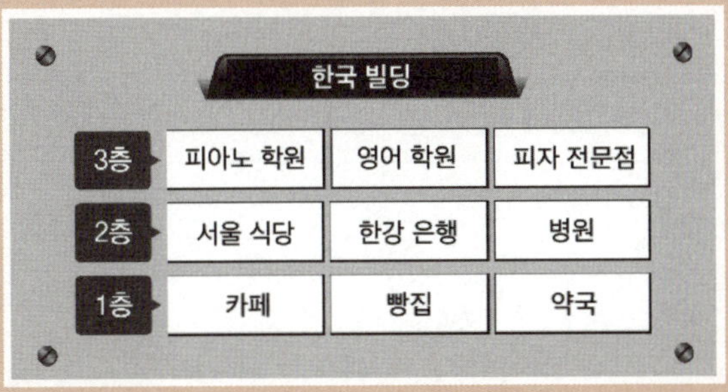

① 빵집은 일 층에 있습니다.
② 식당이 두 개 있습니다.
③ 피아노 학원과 영어 학원은 같은 층에 있습니다.
④ 약국 아래층에 병원이 있습니다.

42.

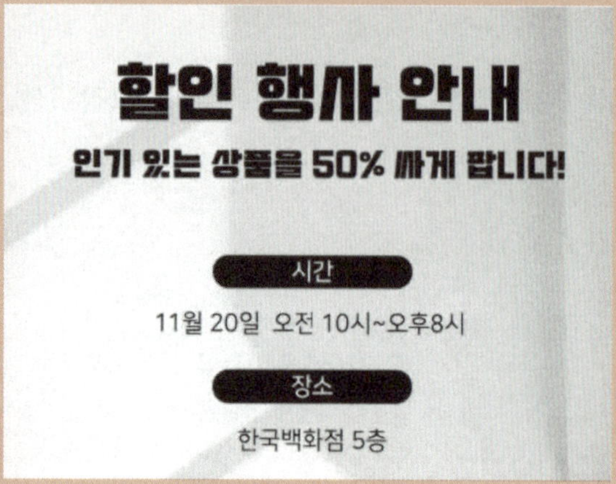

① 행사를 일주일 동안 합니다.

② 백화점 5층에서 행사를 합니다.

③ 행사를 열 시간 동안 합니다.

④ 상품을 반값에 팝니다.

정답 및 풀이

40. ③

풀이 공원 이용에 관한 안내문이다. 이 공원은 평일인 월요일부터 금요일까지는 오전 아홉시부터 오후 다섯 시까지 이용할 수 있다. 주말인 토요일과 일요일에는 오전 열 시부터 오후 여섯 시까지 이용할 수 있다. 그리고 평일에는 무료이기 때문에 돈을 안 낸다. 하지만 주말에는 삼천 원의 요금을 내야 한다.

41. ④

풀이 1층에는 카페와 빵집, 약국이 있다. 2층에는 서울 식당과 한강 은행, 병원이 있다. 3층에는 피아노 학원과 영어 학원, 피자를 파는 식당이 있다.

42. ①

풀이 한국백화점에서 하는 할인 행사 안내이다. 이 행사는 십일월 이십 일 오전 열 시부터 오후 여덟 시까지, 단 하루 열 시간 동안 한다. 그리고 백화점 5층에서 한다. 인기 있는 상품은 반값에 살 수 있다.

※ [43-45] 다음을 읽고 내용이 같은 것을 고르십시오.

43. (3점)

> 오늘 이사를 했습니다. 친구 두 명이 도와줘서 이사가 쉽게 끝났습니다. 친구들과 근처 식당에서 저녁을 먹었습니다.

① 제가 친구들을 도와줬습니다.
② 저녁을 밖에서 먹었습니다.
③ 친구가 이사를 했습니다.
④ 이사가 힘들었습니다.

44. (2점)

> 오늘 오빠가 대학교를 졸업했습니다. 예쁜 꽃을 사서 부모님과 함께 졸업식에 갔습니다. 학교 구경도 하고 다 함께 사진도 찍었습니다.

① 저는 대학교를 졸업했습니다.
② 가족 사진을 못 찍었습니다.
③ 저는 꽃을 샀습니다.
④ 부모님은 졸업식에 못 갔습니다.

45. (3점)

> 오늘 부산에서 온 친구와 약속이 있었습니다. 그런데 버스를 잘못 타서 30분이나 늦었습니다. 친구를 기다리게 해서 정말 미안했습니다.

① 저는 친구를 못 만났습니다.
② 저는 친구를 많이 기다렸습니다.
③ 저는 약속 장소를 못 찾았습니다.
④ 저는 약속 시간에 늦었습니다.

정답 및 풀이

43. ②

풀이 나는 오늘 이사를 했다. 친구들이 도와줘서 이사하기가 쉬웠다. 이사를 한 후에 친구들과 근처 식당에서 저녁을 먹었다.

44. ③

풀이 오늘은 오빠가 대학교를 졸업하는 날이다. 나는 예쁜 꽃을 사서 부모님과 함께 졸업식에 갔다. 학교 구경도 하고 가족들이 같이 사진도 찍었다.

45. ④

풀이 나는 오늘 부산에서 온 친구와 약속이 있었다. 그런데 버스를 잘못 타서 30분 늦었다. 친구는 나를 기다렸다. 나는 친구한테 정말 미안했다.

TIP 7 서로 반대되는 단어

단어		반대되는 단어	단어		반대되는 단어
가볍다	↔	무겁다	어렵다	↔	쉽다
가깝다	↔	멀다	있다	↔	없다
길다	↔	짧다	맛(이) 있다	↔	맛(이) 없다
높다	↔	낮다	재미있다	↔	재미없다
많다	↔	적다	좋다	↔	나쁘다
밝다	↔	어둡다	편하다	↔	불편하다
싸다	↔	비싸다	알다	↔	모르다

8주차

유형별 전략

기출문제 풀어보기: 토픽 91회(읽기 46번-50번)

연습하기 1

연습하기 2

TIP 8: 장소 관련 단어(1)

8 주차 읽기 46번-50번

유형별 전략

[46-50번] 문장을 읽고 중심 내용 고르기/물음에 답하기

46-48번 전략

생활문을 읽고 중심 내용을 고른다.

49-50번 전략

조금 긴 생활문이나 일기 형식의 글을 읽고 질문에 답한다.

- 첫 번째 문제는 문장 안에 있는 빈칸에 들어갈 수 있는 알맞은 표현을 보기에서 고른다.
- 두 번째 문제는 글의 내용과 같은 것을 고른다.

※ [46-48] 다음을 읽고 중심 내용을 고르십시오.

46. (3점)

저는 등산을 하러 제주도에 왔습니다. 그런데 오늘 비가 와서 등산을 못 했습니다. 내일은 꼭 산에 가고 싶습니다.

① 저는 제주도에서 등산할 겁니다.
② 저는 등산을 하는 것이 힘듭니다.
③ 저는 비가 오는 날을 좋아합니다.
④ 저는 제주도에 가서 살려고 합니다.

47. (3점)

저는 백화점에서 모자를 하나 샀습니다. 그 모자는 가볍고 예쁩니다. 저는 요즘 밖에 나갈 때 그 모자를 자주 씁니다.

① 저는 모자가 마음에 듭니다.
② 저는 예쁜 모자가 필요합니다.
③ 저는 친구에게 모자를 줄 겁니다.
④ 저는 백화점에서 일하면 좋겠습니다.

48. (2점)

> 저는 고등학교 졸업 후에 김 선생님을 못 만났습니다. 저는 이번 주말에 김 선생님을 만나러 갈 겁니다. 빨리 주말이 오면 좋겠습니다.

① 저는 선생님이 될 겁니다.
② 저는 김 선생님이 보고 싶습니다.
③ 저는 고등학교를 졸업해야 합니다.
④ 저는 학교에 다니는 것이 즐겁습니다.

정답 및 풀이

46. ①

풀이 나는 등산을 하려고 제주도에 왔는데 비가 와서 오늘 등산을 못 했다. 내일은 꼭 등산하고 싶다.

47. ①

풀이 나는 백화점에서 산 모자가 가볍고 예뻐서 마음에 든다. 그래서 밖에 나갈 때 자주 그 모자를 쓴다.

48. ②

풀이 나는 고등학교를 졸업했다. 그런데 졸업 후에 김 선생님을 못 만났다. 그래서 이번 주말에 김 선생님을 만나고 싶어서 학교에 갈 거다. 주말이 기다려진다.

※ [49~50] 다음을 읽고 물음에 답하십시오. (각 2점)

지영 씨는 제 친한 친구인데 지난달에 결혼했습니다. 저와 제 남편은 지영 씨의 결혼식에 갔습니다. 그래서 오늘 지영 씨 부부가 저와 남편을 집으로 초대했습니다. 우리는 지영 씨의 집을 (㉠) 지영 씨 부부가 만든 음식을 맛있게 먹었습니다. 그리고 결혼식 사진도 함께 봤습니다.

49. ㉠에 들어갈 말로 가장 알맞은 것을 고르십시오.

① 구경하고 ② 구경하러

③ 구경하는 ④ 구경해도

50. 윗글의 내용과 같은 것을 고르십시오.

① 저는 오늘 지영 씨를 집에 초대했습니다.

② 지영 씨는 오늘 제 남편을 못 만났습니다.

③ 저는 오늘 지영 씨의 결혼식 사진을 봤습니다.

④ 지영 씨는 오늘 저와 식당에서 밥을 먹었습니다.

정답 및 풀이

49. ①

풀이 '-(으)ㄴ 후에', '-(으)ㄴ 다음에'와 같이 시간의 순서대로 쓴 연결 표현 '-고'를 찾는다.

50. ③

풀이 지영 씨는 내 친구이고 지난달에 결혼했다. 그리고 오늘 지영 씨 부부가 나와 남편을 집으로 초대했다. 우리는 지영 씨의 집을 구경하고 식사를 했다. 그리고 결혼식 사진도 봤다.

연습하기 1

※ [46-48] 다음을 읽고 중심 내용을 고르십시오.

46. (3점)

민수 씨가 오늘 캐나다로 공부하러 갔습니다. 저는 친구들과 공항에 가서 민수 씨한테 인사를 했습니다. 우리는 모두 눈물이 났습니다.

① 저는 캐나다에 가고 싶습니다.
② 저는 공항에서 친구를 만났습니다.
③ 저는 민수 씨가 떠나서 슬펐습니다.
④ 민수 씨는 친구들하고 캐나다에 갔습니다.

47. (3점)

저는 제주도에 가고 싶습니다. 그래서 이번 여름 방학에 한국에 가면 제주도에 가 볼 겁니다. 사진도 찍고 맛있는 음식도 많이 먹을 겁니다.

① 작년 여름에 한국에 갔습니다.
② 제주도에서 사진을 많이 찍을 겁니다.
③ 제주도에 해마다 갑니다.
④ 제주도에서 제주도 음식을 배울 겁니다.

48. (2점)

> 저는 원룸에 살고 있습니다. 회사도 가깝고 방이 크고 깨끗해서 아주 좋습니다. 저는 이 원룸에서 오래 살고 싶습니다.

① 이 원룸이 마음에 듭니다.
② 원룸은 회사에서 멉니다.
③ 다른 원룸으로 이사하고 싶습니다.
④ 저는 원룸에서 산 적이 없습니다.

정답 및 풀이

46. ③

풀이 민수 씨가 캐나다에 갔다. 그래서 나와 친구들은 공항에 가서 민수 씨한테 인사했다. 슬퍼서 눈물이 났다.

47. ②

풀이 나는 제주도에 가고 싶다. 그래서 이번 여름 방학에 한국에 가서 제주도에 갈 것이다. 제주도에서 사진도 찍고 맛있는 음식도 많이 먹을 것이다.

48. ①

풀이 나는 회사에서 가까운 원룸에서 산다. 이 원룸은 크고 깨끗해서 좋다. 나는 여기서 오래 살고 싶다.

※ [49~50] 다음을 읽고 물음에 답하십시오. (각 2점)

저는 테니스 치는 것을 좋아합니다. 하지만 요즘에는 일이 바빠서 테니스를 치지 못했습니다. 오늘은 일이 빨리 끝나서 오랜만에 친구와 테니스를 치고 싶었습니다. 그런데 오늘은 친구가 약속이 있어서 테니스를 (㉠). 내일 함께 테니스장에 갈 겁니다.

49. ㉠에 들어갈 말로 가장 알맞은 것을 고르십시오.

① 치러 갔습니다 ② 치지 못했습니다
③ 쳐야 했습니다 ④ 치고 싶었습니다

50. 윗글의 내용과 같은 것을 고르십시오.

① 저는 오늘 일이 없었습니다.
② 저는 요즘 테니스를 자주 칩니다.
③ 저는 오늘 약속이 있었습니다.
④ 저는 내일 친구하고 테니스를 칠 겁니다.

정답 및 풀이

49. ②

풀이 '그런데'로 시작하는 문장이기 때문에 앞 문장에서 기대한 것과 다른 결과의 문장을 찾는다. '오랜만에 친구와 테니스를 치고 싶었습니다.'와 다른 결과는 '치지 못했습니다.'이다.

50. ④

풀이 나는 테니스 치는 것을 좋아한다. 그런데 요즘 바빠서 치지 못했다. 오랜만에 오늘 시간이 있어서 친구와 테니스를 치고 싶었다. 그런데 오늘 친구가 약속이 있어서 테니스를 못 쳤다. 우리는 내일 테니스를 칠 것이다.

연습하기 2

※ [46-48] 다음을 읽고 중심 내용을 고르십시오.

46. (3점)

> 저는 춤을 잘 못 춥니다. 그런데 제 친구는 춤을 정말 잘 춥니다. 저도 열심히 연습해서 그 친구처럼 춤을 잘 추고 싶습니다.

① 저는 친구에게 춤을 배우고 싶습니다.
② 저는 춤을 잘 추고 싶습니다.
③ 저는 친구의 춤을 보고 싶습니다.
④ 저는 친구하고 같이 춤을 추고 싶습니다.

47. (3점)

> 저는 편의점에서 김밥과 라면을 자주 사 먹습니다. 그런데 편의점 음식이 건강에는 별로 좋지 않습니다. 앞으로는 집에서 요리를 더 자주 해야겠습니다.

① 편의점 음식은 건강에 좋습니다.
② 편의점에서는 김밥과 라면을 꼭 먹어야 합니다.
③ 저는 계속 편의점 음식을 자주 사 먹을 겁니다.
④ 저는 집에서 음식을 더 자주 만들어 먹을 겁니다.

48. (2점)

> 오랜만에 중학교 졸업 사진을 봤습니다. 사진을 보는 동안 고마운 선생님들이 많이 생각났습니다. 그래서 선생님들께 연락을 드릴 겁니다.

① 저는 선생님들이 보고 싶습니다.
② 저는 중학교에 다닙니다.
③ 저는 선생님들의 연락을 받고 싶습니다.
④ 저는 선생님과 사진을 찍으려고 합니다.

정답 및 풀이

46. ②

풀이 나는 춤을 잘 못 춘다. 그런데 내 친구는 춤을 잘 춘다. 나도 춤을 열심히 연습해서 그 친구처럼 춤을 잘 추고 싶다.

47. ④

풀이 나는 편의점에서 김밥과 라면을 자주 사 먹는다. 편의점 음식이 건강에 별로 좋지 않다. 이제는 집에서 음식을 자주 만들어 먹어야겠다.

48. ①

풀이 중학교 졸업하고 오랜만에 졸업 사진을 봤다. 사진을 보니까 고마운 선생님들 생각이 많이 났다. 선생님들께 연락을 드리고 싶다.

※ [49-50] 다음을 읽고 물음에 답하십시오. (각 2점)

> 수지 씨는 우리 회사에서 저와 가장 가까운 친구인데 지난달에 회사 근처 아파트로 이사를 했습니다. 저는 오늘 수지 씨의 새 집으로 초대를 받았습니다. 그래서 작은 그림을 선물로 사서 수지 씨의 집에 갔습니다. 수지 씨가 그림을 (㉠) 저는 정말 기뻤습니다. 새 집을 구경하고 우리는 즐겁게 이야기를 했습니다.

49. ㉠에 들어갈 말로 가장 알맞은 것을 고르십시오.

① 마음에 들어하고 ② 마음에 들어했지만
③ 마음에 들어해서 ④ 마음에 들어해도

50. 윗글의 내용과 같은 것을 고르십시오.

① 저는 오늘 수지 씨를 집에 초대했습니다.
② 저는 수지 씨에게 그림을 선물했습니다.
③ 저는 지난달에 새 집으로 이사를 했습니다.
④ 수지 씨와 저는 오늘 식당에서 만났습니다.

8주차

정답 및 풀이

49. ③

풀이 '저는 정말 기뻤습니다.' 앞에 그 이유나 원인을 찾는다. 이유나 원인을 나타내는 '–아서/어서/해서'를 사용한 '그림을 마음에 들어해서'이다.

50. ②

풀이 수지 씨는 회사에서 나하고 제일 친한 친구이다. 수지 씨가 지난달에 회사 근처 아파트로 이사했다. 그래서 수지 씨가 나를 초대했다. 나는 작은 그림을 선물했다. 수지 씨가 그림을 아주 좋아해서 나도 기뻤다. 나는 집 구경을 하고, 같이 즐겁게 이야기를 했다.

TIP 8

장소 관련 단어(1)

장소	장소 관련 단어	
가게	물건, 가격, 값, 주인, 손님	사다, 팔다, 바꾸다, 환불하다
공연장	공연, 표, 자리, 음악, 입장료	보다, 줄을 서다, 즐기다
공원	꽃, 나무, 공기, 김밥, 도시락	산책하다, 걷다, (자전거) 타다
공항	비행기, 비행기표, 티켓, 여권, 짐, 고향, 인사, 비자	출발하다, 도착하다, (짐) 부치다
교실	학교, 선생님, 학생, 숙제, 공부, 시험	배우다, 가르치다, 질문하다
극장	연극, 영화, 영화표, 좌석, 배우, 관객	예매하다, 보다
도서관	책, 몇 권, 대출	읽다, 빌리다, 반납하다
문구점	학용품, 연필, 지우개, 공책	사다, 팔다
박물관	역사, 옛날, 그림, 전시, 기념품, 문화	보다, 관람하다, 구경하다
버스 정류장	버스, 교통카드, 버스요금	기다리다, 타다, 내리다, 갈아타다
병원	의사, 간호사, 감기, 열, 기침	아프다, 치료하다, 입원, 퇴원
부엌	음식, 재료, 식사, 냉장고	요리하다, 만들다
백화점	물건, 할인, 세일	사다, 팔다, 고르다, 포장하다
사진관	사진, 사진사, 카메라/사진기	찍다, 잘 나오다
서점	책, 잡지, 문구, 몇 권	찾다, 사다
수영장	수영, 운동	배우다
시장	물건, 가격, 값	사다, 팔다, 싸다, 비싸다, 다양하다

9주차

9 주차 읽기 51번-56번

유형별 전략

[51-56번] 글을 읽고 물음에 답하기

51-56번 전략

설명문이나 생활문을 읽고 질문에 답한다.

- 첫 번째 문제는 문장 안에 있는 빈칸에 들어갈 수 있는 알맞은 표현을 보기에서 고른다.
- 두 번째 문제는 글의 내용과 같은 것을 고른다.

※ [51-52] 다음을 읽고 물음에 답하십시오.

한국대학교에서는 외국인 학생들에게 한복을 빌려주는 서비스를 시작했습니다. 요즘 외국인 학생들은 명절이나 학교에서 행사가 있을 때 한복을 자주 입기 때문입니다. 한복은 1층에 있는 사무실에서 빌릴 수 있습니다. 마음에 드는 한복을 고르고 이름과 전화번호를 써서 냅니다. (㉠) 3일 동안 무료로 한복을 빌릴 수 있습니다.

51. ㉠에 들어갈 말로 가장 알맞은 것을 고르십시오. (3점)

① 그러면 ② 그래도
③ 그러나 ④ 그렇지만

52. 무엇에 대한 내용인지 맞는 것을 고르십시오. (2점)

① 한복을 사는 이유
② 한복을 빌리는 방법
③ 한복을 입으면 좋은 점
④ 한복을 싸게 살 수 있는 장소

※ [53-54] 다음을 읽고 물음에 답하십시오.

저는 퇴근 후에 친구들과 매일 배드민턴 모임을 합니다. 우리는 오후 8시에 모여서 배드민턴을 칩니다. 일 끝나고 매일 모이는 것이 (㉠) 친구들과 같이 하니까 재미있습니다. 처음에는 다음 날 아침에 너무 피곤했는데 지금은 괜찮습니다. 몸도 더 건강해지는 것 같습니다.

53. ㉠에 들어갈 말로 가장 알맞은 것을 고르십시오. (2점)

① 힘들면 ② 힘들게

③ 힘들거나 ④ 힘들지만

54. 윗글의 내용과 같은 것을 고르십시오. (3점)

① 저는 퇴근하고 혼자 운동을 합니다.

② 저는 요즘 아침에 계속 피곤합니다.

③ 배드민턴 모임은 오후 여덟 시에 합니다.

④ 배드민턴 모임은 일주일에 한 번 있습니다.

※ [55-56] 다음을 읽고 물음에 답하십시오.

사람들은 여러 종류의 차를 마십니다. 그중에서 (㉠) 때 마시면 좋은 차가 있습니다. '인삼차'는 배가 아플 때 마시면 도움이 됩니다. 또 잠을 못 잘 때는 '장미차'를 마시면 좋습니다. 감기에는 '유자차'가 좋습니다. 이런 차들은 맛도 좋고 가게에서 쉽게 사 먹을 수 있어서 편합니다.

55. ㉠에 들어갈 말로 가장 알맞은 것을 고르십시오. (2점)

① 일이 바쁠　　② 가게에 갈
③ 음식을 만들　　④ 몸이 안 좋을

56. 윗글의 내용과 같은 것을 고르십시오. (3점)

① 유자차는 맛이 안 좋아서 먹기 불편합니다.
② 잠을 자지 못할 때 장미차가 도움이 됩니다.
③ 배가 아플 때 인삼차를 마시면 좋지 않습니다.
④ 장미차는 팔지 않기 때문에 만들어 먹어야 합니다.

정답 및 풀이

51. ①

풀이 '마음에 드는 한복을 고르고 이름과 전화번호를 써서 내면 3일 동안 무료로 한복을 빌릴 수 있습니다.'와 같은 뜻이다. 따라서 두 문장을 연결할 수 있는 '그러면'/'그렇게 하면'을 고른다.

52. ②

풀이 외국인 학생들이 명절이나 학교에서 행사가 있을 때 한복을 자주 입기 때문에 한국대학교에서 외국인 학생들에게 한복을 빌려주는 서비스를 시작했다. 한복을 어디에서 어떻게 빌릴 수 있는지 한복을 빌리는 방법에 대해 말하고 있다.

53. ④

풀이 '일 끝나고 매일 모이는 것이 힘듭니다. 그렇지만 친구들과 같이 하니까 재미있습니다.'와 같은 뜻으로 두 문장을 한 문장으로 만들 수 있는 '그렇지만', '그런데'의 의미가 들어있는 것을 고른다. 그래서 정답은 '힘들지만'이다.

54. ③

풀이 나는 퇴근 후에 친구들과 매일 8시에 모여서 배트민턴을 친다. 일 끝나고 매일 모여서 힘들지만 친구들과 같이 하기 때문에 재미있다. 처음에는 아침에 피곤했는데 지금은 괜찮다. 그리고 몸도 더 건강해지는 것 같다.

55. ④

풀이 아플 때 마시면 좋은 차에 대해 설명하고 있다. '아프다'와 '몸이 안 좋다'는 의미가 비슷한 표현이다.

56. ②

풀이 배가 아플 때는 '인삼차', 잠을 자지 못할 때는 '장미차', 감기에는 '유자차'가 좋다. 맛도 좋고 쉽게 살 수 있어서 편하다.

연습하기 1

※ [51-52] 다음을 읽고 물음에 답하십시오.

> 전에는 물건을 사고 보통 현금이나 카드로 계산했습니다. 그런데 요즘은 꼭 현금이나 카드가 필요하지는 않습니다. 가게나 카페, 식당에서 휴대폰으로 쉽게 계산할 수 있습니다. (㉠) 지하철을 탈 때에도 휴대폰을 사용하여 탈 수 있습니다. 요즘은 많은 사람들이 이렇게 휴대폰으로 계산합니다.

51. ㉠에 들어갈 말로 가장 알맞은 것을 고르십시오. (3점)

① 그러면
② 그리고
③ 그래서
④ 그러나

52. 무엇에 대한 내용인지 맞는 것을 고르십시오. (2점)

① 휴대폰 사용법
② 현금을 사용하는 곳
③ 카드로 지하철 타는 법
④ 휴대폰으로 계산할 수 있는 곳

※ [53-54] 다음을 읽고 물음에 답하십시오.

저는 중학교 때부터 지금까지 친하게 지내는 친구가 있습니다. 저는 아버지 일 때문에 미국에 오래 살았습니다. 한국에는 중학교 때 돌아왔습니다. 한국어도 잘하지 못했습니다. 그래서 공부가 힘들고 학교에 (㉠) 그 친구가 제 공부를 많이 도와주었습니다. 매일 학교에 같이 다니면서 한국어를 연습했습니다. 지금도 그 친구를 고맙게 생각합니다.

53. ㉠에 들어갈 말로 가장 알맞은 것을 고르십시오. (2점)

① 가기 싫었는데　　② 가고 나서
③ 가는 것이 좋아서　　④ 가고 싶었지만

54. 윗글의 내용과 같은 것을 고르십시오. (3점)

① 저는 그 친구를 미국에서 만났습니다.
② 저는 그 친구를 지금은 만나지 않습니다.
③ 저는 중학교 때부터 미국에서 살았습니다.
④ 저는 한국에서 학교 공부가 어려웠습니다.

※ [55~56] 다음을 읽고 물음에 답하십시오.

서울의 한강공원은 한강을 따라서 여러 곳에 만들어진 공원입니다. 한강공원은 강 옆에 있고 교통이 편해서 많은 사람들이 찾아갑니다. 사람들은 거기에서 가족, 친구들과 산책을 하거나 운동을 합니다. 그리고 주말에는 다양한 행사를 하기도 합니다. 한강공원은 드라마에도 자주 나와서 (㉠) 외국인 관광객도 많아졌습니다.

55. ㉠에 들어갈 말로 가장 알맞은 것을 고르십시오. (2점)

① 멀어졌기 때문에
② 교통이 편해졌기 때문에
③ 유명해졌기 때문에
④ 사람들이 모르기 때문에

56. 윗글의 내용과 같은 것을 고르십시오. (3점)

① 한강공원은 서울에 한 곳만 있습니다.
② 한강공원에서 사람들은 쉴 수 있습니다.
③ 한강공원은 주말에만 사람들이 많습니다.
④ 한강공원에서는 날마다 다양한 행사를 합니다.

정답 및 풀이

51. ②

풀이 '가게나 카페, 식당에서 휴대폰으로 쉽게 계산할 수 있습니다.'라는 문장과 뒤의 '지하철을 탈 때에도 휴대폰을 사용하여 탈 수 있습니다.'라는 문장은 핸드폰을 사용하여 계산할 수 있는 경우의 예를 대등하게 연결한다. 따라서 대등하게 연결할 수 있는 '그리고'/'또'를 고른다.

52. ④

풀이 전에는 현금이나 카드로 계산하던 것을 요즘은 카드나 현금 없이 휴대폰을 사용하여 계산할 수 있다. 가게, 카페, 식당, 지하철 등 휴대폰으로 계산할 수 있는 곳에 대해 말하고 있다.

53. ①

풀이 한국어를 잘하지 못해서 공부가 힘들고 어려웠다는 내용이다. '그 친구가 공부를 많이 도와주었습니다.'와 연결될 수 있는 가장 좋은 표현은 '가기 싫었는데'이다.

54. ④

풀이 나는 아버지 일 때문에 미국에서 살았다. 중학교 때 한국에 왔는데, 한국어를 잘 못해서 학교 공부가 어려웠다. 그런데 친구가 내 공부를 도와주었다. 그 친구를 고맙게 생각하고 있고 지금도 친하게 지낸다.

55. ③

풀이 '한강공원은 드라마에도 자주 나와서'가 원인이고, 결과를 나타내는 문장을 찾는다. '한강공원은 드라마에도 자주 나와서 유명해졌다.' 그리고 '유명해졌기 때문에' 이런 이유로 외국인 관광객도 많아졌다.

56. ②

풀이 한강공원은 한강을 따라서 여러 곳에 있는 공원이다. 한강공원은 강 옆에 있고, 교통이 편해서 사람들이 많이 놀러 온다. 이곳에서 가족, 친구들과 산책도 하고 운동도 한다. 주말에는 여러 가지 행사도 한다. 드라마에도 자주 나와서 유명해졌다. 그래서 한국 드라마를 좋아하는 외국인 관광객도 많이 온다.

연습하기 2

※ [51-52] 다음을 읽고 물음에 답하십시오.

사과는 그냥 먹어도 맛있지만 요리에도 많이 사용됩니다. 사람들은 사과를 샐러드에 (㉠) 먹기도 합니다. 사과를 끓여서 잼을 만들 수도 있고, 파이에 넣고 구워서 맛있는 디저트를 만들 수도 있습니다. 사과는 이렇게 음식의 재료로 다양하게 사용됩니다.

51. ㉠에 들어갈 말로 가장 알맞은 것을 고르십시오. (3점)

① 넣을 때
② 넣어서
③ 넣으니까
④ 넣으려고

52. 무엇에 대한 내용인지 맞는 것을 고르십시오. (2점)

① 사과의 맛
② 사과를 먹는 이유
③ 사과로 만들 수 있는 음식
④ 사과를 좋아하는 이유

※ [53-54] 다음을 읽고 물음에 답하십시오.

> 지난 주말에 친구들과 같이 좋아하는 가수의 공연을 보러 갔습니다. 어릴 때부터 좋아한 가수인데 공연을 보러 간 것은 처음이었습니다. 그곳에는 사람들이 정말 많았습니다. 우리 자리는 공연장 앞쪽이어서 아주 좋았습니다. 공연장에서 (㉠) 정말 행복한 경험이었습니다.

53. ㉠에 들어갈 말로 가장 알맞은 것을 고르십시오. (2점)

① 가수가 되는 것은　　② 노래를 부르는 것은
③ 친구 집에 가는 것은　　④ 직접 노래를 듣는 것은

54. 윗글의 내용과 같은 것을 고르십시오. (3점)

① 저는 이 가수의 공연에 처음 가 봤습니다.
② 공연을 보러 온 사람이 별로 없었습니다.
③ 우리 자리는 별로 좋지 않았습니다.
④ 저는 이 가수를 처음 알게 되었습니다.

※ [55-56] 다음을 읽고 물음에 답하십시오.

저는 고양이를 한 마리 키우고 있습니다. 한 달 전에 집 근처 공원에서 산책할 때 만났습니다. 그 때 그 고양이는 많이 말라 있었고 힘이 없어 보였습니다. 저는 고양이를 집으로 데리고 와서 우유를 주고, 다음 날 동물 병원에도 갔습니다. 처음에 그 고양이는 밥도 잘 먹지 못 했습니다. 하지만 이제는 잘 먹고 (㉠).

55. ㉠에 들어갈 말로 가장 알맞은 것을 고르십시오. (2점)

① 집으로 돌아갔습니다
② 건강해졌습니다
③ 새 이름이 생겼습니다
④ 힘이 없습니다

56. 윗글의 내용과 같은 것을 고르십시오. (3점)

① 저는 한 달 전에 고양이를 샀습니다.
② 저는 공원에서 고양이를 잃어버렸습니다.
③ 저는 집 없는 고양이를 도와주었습니다.
④ 저는 동물 병원에서 고양이를 만났습니다.

9주차

정답 및 풀이

51. ②

풀이 '사람들은 사과를 샐러드에 넣습니다.'와 '그리고 이것을 먹기도 합니다.'의 두 문장을 연결할 때는 순서를 나타내는 '–아서/어서/해서'를 넣은 대답을 고른다.

52. ③

풀이 사과는 그냥 먹을 수 있지만, 요리에도 이용된다. 사과를 샐러드에 넣거나 잼을 만들고, 파이를 만들어서 디저트로도 먹을 수 있다. 사과로 만들 수 있는 음식의 종류에 대해 말하고 있다.

53. ④

풀이 사람들은 가수의 노래를 직접 듣기 위해 공연장에 간다. 따라서 '공연장에서 직접 노래를 듣는 것은 정말 행복한 경험이었습니다.'가 가장 좋은 문장이다.

54. ①

풀이 나는 지난 주말에 친구들과 같이 가수의 공연을 보러 갔다. 이 가수는 내가 어릴 때부터 좋아한 가수이다. 그런데 공연을 보는 것은 처음이다. 공연장에는 사람들이 아주 많았다. 공연장에서 직접 노래를 듣는 것이 정말 행복했다.

55. ②

풀이 나는 집 없는 고양이를 데리고 와서 먹을 것을 주고, 병원에도 데리고 갔다. 처음에는 밥도 잘 못 먹었는데 이제는 밥도 잘 먹고 건강해졌다. 그래서 정답은 '건강해졌습니다.'이다.

56. ③

풀이 나는 한 달 전에 집 근처 공원에서 집 없는 고양이를 데리고 왔다. 고양이는 먹지 못해서 마르고 힘도 없었다. 나는 고양이를 병원에 데리고 가고 우유도 먹이면서 도와주었다. 그래서 지금은 고양이가 건강해졌다.

TIP 9 장소 관련 단어(2)

장소	장소와 관련된 단어	
식당	손님, 메뉴, 음료	주문, 먹다, 시키다, 예약하다, 맛있다, 맵다
안경점	안경, 렌즈	쓰다, 고르다, 마음에 들다
약국	약, 목, 배, 머리, 감기	아프다, 열이 나다
여행사	비행기표, 일정, 여행	예매하다, 예약하다, 관광하다
역	기차, 지하철, 고속버스, 표	기다리다, 타다, 내리다
영화관	영화, 영화표, 배우, 관객	보다, 관람하다, 예매하다
우체국	편지, 소포, 주소, 택배, 포장	보내다, 부치다, 도착하다
유치원	어린이, 선생님, 교사	배우다, 가르치다
은행	돈, 통장, 카드, 신분증	찾다, 바꾸다
커피숍	커피, 디저트, 케이크, 아르바이트	마시다, 주문하다
편의점	간식, 음료, 과자, 우유, 라면	고르다, 사다, 팔다
학교	선생님, 학생, 수업, 숙제, 시험, 질문, 학년	가르치다, 입학하다, 졸업하다
학원	선생님, 학생, 등록금, 학원비	다니다, 배우다, 등록하다
화장실	남자, 여자, 비누, 휴지	손을 씻다, 화장하다, 기다리다
회사	회의, 일, 회사원, 사무실	출근하다, 퇴근하다, 다니다
꽃집	꽃, 꽃다발	예쁘다, 포장하다
빵집	빵, 식빵, 케이크	만들다, 사다, 팔다, 맛있다

10주차

- 유형별 전략
- 기출문제 풀어보기: 토픽 91회(읽기 57번-62번)
- 연습하기 1
- 연습하기 2
- TIP 10: 직업 관련 단어

10 주차

읽기 57번-62번

유형별 전략

[57-58번] 문장을 글의 순서에 맞게 배열하기

57-58번 전략

주어진 문장을 글의 순서에 맞게 배열한 것을 고른다.
먼저 글을 쓰는 목적이나 정의를 찾는다. 그 다음 시간의 순서나 이유, 방법 등 자세한 설명을 찾아서 순서대로 배열한다.

[59-62번] 글을 읽고 물음에 답하기

59-62번 전략

설명문이나 생활문을 읽고 질문에 답한다.
- 첫 번째 문제는 주어진 문장이 들어갈 가장 좋은 곳을 고른다.
- 두 번째 문제는 글의 내용과 같은 것을 고른다.

※ [57-58] 다음을 순서에 맞게 배열한 것을 고르십시오.

57. (3점)

(가) 저는 여행을 가면 기념품을 꼭 삽니다.
(나) 다음에는 산이나 바다 그림이 있는 컵을 사고 싶습니다.
(다) 지금까지는 유명한 건물 그림이 있는 컵을 많이 샀습니다.
(라) 기념품 중에서 여행한 장소의 그림이 있는 컵을 주로 삽니다.

① (가) - (나) - (다) - (라) ② (가) - (라) - (다) - (나)
③ (라) - (가) - (나) - (다) ④ (라) - (나) - (다) - (가)

58. (2점)

(가) 그렇게 하면 실수를 줄일 수 있습니다.
(나) 미리 할 일을 써 보는 것도 좋은 방법입니다.
(다) 계획을 세우지 않고 일을 하면 좋지 않습니다.
(라) 일을 할 때 실수를 자주 할 수 있기 때문입니다.

① (나) - (다) - (가) - (라) ② (나) - (라) - (다) - (가)
③ (다) - (가) - (나) - (라) ④ (다) - (라) - (나) - (가)

정답 및 풀이

57. ②

풀이 이 글은 기념품에 관한 글이다. 일반적인 사실을 먼저 제시하고 시간의 순서대로 찾는다.

저는 여행을 가면 기념품을 꼭 삽니다.
→ 기념품 중에서 여행한 장소의 그림이 있는 컵을 주로 삽니다.
→ 지금까지는 유명한 건물 그림이 있는 컵을 많이 샀습니다.
→ 다음에는 산이나 바다 그림이 있는 컵을 사고 싶습니다.

58. ④

풀이 이 글은 계획을 세워서 실수를 줄이는 방법에 대해 말한다. 먼저 계획하는 것이 좋다는 결론의 문장을 찾는다. 그리고 그 이유와 해결 방법을 설명한 글을 찾는다.

계획을 세우지 않고 일을 하면 좋지 않습니다.
→ 일을 할 때 실수를 자주 할 수 있기 때문입니다.
→ 미리 할 일을 써 보는 것도 좋은 방법입니다.
→ 그렇게 하면 실수를 줄일 수 있습니다.

※ [59~60] 다음을 읽고 물음에 답하십시오.

저는 태국 친구들하고 인주 역사 박물관에 갔습니다. (㉠) 친구는 한국어를 잘 못합니다. (㉡) 그런데 그 박물관에는 외국어로 설명해 주는 서비스가 있었습니다. (㉢) 친구는 태국어 설명 서비스를 신청했습니다. (㉣) 설명이 쉽고 재미있어서 친구가 정말 좋아했습니다.

59. 다음 문장이 들어갈 곳으로 가장 알맞은 것을 고르십시오. (2점)

잠시 후에 태국 사람이 와서 태국어로 역사를 설명해 줬습니다.

① ㉠ ② ㉡ ③ ㉢ ④ ㉣

60. 윗글의 내용과 같은 것을 고르십시오. (3점)

① 제 친구는 한국어를 잘합니다.
② 태국어 설명은 조금 어려웠습니다.
③ 제 친구는 태국어로 설명을 들었습니다.
④ 저는 외국어 설명 서비스를 신청했습니다.

10주차

※ [61-62] 다음을 읽고 물음에 답하십시오. (각 2점)

지난주에 새 식당이 문을 열었습니다. 이 식당에는 여러 모양의 멋있는 가구들이 있습니다. 이 가구들은 모두 사장님이 만든 것인데 손님이 살 수도 있습니다. 저는 어제 동생과 그 식당에 처음 갔습니다. 우리는 꽃 모양 테이블에 앉아서 음식을 먹었습니다. 분위기도 좋고 음식도 맛있어서 우리는 다음에 또 (㉠).

61. ㉠에 들어갈 말로 가장 알맞은 것을 고르십시오.

① 간 것 같습니다 ② 갈 수 없습니다
③ 가면 안 됩니다 ④ 가기로 했습니다

62. 윗글의 내용과 같은 것을 고르십시오.

① 저는 이 식당에 오랜만에 갔습니다.
② 저는 이 식당의 가구를 만들었습니다.
③ 이 식당에서는 테이블을 살 수 있습니다.
④ 이 식당의 가구는 모두 같은 모양입니다.

정답 및 풀이

59. ④

풀이 '잠시 후에 태국 사람이 와서 태국어로 역사를 설명해 줬습니다.'의 문장은 '친구가 태국어 설명 서비스를 신청했습니다.'의 후에 일어난 일이다. 그리고 그다음 태국어로 역사를 설명해 주었는데, '설명이 쉽고 재미있어서 친구가 정말 좋아했습니다.'로 글이 완성된다.

60. ③

풀이 내 친구는 태국 사람이다. 그리고 한국말을 잘 못한다. 우리는 같이 역사박물관에 갔다. 그곳에는 외국어로 설명해 주는 서비스가 있었다. 친구가 태국어 서비스를 신청하고 태국어로 설명을 들었다. 설명이 쉽고 재미있어서 친구가 아주 좋아했다.

61. ④

풀이 '분위기도 좋고 음식도 맛있어서'라는 문장은 그 다음에 연결되는 문장의 이유나 원인을 나타낸다. 그래서 다음에 올 수 있는 알맞은 문장은 '가기로 했습니다.'이다.

62. ③

풀이 지난주에 새 식당이 문을 열었다. 나는 어제 동생하고 같이 처음 그 식당에 갔다. 그 식당에는 여러 모양의 멋있는 가구들이 있었고, 모두 식당 사장님이 만든 것이었다. 그리고 손님들이 여기서 가구들을 살 수도 있다. 우리는 꽃 모양 테이블에 앉아서 먹었다. 식당 음식도 맛있고 분위기도 좋았다. 그래서 다음에 또 가기로 했다.

연습하기 1

※ [57–58] 다음을 순서에 맞게 배열한 것을 고르십시오.

57. (3점)

(가) 하지만 이제는 이 일이 매우 즐겁습니다.
(나) 처음 이 일을 시작했을 때는 많이 어려웠습니다.
(다) 저는 작년부터 학교에서 아이들을 가르치고 있습니다.
(라) 학생들과 대화하는 것이 서툴렀기 때문입니다.

① (다) – (가) – (나) – (라) ② (나) – (가) – (라) – (다)
③ (다) – (나) – (라) – (가) ④ (나) – (다) – (라) – (가)

58. (2점)

(가) 이런 생활 습관은 건강에 좋지 않습니다.
(나) 저는 하루 종일 앉아서 컴퓨터로 일을 합니다.
(다) 그래서 이제부터 점심을 먹은 후에 산책을 하려고 합니다.
(라) 점심을 먹을 때도 책상에 앉아서 컴퓨터를 보면서 먹습니다.

① (가) – (다) – (나) – (라) ② (가) – (라) – (나) – (다)
③ (나) – (라) – (가) – (다) ④ (나) – (다) – (라) – (가)

정답 및 풀이

57. ③

풀이 이 글은 처음 교사를 시작했을 때를 생각하면서 쓴 글이다. 현재의 사실을 먼저 제시하고 시간의 순서대로 찾는다.

저는 작년부터 학교에서 아이들을 가르치고 있습니다.
→ 처음 이 일을 시작했을 때는 많이 어려웠습니다.
→ 학생들과 대화하는 것이 서툴렀기 때문입니다.
→ 하지만 이제는 이 일이 매우 즐겁습니다.

58. ③

풀이 이 글은 좋은 생활 습관에 관해 쓴 글인데, 일반적인 현재의 사실을 먼저 제시한다. 그리고 자신의 좋지 않은 습관을 말하고 앞으로의 계획을 순서대로 찾는다.

저는 하루 종일 앉아서 컴퓨터로 일을 합니다.
→ 점심을 먹을 때도 책상에 앉아서 컴퓨터를 보면서 먹습니다.
→ 이런 생활 습관은 건강에 좋지 않습니다.
→ 그래서 이제부터 점심을 먹은 후에 산책을 하려고 합니다.

※ [59-60] 다음을 읽고 물음에 답하십시오.

> 저는 카페에서 아르바이트를 한 지 1년이 되었습니다. (㉠) 처음에는 실수도 많이 하고 커피도 잘 만들지 못했습니다. (㉡) 요즘은 제가 만든 커피를 손님들이 좋아합니다. (㉢) 카페에서 일하는 것이 정말 즐겁습니다. (㉣)

59. 다음 문장이 들어갈 곳으로 가장 알맞은 것을 고르십시오. (2점)

> 그렇지만 지금은 다양한 커피를 잘 만들 수 있게 되었습니다.

① ㉠ ② ㉡ ③ ㉢ ④ ㉣

60. 윗글의 내용과 같은 것을 고르십시오. (3점)

① 저는 카페 일이 아주 힘듭니다.
② 저는 카페에서 커피를 자주 마십니다.
③ 저는 아르바이트를 그만두고 싶습니다.
④ 저는 일 년 전부터 카페에서 일하고 있습니다.

※ [61-62] 다음을 읽고 물음에 답하십시오. (각 2점)

저는 어제 극장에 갔는데 영화를 보고 깜짝 놀랐습니다. 영화에 제 친구가 나왔기 때문입니다. 친구는 영화에서 가수로 나왔습니다. 고등학교를 같이 다녔는데 그 친구는 학교 행사에서 항상 노래를 불렀습니다. 요즘은 자주 못 만나지만 친구의 얼굴을 영화에서 보고 노래를 들으니까 (㉠) 반가웠습니다.

61. ㉠에 들어갈 말로 가장 알맞은 것을 고르십시오.

① 신기하고 ② 슬프고
③ 비슷하고 ④ 걱정되고

62. 윗글의 내용과 같은 것을 고르십시오.

① 영화가 재미있어서 놀랐습니다.
② 저는 친구 노래를 처음 들었습니다.
③ 친구가 영화에서 노래를 불렀습니다.
④ 저는 친구를 만나서 영화를 봤습니다.

정답 및 풀이

59. ②

풀이 '그렇지만 지금은 다양한 커피를 잘 만들 수 있게 되었습니다.'의 문장은 '그렇지만'으로 연결되어 앞 문장에 지금과는 다른 반대의 문장이 있는 곳을 찾는다. '처음에는 실수도 많이 하고 커피도 잘 만들지 못했습니다. 그렇지만 지금은 다양한 커피를 잘 만들 수 있게 되었습니다.'로 글이 완성된다.

60. ④

풀이 나는 일 년 전부터 카페에서 일하고 있다. 처음에는 커피를 잘 만들지 못하고 실수도 많았다. 그런데 지금은 여러 가지 종류의 커피도 잘 만들고, 내가 만든 커피를 손님들도 좋아한다. 나는 카페에서 일하는 것이 좋다.

61. ①

풀이 '요즘은 자주 못 만나지만 친구의 얼굴을 영화에서 보고 노래를 들으니까'의 문장은 그 다음에 '결과'나 '발견한 사실'의 문장을 써야 한다. '반가웠습니다.'와 함께 올 수 있는 것으로 '신기하고'를 써서 글을 완성한다.

62. ③

풀이 나는 어제 극장에 가서 영화를 보고 깜짝 놀랐다. 내 친구가 영화에 가수로 나와서 노래를 불렀기 때문이다. 그 친구는 고등학교 친구인데 학교 행사에서 항상 노래를 불렀다. 요즘 나는 그 친구를 자주 못 만나는데 영화에서 그 친구가 노래하는 것을 보니까 신기하고 반가웠다.

연습하기 2

※ [57-58] 다음을 순서에 맞게 배열한 것을 고르십시오.

57. (3점)

(가) 저는 자주 식당에 가서 음식을 포장해 옵니다.
(나) 그런데 플라스틱 그릇이 많아지면 쓰레기가 됩니다.
(다) 앞으로는 집에서 그릇을 가지고 갈 겁니다.
(라) 식당에서는 음식을 포장할 때 플라스틱 그릇에 넣어 줍니다.

① (가) - (라) - (나) - (다)
② (가) - (나) - (라) - (다)
③ (라) - (가) - (다) - (나)
④ (라) - (나) - (가) - (다)

58. (2점)

(가) 그런데 점점 힘들지 않게 되었습니다.
(나) 저는 작년부터 자전거로 회사에 다닙니다.
(다) 이제는 자전거로 회사에 다니는 게 즐겁습니다.
(라) 처음에는 힘이 들어서 집에 갈 때 버스를 타기도 했습니다.

① (나) - (다) - (가) - (라)
② (나) - (라) - (가) - (다)
③ (라) - (가) - (나) - (다)
④ (라) - (다) - (나) - (가)

정답 및 풀이

57. ①

풀이 이 글은 내가 식당에서 음식을 포장해 올 때 플라스틱 그릇을 사용했지만 앞으로는 집에서 그릇을 가져갈 계획에 대해 쓴 글이다. 현재의 사실을 먼저 제시한다. 그리고 플라스틱 그릇을 사용하면 안 좋은 이유와 앞으로의 계획을 순서대로 찾으면 된다.

저는 자주 식당에 가서 음식을 포장해 옵니다.
→ 식당에서는 음식을 포장할 때 플라스틱 그릇에 넣어 줍니다.
→ 그런데 플라스틱 그릇이 많아지면 쓰레기가 됩니다.
→ 앞으로는 집에서 그릇을 가지고 갈 겁니다.

58. ②

풀이 이 글은 내가 자전거를 타고 회사에 다니는 이유에 대해 쓴 글인데, 현재의 사실을 먼저 제시한다. 그리고 처음 자전거를 탈 때 어땠는지, 지금은 어떻게 달라졌는지 시간의 순서대로 찾으면 된다.

저는 작년부터 자전거로 회사에 다닙니다.
→ 처음에는 힘이 들어서 집에 갈 때 버스를 타기도 했습니다.
→ 그런데 점점 힘들지 않게 되었습니다.
→ 이제는 자전거로 회사에 다니는 게 즐겁습니다.

※ [59-60] 다음을 읽고 물음에 답하십시오.

저는 매주 '여행 사진 모임'에 나갑니다. (㉠) 이 모임은 여행과 사진 찍는 것을 좋아하는 사람들의 모임입니다. (㉡) 저는 이 모임에서 1년 동안 다양한 곳을 여행하며 사진 찍는 것을 배우고 연습했습니다. (㉢) 지난달에는 모두 함께 제주도에 다녀왔습니다. (㉣) 사진을 보면서 여행 이야기를 하면 즐거울 것 같습니다.

59. 다음 문장이 들어갈 곳으로 가장 알맞은 것을 고르십시오. (2점)

그래서 이번 주에 제주도에서 찍은 사진들을 함께 보기로 했습니다.

① ㉠ ② ㉡ ③ ㉢ ④ ㉣

60. 윗글의 내용과 같은 것을 고르십시오. (3점)

① 저는 여행과 사진을 좋아합니다.
② 저는 매달 제주도에 갑니다.
③ 저는 이 모임에서 사진을 가르칩니다.
④ 저는 한 달 전부터 이 모임에 나갑니다.

10주차

※ [61~62] 다음을 읽고 물음에 답하십시오. (각 2점)

> 요즘은 사람들이 건강에 관심이 많습니다. 산책을 하거나 운동을 하는 사람들이 많아지고 있습니다. 몸에 좋은 음식, 특히 채소와 과일을 많이 먹습니다. 저도 건강을 위해서 저녁을 조금 먹고, 식사 후에는 꼭 산책을 합니다. (㉠) 주말에는 테니스를 배웁니다.

61. ㉠에 들어갈 말로 가장 알맞은 것을 고르십시오.

① 그러나　　② 그래도
③ 그리고　　④ 그러면

62. 윗글의 내용과 같은 것을 고르십시오.

① 저는 운동을 싫어합니다.
② 많은 사람들이 테니스를 칩니다.
③ 저는 저녁에 꼭 채소를 먹습니다.
④ 많은 사람들이 건강을 위해 노력합니다.

정답 및 풀이

59. ④

풀이 '그래서 이번 주에 제주도에서 찍은 사진들을 함께 보기로 했습니다.'의 문장은 '그래서'로 연결되어 앞 문장에 '원인이나 이유'를 쓴 문장과 제주도에 다녀온 이야기 다음에 쓰는 것이 좋다. '지난달에는 모두 함께 제주도에 다녀왔습니다. 그래서 이번 주에 제주도에서 찍은 사진들을 함께 보기로 했습니다.'로 글이 완성된다.

60. ①

풀이 나는 '여행 사진 모임'이라는 모임에 매주 나간다. 일 년 전부터 이 모임에 나갔다. 이 모임은 여행과 사진 찍는 것을 좋아하는 사람들이 모이는 곳이다. 나는 이 모임에서 여행도 함께 가고 사진 찍는 것을 배우고 연습했다. 지난달에는 제주도에 다녀왔다. 우리는 제주도에서 찍은 사진을 보면서 여행이야기를 할 것이다.

61. ③

풀이 두 문장을 대등하게 연결하는 '그리고'나 '또'를 쓴다. '저도 건강을 위해서 저녁을 조금 먹고 식사 후에는 꼭 산책을 합니다. 그리고 주말에는 테니스를 배웁니다.'로 건강을 위해서 하는 일을 순서대로 나열하여 문장을 완성한다.

62. ④

풀이 요즘은 사람들이 건강에 관심이 많다. 그래서 사람들은 채소나 과일 등의 몸에 좋은 음식을 먹고 산책이나 운동을 많이 하면서 건강해지기 위해 노력을 한다. 나도 건강을 위해 저녁을 조금 먹고, 식사 후에는 꼭 산책을 한다. 그리고 주말에는 테니스를 친다.

TIP 10 직업 관련 단어

직업			
가수		간호사	
경찰		교사	
운동선수		선생님	
요리사		의사	
작가		회사원	

11주차

유형별 전략

기출문제 풀어보기: 토픽 91회(읽기 63번-66번)

연습하기 1

연습하기 2

TIP 11: 빈도, 정도 관련 단어

11 주차

읽기 63번-66번

유형별 전략

[63-66번] 글을 읽고 물음에 답하기

63-64번 전략

설명문이나 주문서, 이메일 등을 읽고 질문에 답한다.
- 첫 번째 문제는 이 글을 쓴 이유를 찾는다.
- 두 번째 문제는 글의 내용과 같은 것을 고른다.

65-66번 전략

설명문이나 생활문을 읽고 질문에 답한다.
- 첫 번째 문제는 빈칸 안에 들어갈 가장 알맞은 것을 고른다.
- 두 번째 문제는 글의 내용과 같은 것을 고른다.

※ [63-64] 다음을 읽고 물음에 답하십시오.

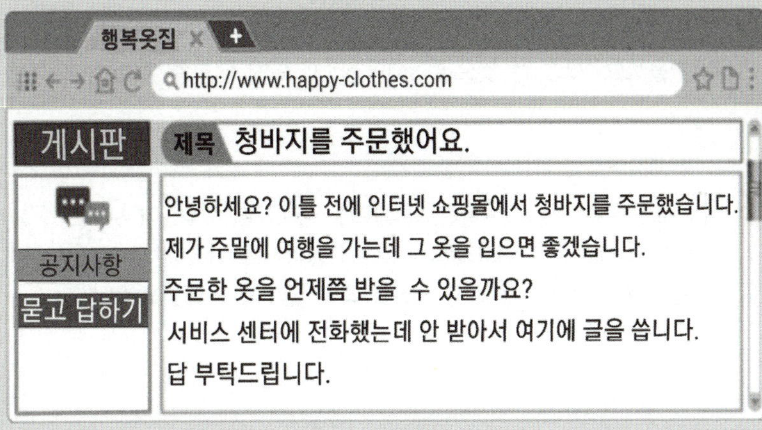

63. 왜 윗글을 썼는지 맞는 것을 고르십시오. (2점)

① 다른 청바지로 바꾸려고
② 청바지 주문을 취소하려고
③ 청바지의 값을 확인하려고
④ 청바지 도착 날짜를 물어보려고

64. 윗글의 내용과 같은 것을 고르십시오. (3점)

① 저는 목요일에 여행을 갑니다.
② 저는 오늘 이 청바지를 샀습니다.
③ 저는 인터넷 쇼핑몰에서 이 옷을 샀습니다.
④ 저는 서비스 센터에 전화한 적이 없습니다.

정답 및 풀이

63. ④

풀이 '제가 주말에 여행을 가는데 그 옷을 입으면 좋겠습니다. 주문한 옷을 언제쯤 받을 수 있을까요?'라고 쓴 것으로 보아 청바지 도착 날짜를 알고 싶어서 보낸 글이다.

64. ③

풀이 이 사람은 이틀 전에 인터넷 쇼핑몰에서 청바지를 샀다. 이 사람은 주말에 이 청바지를 입고 여행을 가려고 한다. 그런데 청바지를 아직 받지 못해서 서비스 센터에 전화를 했다. 서비스 센터가 전화를 받지 않아서 이메일을 보냈다.

※ [65-66] 다음을 읽고 물음에 답하십시오.

매월 마지막 주 수요일에 인주시청 앞에서는 '책을 읽읍시다!'라는 행사를 합니다. 이 행사는 (㉠) 사람들에게 인기가 많습니다. 새로 나온 책을 구경할 수도 있고 자기가 읽은 책을 다른 사람에게 싸게 팔 수도 있습니다. 유명한 작가와 인사를 나누는 프로그램도 있습니다. 행사에 다녀와서 느낀 것을 홈페이지에 쓰면 선물도 받을 수 있습니다.

65. ㉠에 들어갈 말로 가장 알맞은 것을 고르십시오. (2점)

① 참가비가 싸서
② 프로그램이 다양해서
③ 집에서 할 수 있어서
④ 주말에 갈 수 있어서

66. 윗글의 내용과 같은 것을 고르십시오. (3점)

① 이 행사에 있는 책은 모두 오래된 책입니다.
② 이 행사는 인주시청에서 한 달 동안 합니다.
③ 이 행사에서는 유명한 작가를 만날 수 있습니다.
④ 이 행사에 참가한 모든 사람에게는 선물을 줍니다.

정답 및 풀이

65. ②

풀이 이 행사가 사람들에게 인기가 많은 이유를 찾는다. 행사에서 새로 나온 책을 구경할 수 있고, 자기가 읽은 책을 싸게 팔 수도 있다. 그리고 유명한 작가와 인사를 할 수도 있다. 이렇게 프로그램이 다양해서 이 행사는 인기가 있다.

66. ③

풀이 이 행사는 매월 마지막 주 수요일에 한다. 인주시청 앞에서 하는 이 행사에서는 새로 나온 책을 구경할 수 있다. 그리고 헌 책을 살 수도 있다. 또 유명한 작가를 만날 수 있다. 홈페이지에 느낀 것을 쓴 사람들에게는 선물도 준다.

연습하기 1

※ [63-64] 다음을 읽고 물음에 답하십시오.

http://www.happyapt.com

행복 아파트

게시판

공지사항

묻고 답하기

행복 아파트 창문 청소 안내

우리 아파트는 다음 주 수요일부터 일주일 동안 건물 밖 창문을 청소할 예정입니다. 아파트 창문을 청소하는 날에는 창문을 닫아 주시기 바랍니다. 주말에는 청소를 하지 않습니다.

- 청소 일정:
  101동: 9월 3일 (수), 102동: 9월 4일 (목),
  103동: 9월 5일 (금), 104동: 9월 8일 (월),
  105동: 9월 9일 (화)
- 청소 시간: 09:00~17:00

63. 왜 윗글을 썼는지 맞는 것을 고르십시오. (2점)

① 청소 날짜를 바꾸려고
② 청소 신청을 받으려고
③ 청소 이유를 물어보려고
④ 청소 시간과 일정을 알려 주려고

64. 윗글의 내용과 같은 것을 고르십시오. (3점)

① 토요일에는 청소가 일찍 끝납니다.
② 창문 청소는 아홉 시에 시작합니다.
③ 일주일 동안 창문을 닫아야 합니다.
④ 창문 청소는 집 안에서 할 겁니다.

정답 및 풀이

63. ④

풀이 이 글은 행복 아파트에서 건물 창문을 청소한다는 것을 알려주는 안내글이다. 아파트 주민들에게 청소 시간과 일정을 알려 준다.

64. ②

풀이 행복 아파트는 다음 주 수요일부터 일주일동안 건물 밖 창문 청소를 한다. 아파트 주민들은 창문을 청소하는 날에 창문을 닫아야 한다. 청소는 아침 아홉 시에 시작해서 오후 다섯 시에 끝난다. 그리고 주말에는 창문 청소를 하지 않는다.

※ [65-66] 다음을 읽고 물음에 답하십시오.

> 한국에는 매운 음식을 즐기는 사람들이 많습니다. 그런데 매운 음식을 (㉠) 잘 먹지 못하는 사람들도 있습니다. 그래서 이런 매운 음식에 치즈를 넣어 만드는 메뉴도 생겼습니다. 치즈를 넣으면 매운 맛이 없어지고 맛도 좋아서 인기가 많습니다. 매운 음식을 먹을 때 우유를 같이 마시는 것도 좋습니다.

65. ㉠에 들어갈 말로 가장 알맞은 것을 고르십시오. (2점)

① 먹으면 ② 먹기 때문에
③ 먹고 싶지만 ④ 먹을 수 있어서

66. 윗글의 내용과 같은 것을 고르십시오. (3점)

① 매운 음식에 치즈를 넣은 메뉴가 있습니다.
② 한국 사람들은 매운 음식을 싫어합니다.
③ 매운 음식을 만들려면 치즈를 넣어야 합니다.
④ 매운 음식에는 우유를 넣는 것이 좋습니다.

11주차

정답 및 풀이

65. ③

풀이 '그런데'로 시작하는 문장은 보통 앞의 문장의 내용과 다른 반대 의미의 문장을 쓴다. 매운 음식을 먹고 싶은데 잘 먹지 못하는 사람들도 있다. 그래서 이때는 매운 음식을 '먹고 싶지만'을 선택한다.

66. ①

풀이 한국 사람들은 매운 음식을 좋아한다. 그런데 매운 음식을 좋아하지만 먹지 못하는 사람들을 위해 치즈를 넣은 다양한 음식이 생겼다. 매운 음식에 치즈를 넣으면 매운 맛이 좀 없어지고 맛도 좋다. 그래서 치즈를 넣은 음식이 인기가 많다. 그리고 매운 음식을 먹을 때 우유를 마시는 것도 좋다.

연습하기 2

※ [63-64] 다음을 읽고 물음에 답하십시오.

받는 사람 liming@hankuk.com; juni@hankuk.com; susan@hankuk.com; ...
제　　목 한국어교육원 학생 여러분께
보낸 사람 korea@hankuk.edu

학생 여러분, 안녕하세요?
이번에 한국어교육원에서 '김치 만들기' 행사를 하려고 합니다.
다양한 김치를 직접 만들어서 먹어 볼 수 있습니다.
다음 달 7일 오후 1시부터 5시까지 우리 교육원 2층에서 행사를 합니다.
참가비는 만 원입니다. 관심 있으신 분은 이번 주까지 신청해 주세요.
감사합니다.

한국어교육원

63. 왜 윗글을 썼는지 맞는 것을 고르십시오. (2점)

① '김치 만들기' 행사에 참가하려고
② '김치 만들기' 행사 소식을 알리려고
③ '김치 만들기' 행사에 필요한 돈을 모으려고
④ '김치 만들기' 행사를 도와줄 사람을 찾으려고

64. 윗글의 내용과 같은 것을 고르십시오. (3점)

① 이번 주에 '김치 만들기' 행사를 합니다.
② 한국어교육원 일 층에서 행사를 합니다.
③ '김치 만들기' 행사는 세 시간 동안 합니다.
④ '김치 만들기'를 하려면 참가비를 내야 합니다.

11주차

정답 및 풀이

63. ②

풀이 이 글은 한국어교육원에서 한국어를 배우는 학생들에게 '김치 만들기' 행사 소식을 알려 주기 위해 보내는 이메일이다.

64. ④

풀이 한국어교육원에서는 다음 달 7일 오후 1시부터 5시까지, 교육원 건물 2층에서 '김치 만들기' 행사를 한다. 이 행사에 참가하는 학생들은 만 원을 내고 참가할 수 있고, 여러 가지 김치를 직접 만들어서 먹어 볼 수 있다.

※ [65~66] 다음을 읽고 물음에 답하십시오.

어렸을 때 아버지는 저에게 책을 자주 읽어 주셨습니다. 제가 기분이 안 좋을 때는 재미있는 이야기를 읽어 주셨습니다. 그리고 자기 전에는 감동적인 이야기를 읽어 주셨습니다. 저는 아버지의 이야기를 (㉠) 마음이 편해졌습니다. 저는 아직도 아버지가 읽어 주신 이야기들을 기억합니다. 그리고 지금은 그 이야기들을 제 아이한테 읽어 줍니다.

65. ㉠에 들어갈 말로 가장 알맞은 것을 고르십시오. (2점)

① 듣지만 ② 들으려고
③ 듣거나 ④ 들으면

66. 윗글의 내용과 같은 것을 고르십시오. (3점)

① 저는 자기 전에 아버지께 책을 읽어 드렸습니다.
② 저는 아버지가 읽어 준 이야기를 잊어버렸습니다.
③ 저는 아버지처럼 제 아이에게 책을 읽어 줍니다.
④ 아버지는 제가 기분이 안 좋으면 노래를 불러 주셨습니다.

정답 및 풀이

65. ④

풀이 '저는 아버지의 이야기를 (   ) 마음이 편해졌습니다.'의 문장에서 왜 마음이 편해졌는지 가장 잘 연결되는 것을 고른다. '저는 아버지의 이야기를 들으면 마음이 편해졌습니다.'로 문장을 완성한다.

66. ③

풀이 내가 어렸을 때 아버지는 나한테 책을 자주 읽어 주셨다. 내가 기분이 안 좋을 때는 재미있는 이야기를, 잠을 자기 전에는 감동적인 이야기를 읽어 주셨다. 나는 아버지의 이야기를 들으면 마음이 편해졌다. 그리고 아직도 아버지가 읽어 주신 이야기들을 기억한다. 지금은 아버지처럼 내가 내 아이한테 책을 읽어 준다.

TIP 11 빈도, 정도 관련 단어

단어	예문
자주	한국 노래를 좋아해서 콘서트에 **자주** 가요.
가끔	저는 커피를 안 좋아해서 **가끔** 마셔요.
늘	할머니는 아침에 **늘** 신문을 보세요.
항상	제 친구는 **항상** 열심히 공부해요.
언제나	저는 교실에서 **언제나** 같은 자리에 앉아요.
아주	이번 한국어 시험은 **아주** 쉬웠어요.
매우	그 가수의 목소리는 **매우** 아름다워요.
너무	이 옷은 **너무** 작아서 못 입어요
별로 + 부정문	오늘은 할 일이 **별로 없어서** 집에서 쉬었어요.

12주차

유형별 전략

기출문제 풀어보기: 토픽 91회(읽기 67번-70번)

연습하기 1

연습하기 2

TIP 12: 접속어

12 주차

읽기 67번-70번

유형별 전략

[67-70번] 글을 읽고 물음에 답하기

67-68번 전략

설명문이나 수필 등의 생활문을 읽고 질문에 답한다.

- 첫 번째 문제는 빈칸 안에 들어갈 가장 알맞은 것을 고른다. 연결어미와 어울리는 문장을 고른다.
- 두 번째 문제는 글의 내용과 같은 것을 고른다.

69-70번 전략

설명문이나 수필 등의 생활문을 읽고 질문에 답한다.

- 첫 번째 문제는 빈칸 안에 들어갈 가장 알맞은 것을 고른다.
- 두 번째 문제는 글의 내용으로 알 수 있는 것을 고른다.

※ [67-68] 다음을 읽고 물음에 답하십시오. (각 3점)

> 최근 특별한 어린이 우산이 나왔습니다. 이 우산을 펴면 위쪽에서 빛이 납니다. 그리고 손잡이의 버튼을 누르면 노랫소리가 나옵니다. 이렇게 (㉠) 아이들이 좋아합니다. 보통 우산을 쓰면 아이가 잘 안 보이는데 이 우산을 쓰면 아이가 어디에 있는지 쉽게 알 수 있습니다. 또 튼튼해서 오래 쓸 수 있습니다. 그래서 다른 우산보다 좀 비싸지만 인기가 있습니다.

67. ㉠에 들어갈 말로 가장 알맞은 것을 고르십시오.

① 빛과 소리가 나니까
② 여러 색깔로 변하니까
③ 예쁜 그림이 있으니까
④ 크기와 무게가 적당하니까

68. 윗글의 내용과 같은 것을 고르십시오.

① 이 우산은 약해서 고장이 잘 납니다.
② 이 우산은 손잡이 쪽에서 빛이 납니다.
③ 이 우산의 가격은 다른 우산과 비슷합니다.
④ 이 우산을 쓰면 아이의 위치를 확인하기 쉽습니다.

12주차

정답 및 풀이

67. ①

풀이 최근에 특별한 우산이 나왔다. 아이들이 이 우산을 좋아한다. 그 이유는 우산을 펴면 위에서 빛이 나고, 손잡이 버튼을 누르면 노랫소리가 나기 때문이다. '이렇게' 뒤에는 앞에 나왔던 이유들을 다시 써 주면 된다. 그래서 답은 '빛과 소리가 나니까'이다.

68. ④

풀이 이 우산은 펴면 위쪽에서 빛이 나고, 손잡이를 누르면 노랫소리가 난다. 그래서 아이가 어디에 있는지 그 위치를 쉽게 알 수 있다. 이 우산은 튼튼해서 오래 사용할 수 있다. 그래서 다른 우산보다 좀 비싸다. 값은 비싸지만 인기가 있다.

※ [69~70] 다음을 읽고 물음에 답하십시오. (각 3점)

우리 가족은 일 년 전에 한국에 왔습니다. 저와 아내는 회사에 다니면서 아이를 돌보는 것이 힘들었습니다. 이것을 알고 옆집에 사는 할머니가 아이를 자주 돌봐 주셨습니다. 아이는 할머니를 좋아했습니다. 그런데 할머니가 갑자기 (㉠). 아이는 많이 울었습니다. 할머니와 헤어지는 날에 아이는 "제가 생각날 때 보세요."라고 하면서 직접 그린 그림을 선물했습니다. 그 그림에는 할머니와 아이가 있었습니다. 할머니는 눈물을 흘리셨습니다.

69. ㉠에 들어갈 말로 가장 알맞은 것을 고르십시오.

① 선물을 받아 보셨습니다
② 이사를 가시게 되었습니다
③ 아이를 데리러 오셨습니다
④ 저를 도와주려고 하셨습니다

70. 윗글의 내용으로 알 수 있는 것을 고르십시오.

① 아이는 우리 부부와 헤어져서 슬펐습니다.
② 아이는 할머니와 함께 있는 것이 좋았습니다.
③ 할머니는 아이와 같은 집에 살아서 편했습니다.
④ 할머니는 아이의 선물을 받고 기분이 나빴습니다.

정답 및 풀이

69. ②

풀이 아이가 많이 운 이유를 찾는다. 그 이유는 할머니가 이사를 가셔서 헤어지게 되었기 때문이다.

70. ②

풀이 우리 가족은 일 년 전에 한국에 왔다. 부부가 일을 하기 때문에 아이를 돌보는 것이 힘들었다. 그런데 옆집에 사는 할머니가 아이를 봐 주셨다. 아이는 할머니를 좋아했다. 그런데 갑자기 할머니가 이사를 가시게 됐다. 그래서 아이는 할머니에게 직접 그린 그림을 선물했다. 할머니는 선물을 받고 기뻐서 눈물을 흘리셨다.

연습하기 1

※ [67–68] 다음을 읽고 물음에 답하십시오. (각 3점)

> 한강극장은 오래된 영화관입니다. 요즘 사람들은 오래된 극장을 별로 좋아하지 않습니다. 그리고 집에서 영화를 보는 사람들도 많기 때문에 한강극장을 찾는 사람들이 (㉠). 그래서 한강극장은 편한 의자로 바꾸고 다양한 음료수와 음식을 팔기 시작했습니다. 그리고 일찍 와서 기다리는 사람들이 게임을 하거나 사진을 찍을 수 있는 곳도 만들었습니다. 극장이 이렇게 바뀐 후에 사람들이 다시 찾아오고 있습니다.

67. ㉠에 들어갈 말로 가장 알맞은 것을 고르십시오.

① 많아졌습니다　② 적어졌습니다
③ 힘들어졌습니다　④ 편해졌습니다

68. 윗글의 내용과 같은 것을 고르십시오.

① 이 극장에서 음식을 먹을 수 없습니다.
② 이 극장은 요즘 새로 생긴 극장입니다.
③ 이 극장은 유명한 카페로 바뀌었습니다.
④ 이 극장에서 편한 의자에 앉아 영화를 볼 수 있습니다.

12주차

정답 및 풀이

67. ②

풀이 요즘은 사람들이 오래된 극장을 좋아하지 않는다. 또 집에서 영화를 보는 사람들이 많다. 그래서 극장에 가는 사람들이 별로 없다. 이 한강극장은 오래된 극장이고 집에서 영화를 보는 사람들이 많기 때문에 한강극장을 찾는 사람들이 줄었다. 그래서 여기에서는 '적어졌습니다.'가 답이다.

68. ④

풀이 이 극장은 오래된 영화관이다. 사람들이 이 극장에 많이 오게 하려고 극장 의자를 편하게 바꾸고, 다양한 음료수와 음식을 판다. 그리고 기다리는 사람들을 위해 게임을 하거나 사진을 찍을 수 있는 곳을 만들었다.

※ [69~70] 다음을 읽고 물음에 답하십시오. (각 3점)

초등학교 때부터 제 꿈은 가수가 되는 것이었습니다. 어머니는 중학교 음악 선생님이신데 제가 어렸을 때부터 피아노를 가르쳐 주셨습니다. 저는 항상 피아노를 치면서 좋아하는 가수의 노래를 불렀습니다. 가족과 친구들은 모두 제 노래를 듣고 좋아했습니다. 그래서 2년 전부터 오디션을 보기 시작했지만 계속 떨어졌습니다. 가수가 되는 것은 생각보다 어렵습니다. 힘들지만 저는 노래가 좋고, 꼭 가수가 되고 싶어서 (㉠).

69. ㉠에 들어갈 말로 가장 알맞은 것을 고르십시오.

① 계속 노력할 겁니다
② 다른 일을 할 겁니다
③ 피아노를 배울 겁니다
④ 유명한 가수를 만날 겁니다

70. 윗글의 내용으로 알 수 있는 것을 고르십시오.

① 제 어머니의 꿈이 가수였습니다.
② 저는 이제 노래를 안 부르려고 합니다.
③ 제가 노래를 부르면 친구들이 좋아합니다.
④ 제가 하고 싶은 일이 최근에 바뀌었습니다.

정답 및 풀이

69. ①

풀이 나는 가수가 꿈이다. 그래서 2년 전부터 오디션을 봤는데 계속 떨어졌다. 그렇지만 나는 노래를 좋아하고 꼭 가수가 되고 싶기 때문에 오디션을 보면서 계속 노력할 것이다. 그래서 여기에서 답은 '계속 노력할 겁니다.'이다.

70. ③

풀이 초등학교 때부터 꿈이 가수였다. 그리고 어머니가 중학교 음악 선생님이셔서 어렸을 때부터 피아노를 가르쳐 주셨다. 나는 항상 피아노를 치면서 노래를 불렀다. 그리고 가족들과 친구들이 내 노래를 듣고 좋아했다. 그런데 오디션에서 계속 떨어졌다. 가수가 되는 것은 생각보다 어렵지만 나는 노래를 좋아하고 꼭 가수가 되기 위해서 계속 노력할 것이다.

연습하기 2

※ [67-68] 다음을 읽고 물음에 답하십시오. (각 3점)

> 인주시에 새 공원이 생겼습니다. 여기는 전에 초등학교였습니다. 학생이 없어서 문을 닫았지만 이번에 시민들을 위해 공원으로 만들었습니다. 사람들은 공원을 산책하면서 교실에 들어가서 사진도 찍습니다. 교실에는 학생들의 책상과 의자, 책 등이 전시되어 있습니다. 그래서 사람들은 여기에 오면 (㉠) 생각난다고 합니다.

67. ㉠에 들어갈 말로 가장 알맞은 것을 고르십시오.

① 사진을 찍었을 때가
② 학교에 다녔을 때가
③ 졸업했을 때가
④ 산책했을 때가

68. 윗글의 내용과 같은 것을 고르십시오.

① 학교가 공원으로 바뀌었습니다.
② 학교에 아직도 학생들이 다닙니다.
③ 학교에서 사진을 찍으면 안 됩니다.
④ 학교에 옛날 물건은 남아 있지 않습니다.

12주차

정답 및 풀이

67. ②

풀이 문 닫은 초등학교를 바꾸어서 새 공원을 만들었다. 이 공원에는 학교 건물이 그대로 있고, 교실에는 책상과 의자, 책 등이 전시되어 있다. 그래서 사람들은 여기에 오면 학교에 다녔을 때가 생각난다.

68. ①

풀이 이 공원은 초등학교를 공원으로 만든 것이다. 더 이상 학생들은 이 학교에 다니지 않는다. 사람들은 공원을 산책하면서 교실에 들어가서 사진을 찍는다. 교실에는 학생들의 책상과 의자, 책 등이 전시되어 있다.

※ [69-70] 다음을 읽고 물음에 답하십시오.(각 3점)

어제는 졸업식이 있었습니다. 그런데 저는 넘어져서 다리를 다쳐 병원에 갔습니다. 그래서 졸업식에 가지 못했습니다. 친구들은 휴대 전화로 졸업식 영상을 찍어서 (㉠). 그 영상에서 선생님과 친구들이 저에게 졸업을 축하한다는 말을 해 주었습니다. 졸업식에 못 가서 슬펐지만 그 영상을 보고 감동해서 눈물이 났습니다. 친구들이 졸업식을 즐기는 모습도 볼 수 있어서 좋았습니다.

69. ㉠에 들어갈 말로 가장 알맞은 것을 고르십시오.

① 보내러 갑니다
② 보내면 안 됩니다
③ 보낼 수 없습니다
④ 보내 주었습니다

70. 윗글의 내용으로 알 수 있는 것을 고르십시오.

① 저는 친구들과 졸업식에 다녀왔습니다.
② 저는 졸업식에서 선생님과 사진을 찍었습니다.
③ 친구들은 저에게 졸업식을 보여주고 싶었습니다.
④ 친구들이 병원에 와서 졸업식 영상을 보여 주었습니다.

12주차

정답 및 풀이

69. ④

풀이 어제는 졸업식이었다. 나는 졸업식에 가지 못했다. 그래서 친구들이 휴대폰으로 졸업식 모습과 선생님과 친구들의 졸업 축하 인사가 들어있는 영상을 찍어서 나에게 보내 주었다. 그래서 답은 '보내 주었습니다.'이다.

70. ③

풀이 나는 넘어져서 다리를 다쳐서 병원에 갔다. 그래서 졸업식에 가지 못했다. 친구들은 졸업식을 나에게 보여주고 싶어서 휴대폰으로 영상을 찍어서 보내 주었다. 나는 졸업식에 가지 못해서 슬펐는데, 그 영상을 보고 감동해서 눈물이 났다. 졸업식을 즐기는 친구들 모습을 볼 수 있어서 좋았다.

TIP 12 접속어

그리고	앞의 내용을 이어받아 연결할 때 사용한다. • 아침에 빵을 먹어요. **그리고** 사과도 먹어요. • 7시에 집에 돌아왔어요. **그리고** TV를 봤어요.
그래서	앞뒤의 문장을 원인과 결과로 이어줄 때 사용한다. • 배가 아파요. **그래서** 약을 먹어요. • 버스가 늦게 왔어요. **그래서** 학교에 늦었어요.
그런데	이야기의 방향을 바꾸거나 앞의 내용과 반대되는 내용을 이야기할 때 사용한다. • 만나서 반가워요. **그런데** 혼자 왔어요? • 저는 노래를 잘 못해요. **그런데** 동생은 노래를 잘해요.
그래도	뒤의 내용이 앞의 내용과 상관없음을 나타낼 때 사용한다. • 큰 사고가 났어요. **그래도** 다친 사람은 없었어요. • 사과가 모양이 안 예뻐요. **그래도** 맛은 달아요.
그러나	앞의 내용과 뒤의 내용이 반대될 때 사용한다. 글을 쓸 때 주로 사용한다. • 나는 고기를 좋아한다. **그러나** 채소는 안 좋아한다. • 돈이 많다. **그러나** 행복하지 않다.
그렇지만	앞의 내용을 인정하면서 앞의 내용과 뒤의 내용이 대립될 때 사용한다. • 한국어가 쉽지 않아요. **그렇지만** 열심히 공부해야 돼요. • 이 식당 음식은 맛있어요. **그렇지만** 가격이 너무 비싸요.
하지만	내용이 서로 반대인 문장을 이어줄 때 사용한다. 말할 때 주로 사용한다. • 저는 커피를 안 마셔요. **하지만** 카페에 가는 것을 좋아해요. • 어제 배가 아팠어요. **하지만** 약을 안 먹었어요.
그러면	앞의 내용이 뒤의 내용의 조건일 때 사용한다. • 똑바로 가세요. **그러면** 우체국이 보일 거예요. • 음악을 들으세요. **그러면** 기분이 좋아질 거예요.
왜냐하면	뒤의 내용이 앞의 내용의 원인일 때 사용한다. • 어제 학교에 늦었어요. **왜냐하면** 늦게 일어났기 때문이에요. • 기분이 좋아요. **왜냐하면** 좋은 성적을 받아서요.
만일/ 만약	있을지도 모르는 뜻밖의 경우에 대해 이야기할 때 사용한다. • **만일** 제가 부자가 된다면 가난한 사람을 도와줄 거예요. • **만약** 길이 복잡하지 않다면 10분 안에 갈 수 있어요.

PART

2

토픽 기출문제 83회

- 모의고사 1
- 모의고사 2

13주차

토픽 기출 문제 83회

13 주차 토픽 기출 문제 83회

토픽 기출 문제 83회

(1-30번 듣기/ 31-70번 읽기)

듣기

※ [1-4] 다음을 듣고 〈보기〉와 같이 물음에 맞는 대답을 고르십시오.

보기

가: 물을 마셔요?

나: ______________________

❶ 네, 물을 마셔요.　　② 네, 물이 적어요.
③ 아니요, 물이에요.　　④ 아니요, 물이 좋아요.

01. (4점)

① 네, 학생이에요.　　② 네, 학생이 없어요.
③ 아니요, 학생이 와요.　　④ 아니요, 학생이 많아요.

02. (4점)

① 네, 책을 싫어해요.
② 네, 책이 아니에요.
③ 아니요, 책이 있어요.
④ 아니요, 책을 안 읽어요.

03. (3점)

① 지금 해요.
② 우리가 해요.
③ 카페에서 해요.
④ 동생하고 해요.

04. (3점)

① 어제 갔어요.
② 자주 갔어요.
③ 친구가 갔어요.
④ 지하철로 갔어요.

※ [5–6] 다음을 듣고 〈보기〉와 같이 이어지는 말을 고르십시오.

보기

가: 안녕히 계세요.

나: ____________________

① 들어오세요.
② 안녕하세요.
❸ 안녕히 가세요.
④ 맛있게 드세요.

05. (4점)

① 축하해요.
② 아니에요.
③ 고마워요.
④ 반가워요.

06. (3점)

① 잘 먹겠습니다.
② 잘 지냈습니다.
③ 네, 알겠습니다.
④ 네, 그렇습니다.

※ [7-10] 여기는 어디입니까? <보기>와 같이 알맞은 것을 고르십시오.

보기

가: 내일까지 숙제를 꼭 내세요.
나: 네, 선생님.

❶ 교실 ② 가게 ③ 호텔 ④ 공원

07. (3점)

① 꽃집 ② 극장 ③ 학교 ④ 시장

08. (3점)

① 은행 ② 식당 ③ 도서관 ④ 문구점

09. (3점)

① 백화점 ② 여행사 ③ 우체국 ④ 박물관

10. (4점)

① 서점 ② 약국 ③ 미용실 ④ 사진관

※ [11-14] 다음은 무엇에 대해 말하고 있습니까? 〈보기〉와 같이 알맞은 것을 고르십시오.

보기

가: 이 아파트에 살아요?
나: 네, 5층에 살아요.

❶ 집　② 옷　③ 나이　④ 선물

11. (3점)

① 나라　② 가족　③ 이름　④ 주말

12. (3점)

① 취미　② 날씨　③ 시간　④ 음식

13. (4점)

① 직업　② 운동　③ 날짜　④ 고향

14. (3점)

① 값　② 맛　③ 위치　④ 계절

13주차

※ [15-16] 다음을 듣고 가장 알맞은 그림을 고르십시오. (각 4점)

15.

①

②

③

④

16.

①
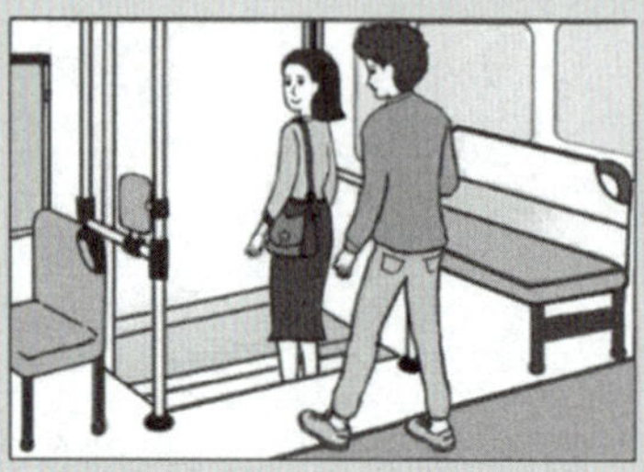

②

③

④

※ [17-21] 다음을 듣고 〈보기〉와 같이 대화 내용과 같은 것을 고르십시오. (각 3점)

보기

여자: 편지를 써요?

남자: 네, 형한테 편지를 써요.

① 여자는 편지를 씁니다. ❷ 남자는 형이 있습니다.
③ 남자는 동생에게 편지를 씁니다. ④ 여자는 남자한테 편지를 보냅니다.

17.

① 남자는 주말에 드라마를 봤습니다.
② 남자는 일요일에 친구를 만났습니다.
③ 여자는 일요일에 집에서 쉬었습니다.
④ 여자는 주말에 이 남자와 수영장에 갔습니다.

18.

① 남자는 요리를 아주 잘합니다.
② 남자는 지금 김치찌개를 만듭니다.
③ 여자는 어머니에게서 요리를 배웁니다.
④ 여자는 어머니와 요리를 하고 있습니다.

19.

① 여자는 극장에서 남자를 만났습니다.
② 남자는 이따가 한강공원에 갈 겁니다.
③ 남자는 오늘 수업이 모두 끝났습니다.
④ 여자는 지금 영화를 보고 싶어 합니다.

20.

① 여자는 책상을 사고 싶어 합니다.
② 남자는 여자에게 책상을 팔 겁니다.
③ 남자는 인터넷으로 물건을 팔아 봤습니다.
④ 여자는 인터넷 사이트에서 책상을 팔았습니다.

21.

① 남자는 병원에서 일합니다.
② 여자는 오전에 예약을 했습니다.
③ 여자는 남자와 같이 병원에 갑니다.
④ 남자는 수요일에 병원에 갈 겁니다.

※ [22-24] 다음을 듣고 <u>여자</u>의 중심 생각을 고르십시오. (각 3점)

22.

① 마이클 씨처럼 친구가 많았으면 좋겠습니다.
② 마이클 씨하고 외국어 공부를 하고 싶습니다.
③ 마이클 씨에게 한국어를 더 가르쳐 주고 싶습니다.
④ 마이클 씨가 말하기 연습을 많이 하면 좋겠습니다.

23.

① 새 시계를 구경해 보고 싶습니다.
② 시계를 오늘 바로 고쳐야 합니다.
③ 시계를 고쳐서 오래 쓰고 싶습니다.
④ 좋은 시계로 바꾸어 주면 좋겠습니다.

24.

① 가수들의 공연이 많아져서 좋습니다.
② 춤도 잘 추고 노래도 잘하는 가수가 좋습니다.
③ K-POP 가수들의 공연장에 가 보고 싶습니다.
④ K-POP 가수들은 춤을 출 때가 특히 멋있습니다.

※ [25-26] 다음을 듣고 물음에 답하십시오.

25. 여자가 왜 이 이야기를 하고 있는지 고르십시오. (3점)

① 식당 위치를 설명하려고
② 행사 신청 기간을 안내하려고
③ 회사에서 하는 행사를 알리려고
④ 회사 직원에게 감사 인사를 하려고

26. 들은 내용과 같은 것을 고르십시오. (4점)

① 건강에 좋은 아침 식사가 준비됩니다.
② 오늘은 무료로 식사를 할 수 있습니다.
③ 행사 기간 동안에 식당 문을 닫습니다.
④ 한 달 전부터 이 행사를 하고 있습니다.

※ [27-28] 다음을 듣고 물음에 답하십시오.

27. 두 사람이 무엇에 대해 이야기를 하고 있는지 고르십시오. (3점)

① 자주 사는 꽃
② 꽃을 사는 이유
③ 꽃을 선물할 사람
④ 특별한 날에 사는 꽃

28. 들은 내용과 같은 것을 고르십시오. (4점)

① 남자는 꽃을 자주 사지 않습니다.
② 여자는 생일 선물로 꽃을 받았습니다.
③ 여자는 꽃을 별로 좋아하지 않습니다.
④ 남자는 여자에게 주려고 꽃을 샀습니다.

※ [29-30] 다음을 듣고 물음에 답하십시오.

29. 남자가 이 책을 쓴 이유를 고르십시오. (3점)

① 글을 쓰는 재미를 알리고 싶어서
② 힘들고 어려운 아이들에게 도움이 되고 싶어서
③ 경찰이 되는 여러 가지 방법을 알려 주고 싶어서
④ 경찰이 되어서 경험한 행복한 일을 소개하고 싶어서

30. 들은 내용과 같은 것을 고르십시오. (4점)

① 남자는 작년에 경찰이 되었습니다.
② 남자는 8년 동안 책을 쓰고 있습니다.
③ 남자는 아이의 가방을 찾아 준 적이 있습니다.
④ 남자는 아이에게 편지와 상을 줘서 행복했습니다.

읽기

※ [31-33] 무엇에 대한 내용입니까? 〈보기〉와 같이 알맞은 것을 고르십시오. (각 2점)

보기

오늘은 월요일입니다. 내일은 화요일입니다.

① 날짜 ② 휴일 ❸ 요일 ④ 장소

31.

사과가 맛있습니다. 바나나도 맛있습니다.

① 날씨 ② 과일 ③ 직업 ④ 나이

32.

가게에 갑니다. 모자를 삽니다.

① 쇼핑 ② 공부 ③ 이름 ④ 음식

33.

7월에는 수업이 없습니다. 학교에 안 갑니다.

① 계절 ② 방학 ③ 여행 ④ 위치

※ [34-39] 〈보기〉와 같이 (   )에 들어갈 말로 가장 알맞은 것을 고르십시오.

보기

비가 옵니다. (   )을 씁니다.

① 안경　　② 양말　　❸ 우산　　④ 지갑

34. (2점)

영화를 (   ). 정말 재미있습니다.

① 봅니다　　② 잡니다　　③ 보냅니다　　④ 마십니다.

35. (2점)

한국 가수를 좋아합니다. 매일 한국 (   )를 듣습니다.

① 편지　　② 노래　　③ 전화　　④ 시계

36. (2점)

저는 선생님입니다. 학교에서 학생들을 (   ).

① 읽습니다　　② 입습니다　　③ 가르칩니다　　④ 물어봅니다

37. (3점)

저는 요즘 (   ). 시간이 없습니다.

① 작습니다　　② 바쁩니다　　③ 무겁습니다　　④ 조용합니다

38. (3점)

저는 김민수 씨를 모릅니다. 내일 (   ) 만납니다.

① 처음 ② 보통 ③ 제일 ④ 항상

39. (2점)

저는 볼펜이 없습니다. 연필(   ) 있습니다.

① 을 ② 만 ③ 도 ④ 로

※ [40-42] 다음을 읽고 맞지 <u>않는</u> 것을 고르십시오. (각 3점)

40.

① 우유입니다.
② 천 원입니다.
③ 딸기 맛입니다.
④ 팔월까지 팝니다.

41.

① 방이 많습니다.
② 부엌이 큽니다.
③ 화장실이 있습니다.
④ 대학교에서 가깝습니다.

42.

① 수미 씨는 공항에 왔습니다.
② 수미 씨는 제주도에 있습니다.
③ 지금 제주도는 날씨가 좋습니다.
④ 민희 씨는 수미 씨와 같이 있습니다.

13주차

※ [43-45] 다음을 읽고 내용이 같은 것을 고르십시오.

43. (3점)

> 저는 요리를 잘 못합니다. 그래서 음식을 보통 사 먹습니다. 오늘 저녁은 집 근처 식당에서 불고기를 먹을 겁니다.

① 저는 요리를 자주 합니다.
② 집 근처에 식당이 없습니다.
③ 저는 오늘 불고기를 먹을 겁니다.
④ 저는 오늘 집에서 저녁을 먹습니다.

44. (2점)

> 어제 친구가 한국에 왔습니다. 오늘 우리 집에 놀러 올 겁니다. 저는 집을 깨끗하게 청소했습니다.

① 저는 친구 집에 갈 겁니다.
② 저는 오늘 친구를 만납니다.
③ 친구가 오늘 한국에 왔습니다.
④ 친구하고 집을 청소할 겁니다.

45. (3점)

> 명동에서 약속이 있었습니다. 저는 집에서 일찍 나왔지만 차가 많아서 길이 막혔습니다. 그래서 약속 장소에 늦게 도착했습니다.

① 저는 명동에 못 갔습니다.
② 길에 차가 많지 않았습니다.
③ 저는 약속 시간에 늦었습니다.
④ 저는 집에서 늦게 출발했습니다.

※ [46~48] 다음을 읽고 중심 내용을 고르십시오.

46. (3점)

제 동생은 빵을 잘 만듭니다. 동생이 만든 빵은 아주 맛있습니다. 저도 빵 만드는 방법을 배우고 싶습니다.

① 저는 빵집에서 일하고 싶습니다.
② 저는 맛있는 빵을 사고 싶습니다.
③ 저는 동생에게 빵을 주고 싶습니다.
④ 저는 맛있는 빵을 만들고 싶습니다.

47. (3점)

저는 바다에서 수영하는 것을 좋아합니다. 여름에는 수영을 하러 바다에 자주 갑니다. 빨리 여름이 오면 좋겠습니다.

① 저는 여름을 제일 좋아합니다.
② 저는 수영을 잘하면 좋겠습니다.
③ 저는 여름 바다에 가 보고 싶습니다.
④ 저는 빨리 바다에서 수영하고 싶습니다.

48. (2점)

옷장에 옷이 너무 많습니다. 그래서 옷장에서 옷을 찾기가 힘듭니다. 내일은 옷장을 정리할 겁니다.

① 저는 옷장이 더 필요합니다.
② 저는 옷을 많이 찾을 겁니다.
③ 저는 옷을 정리하려고 합니다.
④ 저는 내일 옷을 사려고 합니다.

※ [49~50] 다음을 읽고 물음에 답하십시오. (각 2점)

저는 유치원 선생님입니다. 저는 아이들을 좋아해서 유치원 선생님이 되었습니다. 우리 유치원에는 아이들이 많아서 일이 조금 힘듭니다. 또 집에 늦게 가는 날도 많습니다. (㉠) 아이들이 정말 귀엽고 예뻐서 저는 제 일을 좋아합니다.

49. ㉠에 들어갈 말로 가장 알맞은 것을 고르십시오.

① 그러면　② 하지만
③ 그래서　④ 그리고

50. 윗글의 내용과 같은 것을 고르십시오.

① 저는 아이들이 좋습니다.
② 저는 보통 일찍 집에 갑니다.
③ 유치원 일은 힘들지 않습니다.
④ 유치원에는 아이들이 많지 않습니다.

※ [51~52] 다음을 읽고 물음에 답하십시오.

인주시에서는 매년 5월 '인주 꽃 축제'를 엽니다. 이 축제에서는 세계 여러 나라의 꽃을 볼 수 있습니다. 특히 올해 축제에서는 많은 사람이 모여서 꽃으로 세계 지도 만들기를 합니다. 또 평일 오전에 가면 무료로 꽃다발을 (㉠) 꽃 그림 그리기를 할 수 있습니다.

51. ㉠에 들어갈 말로 가장 알맞은 것을 고르십시오. (3점)

① 만드는데 ② 만드니까
③ 만들거나 ④ 만들려고

52. 무엇에 대한 내용인지 맞는 것을 고르십시오. (2점)

① 꽃 축제를 여는 이유
② 꽃 축제가 열리는 장소
③ 꽃 축제에 들어가는 방법
④ 꽃 축제에서 할 수 있는 일

13주차

※ [53-54] 다음을 읽고 물음에 답하십시오.

저는 감기에 걸려서 오늘 학교에 못 갔습니다. 병원에 가고 싶었지만 한국어를 잘 못해서 그냥 기숙사에 있었습니다. 그때 친구가 기숙사에 와서 저를 데리고 병원에 갔습니다. 기숙사로 (㉠) 친구가 밥도 사 주었습니다. 정말 고마웠습니다.

53. ㉠에 들어갈 말로 가장 알맞은 것을 고르십시오. (2점)

① 돌아오지만 ② 돌아오려면

③ 돌아오지 말고 ④ 돌아오기 전에

54. 윗글의 내용과 같은 것을 고르십시오. (3점)

① 저는 오늘 밥을 못 먹었습니다.

② 저는 오늘 친구하고 병원에 갔습니다.

③ 저는 오늘 친구의 기숙사 방에 갔습니다.

④ 저는 오늘 학교에 가서 친구를 만났습니다.

※ [55~56] 다음을 읽고 물음에 답하십시오.

얼마 전 만화 박물관이 문을 열었습니다. 이 박물관에는 1960년부터 지금까지 나온 여러 가지 만화책이 많이 있습니다. 유명한 만화 영화도 즐길 수 있어서 특히 아이들이 좋아합니다. 그리고 이 만화 박물관에는 (㉠) 만화책을 오랜만에 다시 읽으러 오는 어른들도 많습니다.

55. ㉠에 들어갈 말로 가장 알맞은 것을 고르십시오. (2점)

① 요즘에 나온
② 어릴 때 읽은
③ 아이들이 만든
④ 박물관에서 빌려 온

56. 윗글의 내용과 같은 것을 고르십시오. (3점)

① 이 박물관에는 어른들도 많이 옵니다.
② 이 박물관에는 만화 영화가 없습니다.
③ 이 박물관은 1960년에 문을 열었습니다.
④ 이 박물관은 어린이 만화 박물관입니다.

※ [57-58] 다음을 순서에 맞게 배열한 것을 고르십시오.

57. (3점)

(가) 채소가 싸고 좋아서 많이 샀습니다.
(나) 지난 주말에 채소를 사러 시장에 갔습니다.
(다) 아주머니가 주신 토마토 때문에 기분이 좋았습니다.
(라) 채소 가게 아주머니가 토마토를 하나 더 주셨습니다.

① (가) - (나) - (라) - (다)
② (가) - (다) - (나) - (라)
③ (나) - (가) - (라) - (다)
④ (나) - (다) - (라) - (가)

58. (2점)

(가) 남극에는 펭귄 우체국이 있습니다.
(나) 또 우체국에서는 여러 가지 펭귄 기념품도 팝니다.
(다) 여기에서는 관광객들이 쓴 편지를 전 세계로 보내 줍니다.
(라) 펭귄 우체국에서 이렇게 번 돈은 남극의 펭귄을 위해서 사용합니다.

① (가) - (다) - (나) - (라)
② (가) - (라) - (나) - (다)
③ (라) - (나) - (가) - (다)
④ (라) - (다) - (나) - (가)

※ [59~60] 다음을 읽고 물음에 답하십시오.

> 저는 요즘 자전거를 타고 학교에 갑니다. (㉠) 전에는 지하철을 타고 다녔습니다. (㉡) 그때는 학교까지 삼십 분이 걸렸지만 지금은 한 시간쯤 걸립니다. (㉢) 아침에 일어나는 것은 싫지만 운동을 할 수 있어서 좋습니다. (㉣)

59. 다음 문장이 들어갈 곳으로 가장 알맞은 것을 고르십시오. (2점)

> 그래서 지하철을 탈 때보다 집에서 일찍 나와야 합니다.

① ㉠　　② ㉡　　③ ㉢　　④ ㉣

60. 윗글의 내용과 같은 것을 고르십시오. (3점)

① 저는 운동하는 것을 싫어합니다.
② 저는 요즘 아침에 늦게 일어납니다.
③ 저는 자전거를 타고 학교에 다닙니다.
④ 저는 매일 한 시간 동안 지하철을 탑니다.

13주차

※ [61-62] 다음을 읽고 물음에 답하십시오. (각 2점)

> 저는 오랫동안 다닌 회사를 그만두었습니다. 내년부터는 다른 회사에서 일할 겁니다. 그때까지 시간이 생겨서 지금은 해외여행을 하고 있습니다. 자유롭게 여행하고 싶어서 (㉠) 여기저기 가고 싶은 곳을 다니고 있습니다. 저에게는 지금 이 시간이 정말 소중하고 행복합니다.

61. ㉠에 들어갈 말로 가장 알맞은 것을 고르십시오.

① 회사에서 일하고　　② 장소를 못 바꾸고

③ 약속 시간을 지키고　　④ 계획을 세우지 않고

62. 윗글의 내용과 같은 것을 고르십시오.

① 저는 여행사에서 일합니다.

② 저는 내년부터 여행을 다닐 겁니다.

③ 저는 지금 새 회사에 다니고 있습니다.

④ 저는 요즘 행복한 시간을 보내고 있습니다.

※ [63-64] 다음을 읽고 물음에 답하십시오.

받는 사람 daehan@hankuk.com; minkuk@hankuk.com; sarang@hankuk.com ……
보낸 사람 mskim@hankuk.com
제　　목 직원 여러분, 안녕하십니까?

직원 여러분께
안녕하십니까? 우리 회사의 영어 수업이 다음과 같이 열립니다.
많은 분들의 관심을 바랍니다.

◇ 수업 기간 : 8월 1일~8월 31일(화, 목 19시~21시)
◇ 수 업 료 : 무료
◇ 신청 방법 : 7월 22일(금)까지 이메일(mskim@hankuk.com)로 신청

63. 왜 윗글을 썼는지 맞는 것을 고르십시오. (2점)

① 수업 시간을 바꾸려고
② 수업 신청을 받으려고
③ 수업 방법을 설명하려고
④ 수업 장소를 안내하려고

64. 윗글의 내용과 같은 것을 고르십시오. (3점)

① 칠월에 수업을 시작합니다.
② 영어 수업은 매일 있습니다.
③ 영어 수업은 한 달 동안 합니다.
④ 수업을 들을 때 돈을 내야 합니다.

13주차

※ [65–66] 다음을 읽고 물음에 답하십시오.

초콜릿은 달아서 사람의 기분을 좋게 합니다. 그래서 사람들이 초콜릿을 자주 먹습니다. 그런데 말을 많이 할 때나 발표를 해야 할 때는 초콜릿을 먹지 않는 것이 좋습니다. 초콜릿을 먹으면 목이 마르게 되어서 목소리가 잘 안 (㉠). 그래서 가수들도 공연 전에는 초콜릿을 먹지 않습니다.

65. ㉠에 들어갈 말로 가장 알맞은 것을 고르십시오. (2점)

① 나와도 됩니다
② 나와야 합니다
③ 나오기로 합니다
④ 나오기 때문입니다

66. 윗글의 내용과 같은 것을 고르십시오. (3점)

① 초콜릿을 먹으면 기분이 좋아집니다.
② 목이 마를 때 초콜릿을 먹는 것이 좋습니다.
③ 가수들은 보통 공연 전에 초콜릿을 먹습니다.
④ 말을 많이 해야 할 때 초콜릿을 먹으면 좋습니다.

※ [67~68] 다음을 읽고 물음에 답하십시오. (각 3점)

봄에는 몸에 힘이 없고 자주 피곤해집니다. 그것은 낮과 밤의 (㉠) 생기는 일입니다. 봄에는 낮 기온은 높지만 아침과 밤 기온은 낮습니다. 사람의 몸은 이 온도 차이를 잘 따라가지 못해서 쉽게 피곤해집니다. 이럴 때는 햇빛을 보면서 산책을 하면 좋습니다. 물을 많이 마시는 것도 도움이 됩니다.

67. ㉠에 들어갈 말로 가장 알맞은 것을 고르십시오.

① 물이 뜨거워져서　② 햇빛이 아주 강해서
③ 기온이 크게 달라서　④ 온도 차이가 적어져서

68. 윗글의 내용과 같은 것을 고르십시오.

① 봄에는 몸이 아주 쉽게 피곤해집니다.
② 봄에는 아침과 낮의 기온이 비슷합니다.
③ 봄에는 물을 많이 마시면 건강에 나쁩니다.
④ 봄에는 밤에 산책을 하는 것이 도움이 됩니다.

13주차

※ [69-70] 다음을 읽고 물음에 답하십시오. (각 3점)

제가 초등학생이었을 때의 일입니다. 그날은 아버지의 생일이었고 저는 아버지를 기쁘게 해 드리고 싶었습니다. 그래서 제가 아기 때부터 매일 안고 잔 고양이 인형을 선물로 드리기로 했습니다. 저는 아버지가 기뻐할 것 같았습니다. 그런데 (㉠) 아버지는 아무 말도 하지 않았습니다. 잠시 후 아버지는 웃으면서 저를 꼭 안아 주셨습니다. 시간이 흘러 저는 결혼을 하고 딸을 낳았습니다. 제 딸의 첫 번째 생일에 아버지는 예쁘게 포장한 그 고양이 인형을 제 딸에게 주셨습니다.

69. ㉠에 들어갈 말로 가장 알맞은 것을 고르십시오.

① 선물을 본　　② 인형을 준
③ 인형을 산　　④ 선물을 포장한

70. 윗글의 내용으로 알 수 있는 것을 고르십시오.

① 아버지는 제 선물을 받고 슬퍼하셨습니다.
② 제 딸은 새로 산 인형을 선물로 받았습니다.
③ 저는 아버지의 생일에 선물을 사 드렸습니다.
④ 아버지는 오랫동안 제 선물을 가지고 계셨습니다.

14주차

모의고사1

14 주차 모의고사1

모의고사 1

(1–30번 듣기/ 31–70번 읽기)

듣기

※ [1–4] 다음을 듣고 〈보기〉와 같이 물음에 맞는 대답을 고르십시오.

보기

가: 동생이에요?

나: ______________________

① 네, 동생이 없어요.　② 네, 동생이 와요.
❸ 아니요, 동생이 아니에요.　④ 아니요, 동생이 많아요.

01. (4점)

① 네, 우유예요.　② 네, 좋아해요.
③ 아니요, 우유가 아니에요.　④ 아니요, 우유가 없어요.

02. (4점)

① 네, 영화예요.
② 네, 영화가 있어요.
③ 아니요, 영화를 봐요.
④ 아니요, 영화가 재미없어요.

03. (3점)

① 지금 기다려요.
② 언니가 기다려요.
③ 친구를 기다려요.
④ 도서관에서 기다려요.

04. (3점)

① 도서관에서 공부해요.
② 학생이 공부해요.
③ 매일 공부해요.
④ 책으로 공부해요.

※ [5-6] 다음을 듣고 〈보기〉와 같이 이어지는 말을 고르십시오.

보기

가: 잘 먹겠습니다.
나: ____________________

① 반갑습니다.
❷ 맛있게 드세요.
③ 축하합니다.
④ 안녕히 주무세요.

05. (4점)

① 처음 뵙겠습니다.
② 실례합니다.
③ 괜찮습니다.
④ 네, 오랜만입니다.

06. (3점)

① 잠깐만 기다리세요.
② 고마워요.
③ 괜찮아요.
④ 부탁해요.

14주차

※ [7–10] 여기는 어디입니까? 〈보기〉와 같이 알맞은 것을 고르십시오.

보기

가: 내일 시험이 있어요.

나: 네, 일찍 올게요. 선생님.

① 극장 ❷ 교실 ③ 가게 ④ 병원

07. (3점)

① 기숙사 ② 우체국 ③ 영화관 ④ 약국

08. (3점)

① 도서관 ② 미용실 ③ 백화점 ④ 교실

09. (3점)

① 빵집 ② 서점 ③ 꽃집 ④ 공항

10. (4점)

① 미용실 ② 안경 가게 ③ 신발 가게 ④ 옷 가게

※ [11-14] 다음은 무엇에 대해 말하고 있습니까? 〈보기〉와 같이 알맞은 것을 고르십시오.

보기

가: 몇 시에 학교에 가요?
나: 9시에 가요.

① 날짜 ② 요일 ③ 장소 ❹ 시간

11. (3점)

① 나이 ② 생일 ③ 날짜 ④ 가족

12. (3점)

① 장소 ② 운동 ③ 여행 ④ 직업

13. (4점)

① 주소 ② 계절 ③ 여행 ④ 쇼핑

14. (3점)

① 교통 ② 직업 ③ 취미 ④ 위치

※ [15–16] 다음을 듣고 가장 알맞은 그림을 고르십시오. (각 4점)

15.

①

②

③

④

16.

①

②

③

④

※ [17-21] 다음을 듣고 <보기>와 같이 대화 내용과 같은 것을 고르십시오. (각 3점)

보기

남자: 운동 좋아해요?
여자: 네, 요즘 동생하고 매일 테니스 쳐요.

① 남자는 운동을 좋아합니다. ❷ 여자는 매일 운동합니다.
③ 남자는 테니스를 배웁니다. ④ 여자는 운동을 가르칩니다.

17.

① 여자는 오늘 꽃을 받습니다.
② 남자는 오늘 졸업합니다.
③ 여자는 친구 졸업 선물을 삽니다.
④ 남자는 친구한테 생일 선물을 줍니다.

18.

① 남자는 초콜릿 케이크를 삽니다.
② 여자는 딸기 케이크를 삽니다.
③ 여자는 오후에 케이크를 사러 올 겁니다.
④ 남자는 오후에 바빠서 케이크를 못 만듭니다.

19.

① 여자는 행사에 관심이 있습니다.
② 남자는 행사에 안 가고 싶어 합니다.
③ 여자는 남자와 같이 책을 읽을 겁니다.
④ 남자는 이야기책을 많이 썼습니다.

20.

① 남자는 방학에 아르바이트를 안 합니다.
② 여자는 방학에 시험 공부해야 됩니다.
③ 남자는 카페 일이 힘들고 재미없습니다.
④ 여자는 전에 카페에서 일한 적이 있습니다.

21.

① 여자는 출장을 갑니다.
② 남자는 내일 회사에 안 옵니다.
③ 남자는 아침에 비행기를 탑니다.
④ 여자는 내일 회사에서 남자를 만날 겁니다.

※ [22-24] 다음을 듣고 여자의 중심 생각을 고르십시오. (각 3점)

22.

① 이 영화는 안 봐도 됩니다.
② 영화가 책보다 재미있습니다.
③ 책을 읽기 전에 꼭 영화를 봐야 합니다.
④ 이 영화를 보기 전에 책을 읽는 게 좋습니다.

23.

① 점심을 꼭 먹어야 합니다.
② 휴대폰을 점심시간에만 사용해야 합니다.
③ 휴대폰을 많이 안 보는 게 눈 건강에 좋습니다.
④ 컴퓨터보다 휴대폰으로 게임을 하는 것이 좋습니다.

24.

① 외국어 수업은 선생님이 필요합니다.
② 외국어를 잘하려면 말하기 연습이 필요합니다.
③ 외국어는 친구들하고 같이 배우는 게 좋습니다.
④ 외국어를 재미있게 배우려면 듣기를 잘해야 합니다.

※ [25-26] 다음을 듣고 물음에 답하십시오.

25. 여자가 왜 이 이야기를 하고 있는지 고르십시오. (3점)

① 행사 시간과 장소가 바뀌어서
② 행사 이름을 소개하려고
③ 신청 날짜와 장소를 알려 주려고
④ 행사 내용과 신청 방법을 설명하려고

26. 들은 내용과 같은 것을 고르십시오. (4점)

① 이 행사는 내일 오후에 합니다.
② 참가 신청은 서점에서 할 수 있습니다.
③ 오늘 5시까지 참가 신청을 할 수 있습니다.
④ 이 행사에 참가하고 싶어 하는 사람이 많습니다.

※ [27-28] 다음을 듣고 물음에 답하십시오.

27. 두 사람이 무엇에 대해서 이야기를 하고 있는지 고르십시오. (3점)

① 새로 생긴 식당
② 회사 앞 식당 위치
③ 기억에 남는 식당 메뉴
④ 식당이 인기 있는 이유

28. 들은 내용과 같은 것을 고르십시오. (4점)

① 남자는 여기서 식사를 매일 합니다.
② 여자는 이 식당에 가 본 적이 없습니다.
③ 여자는 이 식당 음식 종류가 마음에 안 듭니다.
④ 남자는 가격이 비싼 식당을 안 좋아합니다.

14주차

※ [29-30] 다음을 듣고 물음에 답하십시오.

29. 남자가 대회에 참가한 이유를 고르십시오. (3점)

① 한국어 연습을 하고 싶어서
② 친구들이 신청을 해 주어서
③ 외국인 친구를 만날 수 있어서
④ 친구들하고 같이 노래를 부르고 싶어서

30. 들은 내용과 같은 것을 고르십시오. (4점)

① 남자는 대회에서 실수를 많이 했습니다.
② 남자는 한국어 수업에서 노래를 배웠습니다.
③ 남자는 한국에 와서 한국 노래를 처음 들었습니다.
④ 남자는 친구들 앞에서 노래를 부른 적이 있습니다.

읽기

※ [31–33] 무엇에 대한 내용입니까? 〈보기〉와 같이 알맞은 것을 고르십시오. (각 2점)

보기

저는 김민수입니다. 제 동생은 김민경입니다.
❶ 이름 ② 나라 ③ 고향 ④ 나이

31.

지금은 일곱 시입니다. 저녁입니다.

① 날짜 ② 요일 ③ 시간 ④ 식사

32.

이 책은 이만 오천 원입니다. 조금 비쌉니다.

① 공부 ② 가격 ③ 모양 ④ 선물

33.

카페가 있습니다. 백화점 삼 층에 있습니다.

① 위치 ② 번호 ③ 쇼핑 ④ 음식

※ [34–39] 〈보기〉와 같이 (　　)에 들어갈 말로 가장 알맞은 것을 고르십시오.

보기

극장입니다. (　　)를 봅니다.

① 전화　② 취미　❸ 영화　④ 노래

34. (2점)

오늘 저는 (　　)에 갑니다. 머리를 자릅니다.

① 우체국　② 여행사　③ 미용실　④ 편의점

35. (2점)

과일을 좋아합니다. 그런데 사과는 (　　) 안 좋아합니다.

① 매일　② 일찍　③ 자주　④ 별로

36. (3점)

친구(　　) 전화가 왔습니다. 친구하고 이야기합니다.

① 에서　② 한테서　③ 를　④ 께서

37. (2점)

집에서 학교가 가깝습니다. 자전거로 오 분 (　　).

① 걸립니다　② 다닙니다　③ 걷습니다　④ 지나갑니다

38. (2점)

가방 안에 책이 많습니다. 가방이 아주 (　　).

① 피곤합니다　② 무겁습니다　③ 시원합니다　④ 멋있습니다

39. (3점)

대학교 사학년입니다. 내년에 학교를 (　　).

① 보냅니다　② 듣습니다　③ 졸업합니다　④ 기다립니다

14주차

※ [40~42] 다음을 읽고 맞지 않는 것을 고르십시오. (각 3점)

40.

① 부산은 맑습니다.
② 속초에 비가 옵니다.
③ 광주가 제일 덥습니다.
④ 서울은 날씨가 흐립니다.

41.

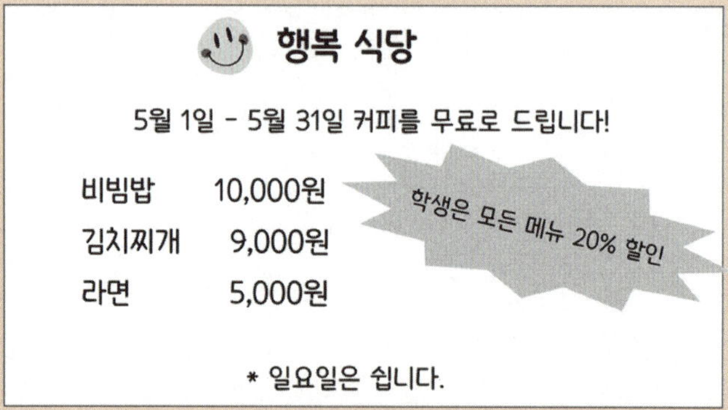

① 학생들은 싸게 먹을 수 있습니다.
② 한 달 동안 커피 값을 안 받습니다.
③ 일요일에 식당이 문을 열지 않습니다.
④ 김치찌개가 비빔밥보다 비쌉니다.

42.

① 민지 씨가 문자 메시지를 받았습니다.
② 수진 씨는 내일 친구들을 만날 겁니다.
③ 민지 씨는 수진 씨하고 공원에 있습니다.
④ 수진 씨는 내일 공원에서 자전거를 탈 겁니다.

14주차

※ [43-45] 다음을 읽고 내용이 같은 것을 고르십시오.

43. (3점)

> 오늘 친구와 옷을 사러 갔습니다. 백화점까지 함께 지하철을 타고 갔습니다. 친구는 바지를 사고 저는 짧은 치마를 샀습니다.

① 친구는 치마를 샀습니다.
② 저는 백화점에서 옷을 샀습니다.
③ 저는 백화점에서 친구를 만났습니다.
④ 우리는 백화점까지 버스를 타고 갔습니다.

44. (2점)

> 저는 보통 학교에 걸어 다닙니다. 삼십 분쯤 걸리지만 걸으면 운동도 할 수 있어서 좋습니다. 그런데 오늘은 늦게 일어나서 버스를 타고 갔습니다.

① 오늘은 학교에 가지 않았습니다.
② 저는 학교에 가서 운동을 합니다.
③ 오늘은 늦게 일어나서 걸어가지 않았습니다.
④ 학교가 멀어서 보통 버스를 타고 갑니다.

45. (3점)

> 내일은 휴일입니다. 저는 동생과 영화를 보려고 영화표를 샀습니다. 영화를 보고 맛있는 식당에서 함께 저녁도 먹을 겁니다.

① 동생이 영화표를 샀습니다.
② 내일은 회사에 가는 날입니다.
③ 저는 혼자 저녁을 먹을 겁니다.
④ 내일 저는 동생과 영화를 볼 겁니다.

※ [46-48] 다음을 읽고 중심 내용을 고르십시오.

46. (3점)

오늘 시계 박물관에 갔습니다. 표가 비쌌는데 시계는 별로 많지 않았습니다. 재미가 없어서 박물관에서 일찍 나왔습니다.

① 박물관이 마음에 안 들었습니다.
② 더 비싼 시계를 보고 싶었습니다.
③ 박물관 표가 비싸지 않았습니다.
④ 박물관에 시계가 많았습니다.

47. (3점)

할머니의 안경은 오래되었습니다. 저는 할머니께 새 안경을 사 드리고 싶습니다. 그래서 지난주부터 아르바이트를 하고 있습니다.

① 저는 할머니 안경을 좋아하지 않습니다.
② 저는 할머니 안경을 바꿔 드리려고 합니다.
③ 저는 요즘 안경 가게에서 일하고 있습니다.
④ 저는 할머니께 새 안경을 선물 받고 싶습니다.

48. (2점)

저는 보통 주말에 공원에서 자전거를 탑니다. 그런데 요즘 주말마다 비가 와서 공원에 못 갑니다. 이번 주말에는 비가 안 오면 좋겠습니다.

① 저는 주말에 시간이 없습니다.
② 저는 비 오는 날을 싫어합니다.
③ 저는 주말에 자전거 타는 것을 배웁니다.
④ 저는 이번 주말에 공원에서 자전거를 타고 싶습니다.

※ [49–50] 다음을 읽고 물음에 답하십시오. (각 2점)

저는 고등학교 때부터 그림 그리는 것을 좋아했습니다. 전에는 가족이나 친구들 얼굴을 많이 그렸습니다. 그런데 요즘은 사람보다 경치를 더 자주 그립니다. 가끔 그림을 그리려고 자동차 여행도 떠납니다. 예쁜 경치가 (㉠) 내려서 구경도 하고 그림도 그립니다.

49. ㉠에 들어갈 말로 가장 알맞은 것을 고르십시오.

① 보이고　　② 보여도
③ 보이게　　④ 보이면

50. 윗글의 내용과 같은 것을 고르십시오.

① 저는 그림 그리는 친구들이 많습니다.
② 저는 요즘도 가족들 얼굴을 많이 그립니다.
③ 저는 여행하면서 경치 그림을 그립니다.
④ 저는 고등학교 때 자동차 여행을 못 했습니다.

※ [51-52] 다음을 읽고 물음에 답하십시오.

많은 사람들이 커피를 즐겨 마십니다. 그런데 커피 가루는 다양한 곳에 사용할 수 있습니다. 비누와 섞어서 손을 씻을 때 쓰면 손이 부드러워집니다. 그리고 (㉠) 냉장고 안에 커피 가루를 넣어 놓으면 냄새가 없어집니다. 커피 가루를 사용하면 그릇도 깨끗하게 닦을 수 있습니다.

51. ㉠에 들어갈 말로 가장 알맞은 것을 고르십시오. (3점)

① 소리가 큰　　② 음식 냄새가 나는

③ 가격이 비싼　　④ 디자인이 예쁜

52. 무엇에 대한 내용인지 맞는 것을 고르십시오. (2점)

① 커피 가루의 냄새

② 커피 가루를 만드는 법

③ 커피 가루로 만드는 비누

④ 커피 가루로 할 수 있는 것

14주차

※ [53-54] 다음을 읽고 물음에 답하십시오.

저는 초등학생 아이가 있습니다. 아이는 음식을 잘 먹지만 채소는 먹기 싫어했습니다. 식사할 때 음식에 채소가 있으면 채소만 빼고 먹었습니다. (㉠) 저는 인터넷을 보고 아이가 먹을 수 있는 음식을 만들었습니다. 아이가 좋아하는 고기하고 채소를 같이 넣어서 만들었습니다. 이제는 채소가 들어간 음식을 잘 먹습니다.

53. ㉠에 들어갈 말로 가장 알맞은 것을 고르십시오. (2점)

① 그래서　　② 그러면

③ 그리고　　④ 그렇지만

54. 윗글의 내용과 같은 것을 고르십시오. (3점)

① 저는 인터넷으로 채소를 삽니다.

② 저는 요리하는 것을 좋아하지 않습니다.

③ 아이는 이제 채소가 들어 있는 음식을 먹습니다.

④ 저하고 제 아이는 채소를 안 좋아합니다.

※ [55-56] 다음을 읽고 물음에 답하십시오.

저는 시골에서 태어나서 자랐습니다. 서울에서 대학교를 졸업한 후 혼자 살면서 회사에 다니고 있습니다. 가족들을 만나러 가끔 고향에 갑니다. 하지만 저는 도시 생활이 아주 (㉠). 도시에서는 혼자 할 수 있는 일이 많습니다. 휴일에는 박물관이나 공연장에도 가고 카페나 맛있는 식당을 찾아다니기도 합니다.

55. ㉠에 들어갈 말로 가장 알맞은 것을 고르십시오. (2점)

① 심심합니다　② 힘듭니다
③ 그립습니다　④ 즐겁습니다

56. 윗글의 내용과 같은 것을 고르십시오. (3점)

① 저는 도시 생활을 즐기고 있습니다.
② 저는 고향에 가서 가족하고 살 겁니다.
③ 도시에서는 혼자 살기가 어렵습니다.
④ 저는 어렸을 때부터 도시에서 살았습니다.

14주차

※ [57-58] 다음을 순서에 맞게 배열한 것을 고르십시오.

57. (3점)

(가) 저는 아파트에서 삽니다.
(나) 그때부터 소리가 조금 작아졌습니다.
(다) 아파트가 오래돼서 윗집 아이들 발소리가 크게 들립니다.
(라) 그런데 요즘 소리가 너무 커서 윗집에 가서 이야기했습니다.

① (가) - (라) - (나) - (다)　　② (가) - (다) - (라) - (나)
③ (다) - (라) - (나) - (가)　　④ (다) - (가) - (나) - (라)

58. (2점)

(가) 그 물에 기름 얼룩이 있는 옷을 넣습니다.
(나) 옷에 기름 얼룩이 생겼을 때 쉽게 없애는 방법이 있습니다.
(다) 10분 정도 지난 후에 깨끗한 물에서 여러 번 흔들어 줍니다.
(라) 따뜻한 물에 부엌에서 쓰는 세제를 조금 넣어 잘 섞습니다.

① (라) - (가) - (다) - (나)　　② (라) - (다) - (가) - (나)
③ (나) - (라) - (가) - (다)　　④ (나) - (다) - (가) - (라)

※ [59~60] 다음을 읽고 물음에 답하십시오.

우리 동네에는 고양이가 많이 살고 있습니다. (㉠) 길에서 사는 고양이들입니다. (㉡) 주인이 없어서 항상 음식을 찾아다녀야 합니다. (㉢) 그래서 제가 동네 여기저기에 먹을 것을 놓아 둡니다. (㉣) 매일 아침과 저녁에 먹을 것을 놓아 두는 것이 쉽지 않지만 저는 기분 좋게 이 일을 하고 있습니다.

59. 다음 문장이 들어갈 곳으로 가장 알맞은 것을 고르십시오. (2점)

그런데 길에는 먹을 것이 별로 없어서 찾아다녀도 먹지 못합니다.

① ㉠ ② ㉡ ③ ㉢ ④ ㉣

60. 윗글의 내용과 같은 것을 고르십시오. (3점)

① 힘들지만 저는 매일 먹을 것을 줍니다.
② 고양이는 제가 주는 것만 먹습니다.
③ 고양이는 길에서 먹을 것을 찾기가 쉽습니다.
④ 우리 동네에는 고양이를 키우는 집이 많습니다.

※ [61~62] 다음을 읽고 물음에 답하십시오. (각 2점)

요즘은 도서관에서 다양한 서비스를 즐길 수 있습니다. 도서관 안에는 책뿐만 아니라 영화나 드라마도 (㉠) 편하게 볼 수 있는 곳이 있습니다. 그리고 어린이들이 한글을 배우고 연습할 수 있는 수업도 있습니다. 컴퓨터나 스마트폰 사용법이나 역사와 문화를 알려주는 서비스도 있습니다. 이런 서비스들은 모두 무료로 즐길 수 있습니다.

61. ㉠에 들어갈 말로 가장 알맞은 것을 고르십시오.

① 빌리니까 ② 빌려도
③ 빌리지만 ④ 빌려서

62. 윗글의 내용과 같은 것을 고르십시오.

① 도서관에서 영화를 빌려주기도 합니다.
② 도서관에서 컴퓨터를 살 수 있습니다.
③ 도서관에는 아이들을 위한 서비스가 없습니다.
④ 도서관의 서비스를 이용하려면 돈을 내야 합니다.

※ [63-64] 다음을 읽고 물음에 답하십시오.

부산시 문화 • 행사

행사 안내
공지 사항

부산시 문화 거리 축제

제10회 '부산시 문화 거리 축제'가 이번 달 13일에 있습니다. 가족이나 친구들과 함께 다양한 부산 문화를 경험하면서 좋은 추억을 만들어 보시기 바랍니다. 부산 음식 만들기, 물고기 그림 그리기 등 재미있는 행사가 많이 준비되어 있습니다.

- 일시: 2025년 9월 13일 (토) 11:00-18:00
- 장소: 부산시 시청 앞에서 행복공원 앞까지
- 참가비: 없음

63. 왜 윗글을 썼는지 맞는 것을 고르십시오. (2점)

① 축제 시간을 확인하려고
② 축제를 같이 준비하려고
③ 축제에 대해서 알려 주려고
④ 축제에 필요한 음식을 준비하려고

64. 윗글의 내용과 같은 것을 고르십시오. (3점)

① 축제에 다양한 행사가 있습니다.
② 축제는 토요일부터 13일 동안 합니다.
③ 축제에 참가하고 싶으면 돈을 내야 합니다.
④ 축제에 참가하려면 음식을 잘 만들어야 합니다.

※ [65-66] 다음을 읽고 물음에 답하십시오.

올림픽은 4년에 한 번 있습니다. 올림픽은 처음 그리스에서 시작했습니다. 그리고 지금까지 여러 나라에서 열리고 있습니다. 올림픽은 다양한 운동 경기를 하는 큰 행사입니다. 여름 올림픽도 있고 겨울 올림픽도 (㉠) 여름과 겨울에 올림픽이 열립니다. 한국에서는 올림픽을 두 번 했습니다. 1988년에 서울에서 여름 올림픽이, 2018년에는 평창에서 겨울 올림픽이 열렸습니다.

65. ㉠에 들어갈 말로 가장 알맞은 것을 고르십시오. (2점)

① 있으면
② 있어서
③ 있어도
④ 있지만

66. 윗글의 내용과 같은 것을 고르십시오. (3점)

① 올림픽은 매년 열리는 행사입니다.
② 그리스에서 계속 올림픽이 열립니다.
③ 한국에서 여름 올림픽만 했습니다.
④ 한국에서 두 번의 올림픽이 열렸습니다.

※ [67~68] 다음을 읽고 물음에 답하십시오. (각 3점)

잘 자는 것은 건강한 생활에 아주 중요합니다. 어른들은 보통 7~8시간 자는 것이 좋습니다. 이 정도 잠을 자면 피곤하지 않아서 낮에 활동을 잘 할 수 있습니다. 이 시간보다 적게 자는 사람들은 낮에 졸릴 수 있고, 몸이 약해져서 감기에 걸리기가 쉽습니다. 잠을 자는 시간도 중요하지만 (㉠) 중요합니다. 8시간 정도 잠을 자도 깊게 못 자면 건강에 좋지 않습니다.

67. ㉠에 들어갈 말로 가장 알맞은 것을 고르십시오.

① 낮에 자는 것도　② 잠을 늦게 자는 것도

③ 잠을 잘 자는 것도　④ 아침에 일찍 일어나는 것도

68. 윗글의 내용과 같은 것을 고르십시오.

① 잠을 적게 자면 몸이 약해집니다.

② 8시간 정도 자면 낮에 활동하기가 힘듭니다.

③ 잠을 많이 자면 감기에 걸립니다.

④ 5~6시간 정도 잠을 자는 것이 좋습니다.

14주차

※ [69~70] 다음을 읽고 물음에 답하십시오. (각 3점)

회사 1층에 있는 카페에 강아지가 있습니다. 작고 하얀 강아지입니다. 몇 달 전 카페 문 앞에 앉아 있는 강아지에게 카페 주인이 먹을 것을 주기 시작했습니다. 카페 주인은 갈 곳이 없는 강아지를 집으로 데려갔습니다. 그때부터 강아지는 매일 카페에 카페 주인하고 같이 옵니다. 그런데 아직도 강아지 주인이 나타나지 않았습니다. 그 강아지는 이제 (㉠) 손님들에게 반갑게 꼬리를 흔듭니다. 저는 그 강아지와 헤어지기 싫습니다.

69. ㉠에 들어갈 말로 가장 알맞은 것을 고르십시오.

① 계속 배고파서
② 카페 손님들과 친해져서
③ 주인을 못 찾아서
④ 카페에 오기 싫어져서

70. 윗글의 내용으로 알 수 있는 것을 고르십시오.

① 이 강아지는 손님들과 헤어져서 슬픕니다.
② 이 강아지는 카페 손님들을 좋아하지 않습니다.
③ 이 강아지의 주인이 강아지를 찾으러 왔습니다.
④ 카페 주인은 이 강아지를 카페 문 앞에서 처음 봤습니다.

15주차

모의고사2

15 주차

모의고사2

모의고사 2
(1-30번 듣기/ 31-70번 읽기)

듣기

※ [1-4] 다음을 듣고 〈보기〉와 같이 물음에 맞는 대답을 고르십시오.

보기

가: 책을 읽어요?
나: ______________________

❶ 네, 책을 읽어요.
② 네, 책이에요.
③ 아니요, 책이 아니에요.
④ 아니요, 책을 좋아해요

01. (4점)

① 네, 학생이 많아요.
② 네, 학생이에요.
③ 아니요, 학생이 있어요.
④ 아니요, 학생이 아니에요.

02. (4점)

① 네, 도서관에 없어요. ② 네, 도서관이 아니에요.
③ 아니요, 도서관이 재미있어요. ④ 아니요, 도서관에 안 가요.

03. (3점)

① 자주 만나요. ② 카페에서 만나요.
③ 내일 만나요. ④ 동생을 만나요.

04. (3점)

① 내일 공부해요. ② 자주 해요.
③ 친구를 만나요. ④ 친구를 좋아해요.

※ [5-6] 다음을 듣고 〈보기〉와 같이 이어지는 말을 고르십시오.

보기

가: 생일 축하해요.

나: ____________________

① 죄송해요. ② 괜찮아요.
❸ 고마워요. ④ 그러세요.

05. (4점)

① 괜찮습니다. ② 오랜만입니다.
③ 감사합니다. ④ 만나서 반갑습니다.

06. (3점)

① 네, 잘 먹겠습니다. ② 네, 만나서 반갑습니다.
③ 네, 죄송합니다. ④ 네, 실례합니다.

※ [7~10] 여기는 어디입니까? 〈보기〉와 같이 알맞은 것을 고르십시오.

보기

가: 배가 아파서 왔어요. 약 좀 주세요.
나: 여기 있습니다. 식사하고 드세요.

❶ 약국 ② 식당 ③ 학교 ④ 빵집

07. (3점)

① 박물관 ② 백화점 ③ 은행 ④ 우체국

08. (3점)

① 영화관 ② 지하철 ③ 호텔 ④ 정류장

09. (3점)

① 공원 ② 여행사 ③ 은행 ④ 미용실

10. (4점)

① 공원 ② 서점 ③ 공연장 ④ 운동장

※ [11–14] 다음은 무엇에 대해 말하고 있습니까? 〈보기〉와 같이 알맞은 것을 고르십시오.

보기

가: 몇 살이에요?
나: 스물두 살이에요.

① 요일 ② 선물 ❸ 나이 ④ 취미

11. (3점)

① 일 ② 집 ③ 가족 ④ 시간

12. (3점)

① 선물 ② 이름 ③ 장소 ④ 음식

13. (4점)

① 휴일 ② 위치 ③ 날씨 ④ 장소

14. (3점)

① 고향 ② 취미 ③ 직업 ④ 약속

※ [15-16] 다음을 듣고 가장 알맞은 그림을 고르십시오. (각 4점)

15.

①

②

③

④

16.

①

②

③

④

※ [17-21] 다음을 듣고 〈보기〉와 같이 대화 내용과 같은 것을 고르십시오. (각 3점)

보기

남자: 이 책 수지 씨 거예요?
여자: 아니요, 친구한테서 빌렸어요.

❶ 여자는 책을 빌렸습니다.
② 남자는 책을 읽었습니다.
③ 여자는 선생님입니다.
④ 남자는 친구가 없습니다.

17.

① 여자는 버스표를 샀습니다.
② 여자는 지금 부산에 있습니다.
③ 남자는 부산에 가려고 합니다.
④ 남자는 버스를 타고 있습니다.

18.

① 여자는 요즘 운동을 하고 있습니다.
② 남자는 주말에 시간이 없습니다.
③ 여자는 수영을 배운 적이 없습니다.
④ 남자는 수영을 배운 적이 있습니다.

19.

① 두 사람은 지금 백화점에 있습니다.
② 두 사람은 내일 같이 백화점에 갈 겁니다.
③ 두 사람은 내일 같이 점심을 먹을 겁니다.
④ 두 사람은 오늘 학교 앞에서 만나려고 합니다.

20.

① 두 사람은 대학원에서 공부할 겁니다.
② 두 사람은 회사에 다니고 있습니다.
③ 여자는 학교를 졸업했습니다.
④ 남자는 시험 준비를 하고 있습니다.

21.

① 남자는 제주도에 살고 있습니다.
② 여자는 한라산에 가 본 적이 없습니다.
③ 남자는 여자와 함께 제주도에 갔습니다.
④ 여자는 제주도에 자주 갑니다.

※ [22-24] 다음을 듣고 여자의 중심 생각을 고르십시오. (각 3점)

22.

① 휴가 때는 집에서 쉬는 게 좋습니다.
② 휴가 때는 혼자 여행을 가야 합니다.
③ 집에서 쉬면 기분이 더 좋아집니다.
④ 휴가 때 여행을 다니는 게 좋습니다.

23.

① 일이 여러 가지 있으면 같이 해야 합니다.
② 급한 일부터 먼저 하는 게 좋습니다.
③ 일이 힘들면 쉬면서 하는 게 좋습니다.
④ 급한 일도 천천히 해야 합니다.

24.

① 등산을 하면 잠을 잘 잘 수 있습니다.
② 잠을 많이 자면 스트레스가 쌓입니다.
③ 집 근처 산은 등산하기에 좋지 않습니다.
④ 등산을 가려면 등산복이 꼭 필요합니다.

※ [25-26] 다음을 듣고 물음에 답하십시오.

25. 여자가 왜 이 이야기를 하고 있는지 고르십시오. (3점)

① 도서관 책 정리 시간을 알려 주려고
② 도서관 책 정리 방법을 설명하려고
③ 도서관 이용 방법을 알려 주려고
④ 도서관 위치를 안내하려고

26. 들은 내용과 같은 것을 고르십시오. (4점)

① 학생들은 도서관의 책을 정리해야 합니다.
② 학생들은 다음 주까지 책을 가지고 와야 합니다.
③ 책 정리를 하는 동안 도서관을 이용할 수 없습니다.
④ 월요일 밤까지 책을 정리할 계획입니다.

15주차

※ [27-28] 다음을 듣고 물음에 답하십시오.

27. 두 사람이 무엇에 대해 이야기를 하고 있는지 고르십시오. (3점)

① 휴대폰으로 하는 일
② 머리가 아픈 이유
③ 자기 전에 하는 일
④ 눈을 아프지 않게 하는 방법

28. 들은 내용과 같은 것을 고르십시오. (4점)

① 여자는 일할 때 많이 쉽니다.
② 남자는 자기 전에 휴대폰을 봅니다.
③ 여자는 어두운 곳에서 휴대폰을 봅니다.
④ 남자는 요즘 일이 많지 않습니다.

※ [29-30] 다음을 듣고 물음에 답하십시오.

29. 여자가 음식을 맛있게 만들지 못한 이유를 고르십시오. (3점)

① 요리를 연습할 시간이 없어서
② 요리하는 것을 안 좋아해서
③ 너무 복잡한 요리를 하려고 해서
④ 요리를 가르쳐 주는 사람이 없어서

30. 들은 내용과 같은 것을 고르십시오. (4점)

① 여자는 요리를 잘할 수 있습니다.
② 여자는 남자에게 요리를 가르칩니다.
③ 여자는 볶음밥과 떡볶이를 좋아합니다.
④ 여자는 쉬운 음식부터 만들어 볼 겁니다.

읽기

※ [31-33] 무엇에 대한 내용입니까? 〈보기〉와 같이 알맞은 것을 고르십시오. (각 2점)

보기

바람이 많이 붑니다. 춥습니다.

① 장소 ② 건강 ❸ 날씨 ④ 시간

31.

저는 열아홉 살입니다. 동생은 열다섯 살입니다.

① 나라 ② 음식 ③ 사람 ④ 나이

32.

빵이 오천 원입니다. 조금 비쌉니다.

① 운동 ② 공부 ③ 값 ④ 옷

33.

저는 미국에서 왔습니다. 친구는 중국에서 왔습니다.

① 직업 ② 나라 ③ 약속 ④ 방학

※ [34-39] 〈보기〉와 같이 (   )에 들어갈 말로 가장 알맞은 것을 고르십시오.

보기

(   )에 갑니다. 책을 빌립니다.

① 서점　② 식당　❸ 도서관　④ 우체국

34. (2점)

물이 없습니다. 그래서 주스를 (   ).

① 마십니다　② 그립니다　③ 모릅니다　④ 만납니다

35. (2점)

단어를 모릅니다. 그런데 (   )이 없습니다.

① 지갑　② 우산　③ 안경　④ 사전

36. (2점)

저는 학생입니다. 민수 씨(   ) 학생입니다.

① 가　② 도　③ 만　④ 에

37. (3점)

> 이 식당에 자주 옵니다. 비빔밥이 (　　) 맛있습니다.

① 아주　　② 아직　　③ 바로　　④ 가끔

38. (3점)

> 시간이 (　　). 그래서 친구를 못 만났습니다.

① 비쌌습니다　　② 아팠습니다　　③ 없었습니다　　④ 피곤했습니다

39. (2점)

> 매일 오전 아홉 시에 학교에 갑니다. 오후 네 시에 집에 (　　).

① 삽니다　　② 옵니다　　③ 탑니다　　④ 기다립니다

※ [40~42] 다음을 읽고 맞지 <u>않는</u> 것을 고르십시오. (각 3점)

40.

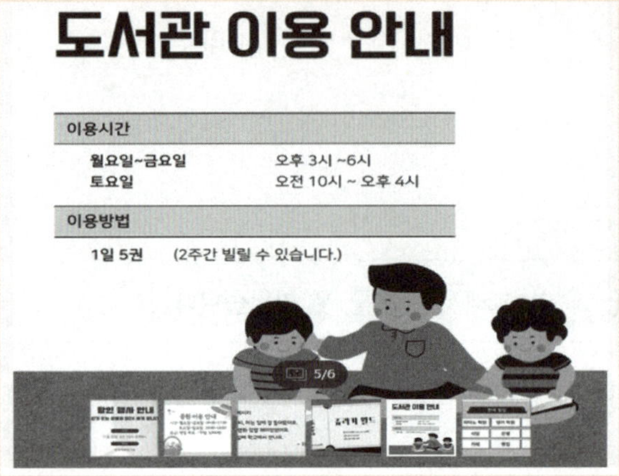

① 일요일에는 문을 닫습니다.
② 하루에 다섯 권까지 책을 빌릴 수 있습니다.
③ 한 달 동안 책을 빌릴 수 있습니다.
④ 평일에는 오후에만 문을 엽니다.

41.

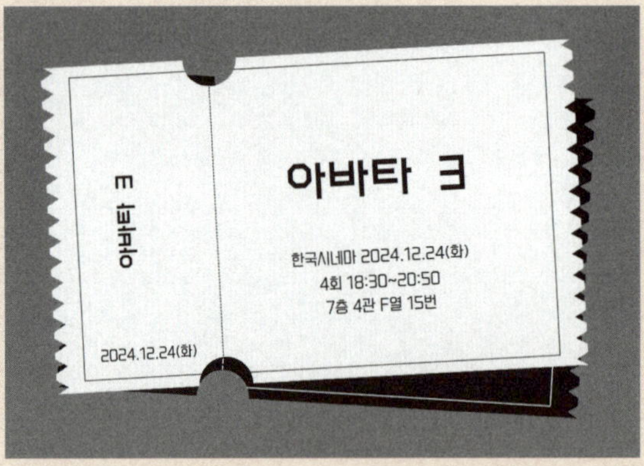

① 저녁에 영화를 봅니다.
② 평일에 영화를 봅니다.
③ 영화를 두 시간 이십 분 동안 봅니다.
④ 영화를 네 번 볼 수 있습니다.

42.

메시지 5분 전

민수 씨, 저는 집에 잘 들어왔어요.
오늘 영화 정말 재미있었어요.
월요일에 학교에서 만나요.

– 지혜

① 민수 씨는 월요일에 학교에 안 갑니다.
② 지혜 씨는 지금 집에 있습니다.
③ 민수 씨와 지혜 씨는 오늘 만났습니다.
④ 민수 씨와 지혜 씨는 영화를 봤습니다.

※ [43-45] 다음을 읽고 내용이 같은 것을 고르십시오.

43. (3점)

> 저는 토요일 오후에 아이들에게 한국어를 가르칩니다. 피아노도 치고 아이들과 한국 노래도 같이 부릅니다. 노래는 잘 못하지만 수업이 재미있습니다.

① 저는 수업이 재미있습니다.
② 저는 노래를 잘 부릅니다.
③ 저는 한국어를 배웁니다.
④ 저는 오전에 수업에 갑니다.

44. (2점)

> 주말에 친구들과 한강공원에 갔습니다. 친구는 맛있는 김밥을 준비하고 저는 과일을 준비했습니다. 공원에서 친구들과 같이 산책을 하고 음식을 먹었습니다.

① 김밥과 과일을 사 먹었습니다.
② 저는 김밥을 준비했습니다.
③ 저는 공원에서 산책을 했습니다.
④ 친구는 과일을 먹지 않았습니다.

45. (3점)

> 4월에는 벚꽃 축제가 많이 열립니다. 아름다운 벚꽃을 구경할 수 있어서 축제에 사람이 많이 옵니다. 저도 내년 봄에는 꼭 가서 예쁜 사진을 많이 찍을 겁니다.

① 벚꽃 축제는 여름에 합니다.
② 축제에서 사진을 찍지 못합니다.
③ 축제에 사람들이 별로 없습니다.
④ 내년에 축제에 갈 겁니다.

※ [46-48] 다음을 읽고 중심 내용을 고르십시오.

46. (3점)

> 저는 스키 타는 것을 좋아합니다. 겨울이 되면 주말마다 스키장에 스키를 타러 갑니다. 빨리 겨울이 왔으면 좋겠습니다.

① 저는 주말을 기다립니다.
② 저는 겨울이 와서 좋습니다.
③ 저는 빨리 스키를 타고 싶습니다.
④ 저는 지금 스키장에 갑니다.

47. (3점)

> 저는 오늘 동생을 만났습니다. 동생은 외국에서 공부를 하고 있어서 이 년 동안 못 만났습니다. 우리는 밤늦게까지 이야기를 했습니다.

① 저는 동생하고 같이 삽니다.
② 저는 내년에 동생을 만날 겁니다.
③ 저는 외국에서 공부를 하고 싶습니다.
④ 저는 동생을 오랜만에 만났습니다.

48. (2점)

> 집 근처에 서점이 생겼습니다. 서점이 아주 크고 책이 다양합니다. 그래서 저는 이 서점을 자주 이용하려고 합니다.

① 저는 오랫동안 이 서점을 이용했습니다.
② 저는 이 서점이 마음에 듭니다.
③ 저는 도서관에서 책을 읽는 것이 좋습니다.
④ 저는 요즘 서점에 가지 않습니다.

※ [49~50] 다음을 읽고 물음에 답하십시오. (각 2점)

> 저는 작년에 처음으로 자전거 여행을 했습니다. 처음에는 오랜 시간 자전거를 타는 것이 힘들어서 여행이 (㉠). 그런데 곧 익숙해져서 시원한 바람을 즐길 수 있었습니다. 올해에도 꼭 자전거 여행을 다시 하고 싶습니다.

49. ㉠에 들어갈 말로 가장 알맞은 것을 고르십시오.

① 즐겁지 않았습니다　　② 즐거워졌습니다

③ 즐거워 보입니다　　④ 즐거웠습니다

50. 윗글의 내용과 같은 것을 고르십시오.

① 저는 바람 때문에 힘들었습니다.

② 저는 자전거 여행을 또 하고 싶습니다.

③ 저는 올해 자전거 여행을 처음 합니다.

④ 저는 여러 번 자전거 여행을 했습니다.

※ [51-52] 다음을 읽고 물음에 답하십시오.

> 한국 문화 박물관으로 오십시오. 여기에서는 옛날부터 지금까지의 그림이나 그릇 등 다양한 한국 문화를 볼 수 있고 역사도 배울 수 있습니다. 주말에는 공연도 볼 수 있습니다. (㉠) 기념품 가게에서는 다양한 물건을 살 수 있습니다.

51. ㉠에 들어갈 말로 가장 알맞은 것을 고르십시오. (3점)

① 그러면　　② 그래서

③ 그러나　　④ 그리고

52. 무엇에 대한 내용인지 맞는 것을 고르십시오. (2점)

① 박물관에서 할 수 있는 일

② 박물관의 역사

③ 박물관을 만든 이유

④ 박물관 관람 시간

※ [53-54] 다음을 읽고 물음에 답하십시오.

> 저는 책에 관심이 많습니다. 그래서 도서관에서 아르바이트를 하고 있습니다. 도서관에서는 책을 정리하고 사람들이 책을 빌리는 것을 도와주는 일을 합니다. 저녁에는 도서관에서 책을 읽을 수도 있습니다. 제가 일하는 도서관은 학생들에게 (㉠) 곳이라서 항상 사람들이 많습니다. 일은 힘들지만 재미있습니다.

53. ㉠에 들어갈 말로 가장 알맞은 것을 고르십시오. (2점)

① 재미없는 ② 인기 있는

③ 비싼 ④ 위험한

54. 윗글의 내용과 같은 것을 고르십시오. (3점)

① 저는 책을 빌리는 것을 좋아합니다.

② 저는 도서관에서 책을 읽지 못합니다.

③ 저는 도서관에서 일하는 것이 좋습니다.

④ 제가 일하는 도서관에는 사람이 별로 없습니다.

※ [55-56] 다음을 읽고 물음에 답하십시오.

> 고양이를 좋아하지만 키우지 못하는 사람들이 (㉠) 장소가 있습니다. 그 곳은 고양이 카페입니다. 카페에서는 다양한 종류의 고양이들과 같이 놀 수 있습니다. 귀여운 고양이들은 손님들에게 큰 즐거움을 줍니다. 그리고 카페에서 맛있는 음료나 간식도 즐길 수 있습니다.

55. ㉠에 들어갈 말로 가장 알맞은 것을 고르십시오. (2점)

① 고양이를 살 수 있는　　② 고양이 밥을 살 수 있는
③ 고양이를 만날 수 있는　　④ 고양이를 팔 수 있는

56. 윗글의 내용과 같은 것을 고르십시오. (3점)

① 고양이 카페에서는 고양이를 팝니다.
② 고양이 카페에는 다양한 고양이들이 있습니다.
③ 고양이 카페에는 고양이를 데리고 가야 합니다.
④ 고양이 카페에서는 고양이를 키우는 법을 알려 줍니다.

※ [57-58] 다음을 순서에 맞게 배열한 것을 고르십시오.

57. (3점)

(가) 그래서 스트레스를 줄이는 것에 관심이 생겼습니다.
(나) 저는 요즘 일기를 쓰고 있습니다.
(다) 스트레스를 줄이기 위해 운동도 시작하려고 합니다.
(라) 스트레스를 많이 받기 때문입니다.

① (다) - (라) - (가) - (나)
② (나) - (라) - (가) - (다)
③ (다) - (가) - (라) - (나)
④ (나) - (가) - (라) - (다)

58. (2점)

(가) 밤에 휴대폰을 사용하는 것은 건강에 좋지 않습니다.
(나) 또 눈 건강에도 아주 안 좋습니다.
(다) 그래서 자기 전에는 휴대폰을 멀리 하는 것이 좋습니다.
(라) 휴대폰의 밝은 빛이 잠을 방해할 수 있습니다.

① (라) - (다) - (나) - (가)
② (가) - (다) - (라) - (나)
③ (라) - (나) - (다) - (가)
④ (가) - (라) - (나) - (다)

※ [59~60] 다음을 읽고 물음에 답하십시오.

어떤 사람들은 말하지 않고 조용히 드라마를 봅니다. (㉠) 하지만 우리 가족은 다릅니다. (㉡) 드라마에 나오는 배우들이나 앞으로 드라마가 어떻게 될지에 대해 이야기합니다. (㉢) 저는 이렇게 이야기를 하면서 드라마를 보는 시간이 즐겁습니다. (㉣)

59. 다음 문장이 들어갈 곳으로 가장 알맞은 것을 고르십시오. (2점)

드라마를 보면서 이야기를 많이 합니다.

① ㉠ ② ㉡ ③ ㉢ ④ ㉣

60. 윗글의 내용과 같은 것을 고르십시오. (3점)

① 우리 가족은 드라마를 함께 즐깁니다.
② 우리 가족은 조용히 드라마를 봅니다.
③ 우리 가족은 이야기를 나눌 시간이 없습니다.
④ 우리 가족은 드라마를 같이 보는 것을 싫어합니다.

15주차

※ [61~62] 다음을 읽고 물음에 답하십시오. (각 2점)

> 저는 요리하는 것을 좋아합니다. 하지만 전에는 요리를 잘하지 못했습니다. 저는 가족들에게 맛있는 음식을 만들어 주고 싶어서 많이 연습했습니다. 레시피를 찾아보고 재료를 준비했습니다. 그리고 요리 영상을 (㉠) 실수를 줄였습니다. 지금은 가족 모두 제가 만든 음식을 맛있게 먹습니다.

61. ㉠에 들어갈 말로 가장 알맞은 것을 고르십시오.

① 따라하면서　　② 따라하지만

③ 따라하니까　　④ 따라하기 전에

62. 윗글의 내용과 같은 것을 고르십시오.

① 저는 옛날부터 요리를 잘했습니다.

② 저는 요리 영상을 찍습니다.

③ 저는 영상을 보면서 연습했습니다.

④ 가족들이 제 실수를 말해 주었습니다.

※ [63–64] 다음을 읽고 물음에 답하십시오.

받는 사람 :	prettyclothes@hankuk.com
보낸 사람 :	lsj@haehan.net
제　　목 :	'예쁜 옷' 쇼핑몰 담당자께

안녕하세요? 여러 번 전화했는데 안 받아서 이메일을 보냅니다.
이번 주 월요일에 이 인터넷 쇼핑몰에서 바지를 주문했습니다. 오늘 바지를 받아서 입어 봤는데 좀 작습니다. 더 큰 사이즈로 교환할 수 있을까요?
답장 부탁 드립니다.

이수지 드림

63. 왜 윗글을 썼는지 맞는 것을 고르십시오. (2점)

① 주문 방법을 물어보려고
② 바지를 입어보고 싶어서
③ 바지를 더 주문하고 싶어서
④ 바지 사이즈를 바꾸고 싶어서

64. 윗글의 내용과 같은 것을 고르십시오. (3점)

① 바지가 마음에 듭니다.
② 인터넷으로 바지를 샀습니다.
③ 월요일에 바지를 받았습니다.
④ 쇼핑몰에 이메일을 여러 번 보냈습니다.

※ [65-66] 다음을 읽고 물음에 답하십시오.

> 레몬은 요리에 맛을 내는 재료입니다. 특히 샐러드나 디저트를 만들 때 많이 사용합니다. 뜨거운 물에 레몬을 넣어서 레몬차로 (㉠) 설탕을 넣어 레몬청을 만들기도 합니다. 그런데 레몬은 음식에만 쓰는 것은 아닙니다. 청소할 때 레몬을 사용하면 기름이 잘 지워지고 냄새도 없앨 수 있습니다.

65. ㉠에 들어갈 말로 가장 알맞은 것을 고르십시오. (2점)

① 마셔서 ② 마시는데
③ 마시거나 ④ 마시지만

66. 윗글의 내용과 같은 것을 고르십시오. (3점)

① 레몬은 요리에만 사용됩니다.
② 레몬은 냄새 제거에 효과적입니다.
③ 청소할 때 레몬을 쓰면 좋지 않습니다.
④ 레몬은 음료를 만드는 데는 사용되지 않습니다.

※ [67-68] 다음을 읽고 물음에 답하십시오. (각 3점)

여름휴가 때가 되면 많은 사람들이 산이나 바다로 떠날 계획을 합니다. 바다가 특히 휴가 장소로 (㉠) 왜냐하면 더운 여름을 즐길 수 있기 때문입니다.
바다에 가면 수영을 하거나 바닷가에서 산책을 하면서 쉽니다. 아이들은 모래 놀이를 하면서 즐거워합니다. 또 많은 사람들이 바다에서 다양한 스포츠를 합니다.

67. ㉠에 들어갈 말로 가장 알맞은 것을 고르십시오.

① 분위기가 비슷한데 ② 인기가 많은데
③ 사람이 많은데 ④ 음식이 맛있는데

68. 윗글의 내용과 같은 것을 고르십시오.

① 사람들은 여름에 바다에 꼭 가야 합니다.
② 아이들은 바다에 가는 것을 싫어합니다.
③ 바다에서 즐길 수 있는 스포츠는 별로 없습니다.
④ 바다에서 휴가를 즐길 수 있는 방법이 많습니다.

※ [69~70] 다음을 읽고 물음에 답하십시오.(각 3점)

저는 일 때문에 외국에 살고 있어서 가끔 한국이 그립습니다. 여기는 항상 여름이어서 한국의 (㉠). 봄에는 예쁜 꽃들과 따뜻한 날씨가 생각나고, 가을이 되면 단풍과 시원한 바람이 생각납니다. 특히 이곳에서는 눈을 볼 수 없어서 하얀 눈이 내리는 겨울이 많이 그립습니다. 그래서 한국 음식을 만들어 먹거나 한국 드라마를 보면서 한국을 생각합니다.

69. ㉠에 들어갈 말로 가장 알맞은 것을 고르십시오.

① 일이 걱정됩니다　　② 친구와 자주 연락합니다
③ 사계절이 많이 생각납니다　　④ 여름이 그립습니다

70. 윗글의 내용으로 알 수 있는 것을 고르십시오.

① 저는 한국에서 일하고 싶습니다.
② 제가 사는 곳의 꽃과 단풍이 아름답습니다.
③ 저는 한국이 그리워서 한국에 가려고 합니다.
④ 저는 한국 생각이 많이 날 때 하는 일이 있습니다.

부록

정답 및 풀이

- 토픽 기출문제 83회
- 모의고사 1
- 모의고사 2

OMR 답안지

13 주차

83회 기출문제 정답 및 풀이
(1-30번 듣기/ 31-70번 읽기)

[듣기 1-30번]

1	2	3	4	5	6	7	8	9	10
①	④	③	④	②	③	④	②	①	②
11	12	13	14	15	16	17	18	19	20
②	③	②	①	①	④	①	③	②	③
21	22	23	24	25	26	27	28	29	30
④	④	③	④	③	①	②	①	④	③

01. ①

남자: 학생이에요?
여자: ______________________

풀이 "학생이에요?"라고 물으면 "네, 학생이에요."/"아니요, 학생이 아니에요."로 대답한다.

02. ④

여자: 책을 읽어요?
남자: ______________________

풀이 "책을 읽어요?"라고 물으면 "네, 책을 읽어요."/"아니요, 책을 안 읽어요."로 대답한다.

03. ③

남자: 우리 어디에서 이야기해요?
여자: ______________________

풀이 "우리 어디에서 이야기해요?"라고 물으면 "(장소)에서 해요."로 대답한다.

04. ④

여자: 공항에 어떻게 갔어요?
남자: ______________________

풀이 "공항에 어떻게 갔어요?"라고 물으면 "(지하철/버스/택시 등)(으)로 갔어요."로 대답한다.

05. ②

> 여자: 미안해요.
> 남자: ______________________

풀이 "미안해요"라고 사과하면 "아니에요.'/'괜찮아요."로 대답한다.

06. ③

> 여자: 잠깐만 기다리세요.
> 남자: ______________________

풀이 "잠깐만 기다리세요."라고 말하면 "네, 알겠습니다."로 대답한다.

07. ④

> 남자: 어서 오세요. 뭘 드릴까요?
> 여자: 오렌지 열 개 주세요.

풀이 오렌지는 과일이다. 과일은 시장에서 살 수 있다.

08. ②

> 여자: 여기는 비빔밥이 맛있어요.
> 남자: 그럼, 우리 비빔밥을 먹어요.

풀이 '비빔밥'은 음식이다. 음식은 식당에서 사 먹을 수 있다.

09. ①

> 남자: 이 구두를 신어 보고 싶어요.
> 여자: 네, 이쪽으로 오세요.

풀이 구두를 사려면 백화점이나 구두 가게에 가야 한다.

10. ②

> 여자: 식사 후에 이 약을 드세요.
> 남자: 감사합니다. 얼마예요?

풀이 약은 약국에서 살 수 있다.

11. ②

> 남자: 수미 씨 오빠가 있어요?
> 여자: 아니요, 언니가 있어요.

풀이 '오빠', '언니', '형', '누나', '동생'은 '가족'이다. 두 사람은 가족에 대해 말하고 있다.

12. ③

> 여자: 내일 시험이 몇 시예요?
> 남자: 두 시예요.

풀이 내일 두 시에 시험을 본다. 두 사람은 시험 시간에 대해서 말하고 있다.

13. ②

> 남자: **저는 농구를 좋아해요. 수미 씨는요?**
> 여자: **저는 테니스를 좋아해요.**

풀이 '농구', '테니스' 등은 운동이다. 두 사람은 운동에 대해서 말하고 있다.

14. ①

> 여자: **그 가방 좋네요. 비싼 거예요?**
> 남자: **아니요, 비싸지 않아요. 이만 원이에요.**

풀이 이만 원은 가방의 값이다. 두 사람은 값에 대해서 이야기하고 있다.

15. ①

> 남자: **저, 우산은 어디에 있어요?**
> 여자: **저기 창문 밑에 있습니다.**

①

②

③

④

풀이 가게에서 남자는 여자에게 묻고 있고, 여자는 창문 밑의 우산이 있는 쪽을 가리키고 있는 그림을 고른다.

16. ④

> **여자:** 우리 15번 버스를 타지요?
> **남자:** 네, 이 정류장에서 탈 수 있네요.

①

②

③

④

풀이 남자와 여자가 버스 정류장에 서서 버스를 기다리면서 대화하고 있는 그림을 고른다.

17. ①

> **여자:** 민수 씨, 주말에 뭐 했어요?
> **남자:** 드라마도 보고 집에서 쉬었어요. 수미 씨는요?
> **여자:** 저는 일요일에 친구하고 수영장에 갔어요.

풀이 남자는 주말에 집에서 드라마를 보고 쉬었다. 여자는 일요일에 친구하고 수영장에 갔다.

18. ③

남자: 와, 김치찌개 맛있네요.
여자: 그래요? 우리 어머니한테 배웠는데 괜찮아요?
남자: 네, 맛있어요. 저는 요리 잘 못하는데…….
여자: 저도 아직 잘 못해서 어머니한테 가끔 배워요.

풀이 남자는 요리를 잘 못하는데, 여자가 만든 김치찌개를 맛있게 먹고 있다. 여자도 요리를 잘 못해서 어머니한테 가끔 요리를 배운다.

19. ②

남자: 우리 이따가 수업 끝나고 영화 보러 갈래요?
여자: 음……. 날씨도 좋은데 한강공원은 어때요?
남자: 좋아요. 거기 가요. 수업 끝나고 가면 시원하고 좋을 것 같아요.
여자: 그래요. 다음에는 영화 보러 가요.

풀이 남자와 여자는 수업이 끝나고 한강공원에 가려고 한다. 그리고 다음에 두 사람은 영화를 보러 가려고 한다.

20. ③

여자: 민수 씨, 인터넷으로 안 쓰는 물건 팔아 봤어요?
남자: 네, 많이 팔아 봤어요. 왜요? 뭐 팔고 싶은 거 있어요?
여자: 작은 책상이 하나 있는데 팔고 싶어서요.
남자: 그런 물건을 팔 수 있는 인터넷 사이트가 많아요. 제가 알려 드릴게요.

풀이 여자는 인터넷으로 작은 책상을 팔고 싶어 한다. 남자는 인터넷으로 물건을 팔아 본 적이 많아서 여자를 도와주려고 한다.

21. ④

남자: 여보세요. 거기 사랑병원이지요? 수요일 오후에 예약하고 싶은데요.
여자: 수요일이요? 잠시만요. 몇 시쯤 오시겠어요?
남자: 세 시쯤 가도 될까요?
여자: 네, 됩니다. 이름과 전화번호를 말씀해 주세요.

풀이 남자는 병원에 전화를 걸어서 수요일 오후 세 시에 병원 예약을 하고 싶어 한다. 여자는 시간을 확인하고 예약을 받는다.

22. ④

여자: 마이클 씨, 한국어 말하기 연습 많이 해요?
남자: 네, 선생님. 우리 반 친구들하고 자주 만나서 연습해요.
여자: 한국 사람하고도 이야기를 많이 해 보세요. 도움이 될 거예요.
남자: 네, 저도 한국 사람하고 이야기 많이 하고 싶어요.

풀이 여자는 남자가 한국 사람하고 말하기 연습을 많이 했으면 좋겠다고 생각한다.

23. ③

여자: 시계가 고장났는데 고칠 수 있을까요?
남자: 한번 볼게요. 꽤 오래된 시계네요.
여자: 이거 제가 정말 좋아하는 시계예요. 계속 쓰고 싶어요.
남자: 네, 그럼 고쳐 보고 연락드리겠습니다.

풀이 이 시계는 오래된 시계지만 여자는 이 시계를 아주 좋아한다. 그래서 시계를 고쳐서 계속 사용하고 싶어 한다.

24. ④

남자: 와, 케이팝 가수들은 노래도 잘하고 춤도 잘 추네요.
여자: 맞아요. 그런데 저는 춤을 추는 게 특히 멋있어 보여요.
남자: 그래요? 노래를 잘하는 게 더 멋있지 않아요?
여자: 아니에요. 공연장에 한번 가 보세요. 춤이 정말 최고예요.

풀이 여자는 케이팝 가수들이 춤을 출 때 특히 멋있다고 생각한다.

※ [25-26]

여자: (딩동댕) 잠시 안내 말씀드립니다. 우리 회사에서는 '사랑의 아침밥' 행사를 엽니다. 식사를 못 하고 출근하시는 분들을 위해 내일부터 한 달 동안 아침 식사를 무료로 드립니다. 건강에 좋고 맛있는 식사가 준비됩니다. 1층 식당에 오셔서 아침을 드시고 즐거운 하루를 시작하시기 바랍니다. 감사합니다.(댕동딩)

25. ③

풀이 여자는 회사에서 하는 '사랑의 아침밥' 행사를 직원들에게 알려 주기 위해 안내방송을 하고 있다.

26. ①

풀이 이 행사는 회사에서 식사를 못 하고 출근하는 직원들을 위해 하는 행사이다. 이 회사의 직원들은 내일부터 한 달 동안 1층 식당에서 맛있고 건강에 좋은 아침 식사를 무료로 먹을 수 있다.

※ [27-28]

남자: 수미 씨, 꽃이 예쁘네요. 선물 받은 거예요?
여자: 아니요, 제가 산 거예요.
남자: 아, 왜요? 누구 생일이에요?
여자: 그냥 제 책상 위에 놓으려고요. 예쁜 꽃을 보면 기분이 좋아져서 자주 사요.
남자: 아, 그렇군요. 저는 선물하려고 가끔 사는데 그게 아니면 잘 안 사요.
여자: 보통 그래요. 특별한 날에 많이 사지요.

27. ②

풀이 남자는 선물할 때 꽃을 사고, 여자는 예쁜 꽃을 보면 기분이 좋아져서 책상 위에 놓으려고 꽃을 산다. 두 사람은 꽃을 사는 이유에 대해 이야기를 하고 있다.

28. ①

풀이 남자는 특별한 날에 선물을 줄 때만 꽃을 산다. 그래서 자주 사지 않지만 여자는 예쁜 꽃을 보면 기분이 좋아지기 때문에 자주 산다.

※ [29-30]

여자: 김민수 경찰관님, 이번에 책을 쓰셨지요? 어떤 책입니까?
남자: 제가 경찰이 된 지 8년이 됐는데요. 그동안 경험한 일을 쓴 겁니다.
여자: 네, 특별히 이 책을 쓰신 이유가 있으세요?
남자: 사람들의 생각처럼 경찰관은 힘든 일을 많이 합니다. 하지만 기쁘고 행복한 일도 많아요. 이런 일들을 알려 주려고 작년부터 글을 쓰기 시작했습니다.
여자: 아, 행복한 일들요. 어떤 일들이지요?
남자: 몇 달 전에 제가 어떤 아이의 가방을 찾아 줬어요. 그런데 그 아이가 일을 잘했다고 저에게 상을 주는 거예요. 아이가 직접 만든 상과 편지를 받았는데, 칭찬을 받은 것 같아서 행복했어요.

29. ④

풀이 남자는 경찰이 되어서 경험한 일 중에서 행복했던 일들을 소개하기 위해서 책을 썼다.

30. ③

풀이 남자는 경찰이 된 지 8년이 되었고, 그동안 경험한 행복했던 일들을 소개하고 싶어서 1년 전부터 글을 쓰기 시작했다. 그리고 행복한 일 중 하나는 가방을 찾아 준 아이한테 직접 만든 상과 편지를 받은 것이다. 이 남자는 아이한테서 칭찬을 받은 것 같아서 행복했다.

[읽기 31–70번]

31	32	33	34	35	36	37	38	39	40
②	①	②	①	②	③	②	①	②	④
41	42	43	44	45	46	47	48	49	50
①	④	③	②	③	④	④	③	②	①
51	52	53	54	55	56	57	58	59	60
③	④	④	②	②	①	③	①	③	③
61	62	63	64	65	66	67	68	69	70
④	④	②	③	④	①	③	①	①	④

31. ②

풀이 '사과', '바나나'는 과일의 종류이다.

32. ①

풀이 '쇼핑'은 물건을 사는 것이다.

33. ②

풀이 '방학'은 정해진 기간 동안 수업을 하지 않고 학교에 안 가는 것이다. 한국의 학교는 보통 여름 방학과 겨울 방학이 있다.

34. ①

풀이 영화, 연극, TV 드라마 등은 동사 '보다'를 사용한다.

35. ②

풀이 가수는 '노래'를 부르는 사람을 말한다.

36. ③

풀이 학교에서 학생들을 가르치는 사람을 선생님이라고 한다.

37. ②

풀이 시간이 없을 때 '바쁘다'고 말한다.

38. ①

풀이 '처음'은 이전에 한 번도 해 본 적이 없을 때 사용한다. 김민수 씨를 한 번도 만난 적이 없어서 모른다. 그래서 처음 만난다.

39. ②

풀이 다른 것은 없는데 오직 하나가 있을 때 조사 '만'을 사용한다.

40. ④

풀이 딸기 우유통에 있는 정보이다. 값은 천 원이고 딸기 맛이다. 2022년 7월 20일까지 먹을 수 있다. 따라서 팔월까지 팔 수 없다.

41. ①

풀이 방을 빌리려는 사람을 위한 부동산 정보이다. 이 방은 한국대학교 앞에 있어서 대학교와 가깝다. 방은 하나 있고, 부엌이 크며, 화장실은 깨끗하다. 이 방에 대해서 물어보고 싶은 사람은 010-1234-5678로 전화하면 된다.

42. ④

풀이 이것은 수미 씨가 민희 씨에게 보내는 문자 메시지이다. 사진을 보면 수미 씨는 지금 제주공항에 있다. 제주도는 날씨가 좋다. 민희 씨도 제주도에 가고 싶어한다. 그래서 다음에는 수미 씨와 민희 씨가 같이 제주도에 갈 것이다.

43. ③

풀이 나는 요리를 잘 못해서 보통 밖에서 음식을 사 먹는다. 오늘 저녁은 집에서 저녁을 먹지 않고 집 근처에 있는 식당에 갈 것이다. 오늘 먹을 음식은 불고기이다.

44. ②

풀이 친구는 어제 한국에 왔다. 그 친구를 오늘 만날 것이다. 친구는 우리 집에 놀러 오기로 했다. 그래서 나는 집을 미리 깨끗하게 청소했다.

45. ③

풀이 나는 명동에서 약속이 있었다. 그래서 집에서 일찍 출발했다. 하지만 길에 차가 많아서 약속 시간에 늦었다.

46. ④

풀이 내 동생은 아주 맛있는 빵을 잘 만든다. 나는 빵을 만드는 방법을 모르지만 배워서 맛있는 빵을 만들고 싶다.

47. ④

풀이 나는 여름에 바다에 자주 간다. 바다에서 수영하는 것을 좋아하기 때문이다. 그래서 빨리 여름이 와서 바다에서 수영하고 싶다.

48. ③

풀이 나는 옷장 안의 옷을 정리하려고 한다. 옷장 안에 옷이 너무 많아 옷을 찾기가 힘들기 때문이다.

49. ②

풀이 나는 유치원 선생님이다. 일이 많아서 힘들고 집에 늦게 가는 날도 많다. 그렇지만 아이들이 귀엽고 예뻐서 이 일을 좋아한다. 이렇게 반대되거나 서로 맞지 않는 사실을 나타낼 때 '하지만'을 사용한다.

50. ①

풀이 나는 아이들을 좋아해서 유치원 선생님이 되었다. 유치원에는 아이들이 많아서 일이 조금 힘들다. 또 집에 늦게 가는 날이 많다.

51. ③

풀이 꽃 축제에 평일 오전에 가면 무료로 꽃다발을 만드는 것과 꽃 그림 그리기 중에서 한 가지를 할 수 있다. 두 개 중 하나를 선택할 때 '-거나'를 사용한다. 따라서 정답은 '만들거나'이다.

52. ④

풀이 꽃 축제에서 할 수 있는 일에 대한 안내이다. 세계 여러 나라의 꽃을 볼 수 있고, 꽃으로 세계 지도 만들기를 한다. 또 꽃다발을 만들거나 꽃 그림 그리기를 할 수 있다.

53. ④

풀이 나는 아파서 기숙사에 있었다. 친구가 와서 같이 병원에 갔다. 그리고 친구와 같이 밥을 먹으러 갔다. 친구가 밥을 사 줬다. 내가 오늘 간 곳을 순서대로 하면 '기숙사–병원–식당–기숙사'이다. 그래서 '기숙사에 돌아가기 전에'가 정답이다.

54. ②

풀이 나는 오늘 학교에 못 갔다. 감기에 걸렸기 때문이다. 병원에 못 가고 기숙사에 있었는데 친구가 같이 병원에 가 줬다.

55. ②

풀이 아이들은 유명한 만화 영화를 즐길 수 있어서 이 만화 박물관을 좋아한다. 또 1960년부터 지금까지 나온 만화책이 많다. 그래서 어른들은 어릴 때 읽은 만화책을 다시 읽을 수 있기 때문에 이 박물관에 많이 온다.

56. ①

풀이 얼마 전 문을 연 만화 박물관에는 아이들, 어른들 모두 많이 온다. 1960년부터 지금까지 나온 만화책도 있고, 만화 영화도 즐길 수 있기 때문이다.

57. ③

풀이 이 글은 시장에서 채소를 산 경험에 관한 글이다. 일반적인 사실을 먼저 제시하고 시간의 순서대로 찾으면 된다.

지난 주말에 채소를 사러 시장에 갔습니다.
→ 채소가 싸고 좋아서 많이 샀습니다.
→ 채소 가게 아주머니가 토마토를 하나 더 주셨습니다.
→ 아주머니가 주신 토마토 때문에 기분이 좋았습니다.

58. ①

풀이 이 글은 펭귄 우체국에 대한 글이다. 먼저 일반적인 사실을 제시하고, 여기에서 보통 하는 일, 또 추가적으로 하는 일, 그리고 그 일을 통해 어떤 결과가 있는지를 찾아보면 된다. 접속사가 있거나 '여기', '거기', '저기', '이렇게' 등이 있는 문장은 글의 제일 처음에 올 수 없다.

남극에는 펭귄 우체국이 있습니다.
→ 여기에서는 관광객들이 쓴 편지를 전 세계로 보내 줍니다.
→ 또 우체국에서는 여러 가지 펭귄 기념품도 팝니다.
→ 펭귄 우체국에서 이렇게 번 돈은 남극의 펭귄을 위해서 사용합니다.

59. ③

풀이 전에는 학교에 지하철을 타고 다녔지만 요즘은 자전거를 타고 간다. 지하철을 타고 갈 때는 삼십 분이 걸렸다. 하지만 자전거로 갈 때는 한 시간쯤 걸리기 때문에 더 일찍 집에서 나와야 한다. 따라서 '그래서 지하철을 탈 때보다 집에서 일찍 나와야 합니다.'라는 문장은 ⓒ에 들어가야 한다.

60. ③

풀이 나는 전에는 지하철을 타고 학교에 다녔다. 하지만 요즘은 자전거를 타고 학교에 간다. 자전거를 타면 운동할 수 있어서 좋다. 지하철로 갈 때는 삼십 분이 걸렸지만 자전거로 갈 때는 한 시간쯤 걸린다. 그래서 아침에 일찍 일어난다.

61. ④

풀이 나는 회사를 그만두었다. 내년부터 다른 회사에서 일할 것이다. 그래서 지금은 해외여행을 하고 있다. 자유롭게 여행을 하고 싶기 때문에 미리 계획을 세우지 않고 여기저기 다니고 있다.

62. ④

풀이 나는 지금 해외여행을 다니고 있다. 내년부터 새 회사에 다닐 것이다. 여기저기 가고 싶은 곳을 자유롭게 다니고 있다. 그래서 요즘 행복한 시간을 보내고 있다.

63. ②

풀이 회사 직원들의 영어 수업에 대한 안내이다. 수업 기간, 수업료, 신청 방법에 대해서 안내하고 있다. 따라서 수업 신청을 받으려고 보낸 글이다.

64. ③

풀이 영어 수업은 팔월 한 달 동안 한다. 수업은 화요일과 목요일에 있다. 수업료는 무료이기 때문에 수업을 들을 때 돈을 내지 않는다.

65. ④

풀이 맛이 단 초콜릿은 기분을 좋게 해서 사람들은 초콜릿을 자주 먹는다. 하지만 말을 많이 할 때나 발표를 할 때, 그리고 가수들이 공연하기 전에는 초콜릿을 먹지 않는 것이 좋다. 왜냐하면 목이 마르게 되어서 목소리가 잘 안 나오기 때문이다. 따라서 ㉠에는 이유를 나타내는 표현인 '-기 때문이다'를 사용한 '나오기 때문입니다.'를 써야 한다.

66. ①

풀이 초콜릿은 달아서 먹으면 기분이 좋아진다. 그런데 초콜릿을 먹으면 목이 마르게 된다. 그래서 가수들은 보통 공연 전에 초콜릿을 먹지 않는다. 또 말을 많이 해야 할 때는 초콜릿을 먹지 않는 것이 좋다.

67. ③

풀이 봄에는 낮 기온은 높지만 밤 기온은 낮다. 이렇게 낮과 밤의 기온이 크게 달라서 몸에 힘이 없고 자주 피곤해진다.

68. ①

풀이 봄에는 낮과 밤의 기온 차이가 크다. 사람의 몸은 이 온도 차이 때문에 아주 쉽게 피곤해진다. 그래서 낮에 햇빛을 보면서 산책을 하거나 물을 많이 마시면 건강에 좋다.

69. ①

풀이 아버지가 어떤 일이 생긴 후에 아무 말도 하지 않았는지를 찾는다. 나는 아버지 생일 선물로 내 고양이 인형을 드리기로 했다. 그리고 그 인형을 선물로 드렸을 때 아버지가 선물을 본 후 아무 말도 하지 않았다.

70. ④

풀이 나는 아버지 생일에 내가 아기 때부터 매일 안고 잔 고양이 인형을 선물했다. 아버지는 내 선물을 받고 기뻐하셨다. 그리고 아버지는 오랫동안 내 선물을 가지고 계셨다. 내가 결혼한 후 낳은 딸의 첫 번째 생일에 아버지는 그 고양이 인형을 예쁘게 포장해서 딸에게 주셨다.

14
주차

모의고사 1 정답 및 풀이
(1-30번 듣기/ 31-70번 읽기)

[듣기 1-30번]

1	2	3	4	5	6	7	8	9	10
②	④	③	③	④	②	②	②	①	④
11	12	13	14	15	16	17	18	19	20
④	②	②	④	②	②	③	②	①	④
21	22	23	24	25	26	27	28	29	30
②	④	③	②	④	②	①	③	②	④

01. ②

> 여자: 우유를 좋아해요?
> 남자: ______________________

풀이 "우유를 좋아해요?"라고 물으면 "네, 좋아해요."/"아니요, 안 좋아해요."로 대답한다.

02. ④

> 여자: 영화가 재미있어요?
> 남자: ______________________

풀이 "영화가 재미있어요?"라고 물으면 "네, 재미있어요."/"아니요, 재미없어요."로 대답한다.

03. ③

> 남자: 누구를 기다려요?
> 여자: ______________________

풀이 "누구를 기다려요?"라고 물으면 "(사람)을/를 기다려요."로 대답한다.

04. ③

> 여자: 언제 한국어를 공부해요?
> 남자: ______________________

풀이 "언제 한국어를 공부해요?"라고 물으면 "(시간)에 한국어를 공부해요."로 대답한다.

05. ④

> 여자: **오랜만이에요.**
> 남자: ______________________

풀이 "오랜만이에요."라고 인사하면 "네, 오랜만이에요."/"오래간만이에요."로 대답한다.

06. ②

> 남자: **생일 축하해요.**
> 여자: ______________________

풀이 "생일 축하해요."라고 말하면 "네, 감사합니다."/"감사해요.", "고맙습니다."/"고마워요."로 대답한다.

07. ②

> 여자: **이 소포 어디로 보내실 거예요?**
> 남자: **미국이요.**

풀이 '소포, 편지' 등을 보내는 곳은 우체국이다.

08. ②

> 여자: **머리 어떻게 해 드릴까요?**
> 남자: **짧게 잘라 주세요.**

풀이 머리를 자르거나, 파마를 하거나, 염색을 하는 곳은 미용실이다.

09. ①

> 남자: 딸기 케이크 하나 주세요.
> 여자: 네, 알겠습니다.

풀이 케이크나 빵을 살 수 있는 곳은 빵집, 빵 가게이다.

10. ④

> 여자: 이 치마를 입어보고 싶은데요.
> 남자: 네, 이쪽으로 오세요.

풀이 옷을 살 수 있는 곳은 옷 가게이다.

11. ④

> 여자: 동생 있어요?
> 남자: 아니요, 오빠만 한 명 있어요.

풀이 '오빠', '언니', '형', '누나', '동생'은 '가족'이다. 두 사람은 가족에 대해 말하고 있다.

12. ②

> 남자: 저는 요즘 테니스를 배우고 있어요.
> 여자: 저는 수영을 배우는데 테니스도 배우고 싶어요.

풀이 '농구', '테니스', '수영' 등은 운동이다. 두 사람은 운동에 대해서 말하고 있다.

13. ②

> 남자: **리사 씨 고향은 지금 여름이에요?**
> 여자: **아니요, 지금 겨울이에요.**

풀이 '봄, 여름, 가을, 겨울'은 계절이다. 두 사람은 계절에 대해서 말하고 있다.

14. ④

> 남자: **약국이 어디에 있어요?**
> 여자: **저 건물 2층에 있어요.**

풀이 남자는 약국의 위치에 대하여 묻고 있고 '1층, 2층, 3층' 등은 약국의 위치를 알려준다.

15. ②

> 남자: **손님, 주문하신 음식 나왔습니다.**
> 여자: **네, 감사합니다.**

①

②

③

④

풀이 식당에서 남자는 서서 여자에게 주문한 음식을 주고, 여자는 앉아서 음식을 받는 그림을 고른다.

16. ②

> 여자: 늦어서 미안해요.
> 남자: 괜찮아요. 제가 좀 일찍 와서 음료수랑 과자를 샀어요.

①

②

③

④

풀이 남자는 먼저 와서 과자와 음료수를 사서 기다리고 있고, 여자는 조금 늦게 도착하는 그림을 고른다.

17. ③

> 여자: 친구한테 줄 꽃을 사고 싶은데요. 어떤 꽃이 좋을까요?
> 남자: 친구 생일 선물이에요?
> 여자: 아니요. 졸업 선물로 줄 거예요.

풀이 여자는 친구 졸업 선물로 꽃을 주고 싶다. 그래서 남자에게 어떤 꽃을 사면 좋은지 묻는다.

18. ②

여자: 저, 초콜릿 케이크 없어요?
남자: 지금 만들고 있는데 2시쯤 오시면 돼요.
여자: 오후에는 바빠서……. 그럼 딸기 케이크 하나 주세요.
남자: 네, 알겠습니다.

풀이 여자는 지금 초콜릿 케이크를 사고 싶어 한다. 그런데 남자는 지금 초콜릿 케이크를 만들고 있다. 오후 2시쯤 오면 초콜릿 케이크를 살 수 있다. 하지만 여자는 오후에 바빠서 다시 올 수 없기 때문에 그냥 딸기 케이크를 산다.

19. ①

남자: 서점에서 이진경 작가와 이야기하는 행사가 있어요.
여자: 이진경 씨요? 제가 아주 좋아하는 작가라서 책도 다 읽었어요.
남자: 그래요? 저도 좋아하는 작가예요. 그럼 같이 신청할래요?
여자: 네, 빨리 신청해요.

풀이 남자와 여자는 이진경 작가를 좋아한다. 여자는 그 작가의 책도 다 읽었다. 서점에서 이진경 작가와 이야기하는 행사를 한다. 두 사람은 그 행사에 참여하고 싶어서 신청할 것이다.

20. ④

여자: 내일부터 방학인데 방학에 뭐 할 거예요?
남자: 시험공부하고 카페에서 아르바이트도 계속 할 거예요.
여자: 저도 전에 카페에서 아르바이트를 해 봤는데 조금 힘들었어요.
남자: 그래요? 저는 재미있는데……. 제가 일하는 카페에 한번 와 보세요.

풀이 남자는 방학에 시험공부를 하고 카페에서 계속 아르바이트를 할 것이다. 여자는 카페에서 아르바이트를 한 적이 있었는데 조금 힘들었다. 그런데 남자는 카페 아르바이트가 재미있다고 한다.

21. ②

여자: 민준 씨, 6시인데 집에 안 가세요?
남자: 내일 오후에 출장 가기 때문에 이 일을 끝내고 가야 돼요.
여자: 그럼 내일 회사에 왔다가 가세요?
남자: 아니요, 1시 비행기라서 아침에 집에서 출발해야 돼요.

풀이 남자는 내일 오후에 출장을 간다. 그래서 오늘 일을 다 끝내야 한다. 그리고 오후 1시 비행기이기 때문에 회사에 오지 않고 집에서 출발할 예정이다.

22. ④

여자: 민준 씨, 이 책 읽었어요? 꼭 읽어 보세요. 정말 재미있어요.
남자: 아, 이 책이요? 저는 영화로 보려고요.
여자: 저는 영화도 봤어요. 그런데 이 영화는 책을 읽고 나서 보는 게 더 재미있어요.
남자: 그래요? 그럼 저도 책을 먼저 읽어 봐야겠네요.

풀이 책을 영화로 만들었다. 여자는 책도 읽고 영화도 봤다. 그런데 책을 읽은 다음에 영화를 보는 것이 더 좋다고 생각한다.

23. ③

남자: 요즘 매일 컴퓨터로 일을 하니까 눈이 아프네요. 가끔 머리도 아프고요.
여자: 그래요? 그럼 점심 식사 후에 회사 앞 공원에서 산책을 해 보면 어때요?
남자: 산책이요? 저는 보통 점심 먹고 휴대폰으로 게임을 하는데요.
여자: 눈이 아프면 휴대폰을 많이 안 보는 게 좋아요. 저도 요즘 많이 안 보려고 해요.

풀이 남자는 매일 컴퓨터로 일을 하기 때문에 눈도 아프고 머리도 아프다. 여자는 남자에게 점심을 먹은 다음에 회사 앞에 있는 공원을 산책하고, 휴대폰을 많이 보지 말라고 한다.

24. ②

여자: 지금 영어 수업을 듣고 있지요? 수업이 어때요?
남자: 좀 어려워요. 그리고 선생님이 미국 사람이라서 교실에서 영어로만 말해야 돼요.
여자: 힘들겠어요. 그런데 외국어를 잘하려면 많이 듣고, 말하기 연습도 많이 해야지요.
남자: 맞아요. 처음에는 힘들었는데 이제는 익숙해졌어요.

풀이 여자는 외국어를 잘하려면 많이 듣고, 말하기 연습을 많이 해야 한다고 생각한다.

※ [25–26]

여자: (딩동댕) 안내 말씀 드리겠습니다. 저희 백화점에서 잠시 후 3시부터 '어린이 책 읽기 행사'가 있습니다. 초등학생 자녀와 같이 오신 분들은 5층 서점에서 신청하실 수 있습니다. 선물과 과자가 준비되어 있으니 많이 참가해 주시기 바랍니다. 자세한 내용은 5층 서점에서 확인해 주세요. (댕동딩)

25. ④

풀이 여자는 백화점에서 무슨 행사를 하는지, 어떻게 신청할 수 있는지 안내하고 있다.

26. ②

풀이 오늘 오후 3시부터 백화점 5층 서점에서 '어린이 책 읽기' 행사를 한다. 이 행사는 초등학생 자녀와 같이 온 사람들이 5층 서점에서 신청할 수 있다.

※ [27-28]

남자: 수지 씨, 회사 앞에 새로 생긴 식당에 가 봤어요?
여자: 아, 편의점 2층에 있는 식당이요?
남자: 네, 음식 종류가 다양하고 가격도 괜찮아서 사람들이 많아요.
여자: 저는 한 번 가 봤는데 음식 종류가 많아서 고르기 힘들었어요. 한국 음식, 중국 음식……. 너무 종류가 많았어요.
남자: 아, 그래요? 저는 친구들과 같이 가서 한국 음식도 먹고, 피자와 햄버거도 먹을 수 있어서 좋았는데요.
여자: 저는 한두 가지 음식을 잘하는 식당이 좋아요.

27. ①

풀이 두 사람은 회사 앞에 새로 생긴 식당에 대해서 이야기하고 있다.

28. ③

풀이 남자는 새로 생긴 이 식당에 음식 종류도 많고 가격도 괜찮아서 좋아한다. 여자는 이 식당에 음식 종류가 너무 많아서 고르기 힘들다. 여자는 종류가 많은 식당보다 한두 가지 음식을 잘하는 식당을 좋아한다.

※ [29-30]

여자: 이번 '외국인 한국 노래 대회'에서 1등을 하셨는데요. 언제부터 한국 노래를 부르셨어요?
남자: 5년 전에 인터넷에서 한국 노래를 처음 들었어요. 한국말을 몰랐지만 노래가 정말 좋았어요.
여자: 그렇군요. 실수도 안 하고 자연스럽게 정말 잘 부르셨어요.
남자: 감사합니다. 한국 노래가 좋아서 한국어 공부를 시작했고 작년에 한국에 와서 학교에 다니고 있어요.
여자: 이번 대회에는 어떻게 참가하게 되셨어요?
남자: 사실 제 노래를 친구들이 듣고 신청해 줬어요. 특별한 경험을 하게 해 준 친구들이 정말 고마워요.

29. ②

풀이 친구들이 남자의 노래를 듣고 신청을 해 줘서 '외국인 한국 노래 대회'에 참가하게 되었다.

30. ④

풀이 남자는 '외국인 한국 노래 대회'에서 실수도 하지 않고 자연스럽게 잘 불러서 1등을 했다. 한국 노래가 좋아서 한국어 공부를 시작했고, 작년부터 한국에서 학교에 다니고 있다. 친구들이 이 남자의 노래를 듣고 신청해 줬다.

[읽기 31–70번]

31	32	33	34	35	36	37	38	39	40
③	②	①	③	④	②	①	②	③	①
41	42	43	44	45	46	47	48	49	50
④	③	②	③	④	①	②	④	④	③
51	52	53	54	55	56	57	58	59	60
②	④	①	③	④	①	②	③	③	①
61	62	63	64	65	66	67	68	69	70
④	①	③	①	②	④	③	①	②	④

31. ③

풀이 아침, 점심, 저녁, 한 시, 두 시, 일곱 시, 삼십 분 등은 시간을 나타낸다.

32. ②

풀이 '원'은 한국의 돈 단위이다. '값'과 '가격'은 같은 뜻이다. '비싸다', '싸다'는 '값/가격'을 말할 때 쓴다.

33. ①

풀이 '층'은 건물에서 위치를 말한다. '카페가 있는 곳/위치'는 백화점 3층이다.

34. ③

풀이 머리를 자르는 곳은 미용실이다.

35. ④

풀이 '아주, 많이, 정말' 등은 동사, 형용사의 정도가 크다는 긍정의 뜻을 강조하는 부사이다. '별로'는 동사, 형용사의 정도가 크지 않다는 뜻을 강조하는 부사로 부정문에 사용한다.

36. ②

풀이 '친구한테 전화를 하다/선물을 주다', '친구한테서 전화가 왔다/선물을 받다'로 '한테서/에게서'를 쓴다.

37. ①

풀이 시간이 얼마나 걸리는지 말할 때 '(시간) 걸리다'를 쓴다. 자전거를 타고 가면 5분 걸린다.

38. ②

풀이 '책이 많아서 가방이 무겁다', '책이 없어서 가방이 가볍다'와 같은 형용사를 쓴다.

39. ③

풀이 초등학교는 6학년, 중 · 고등학교는 3학년, 대학교는 4학년이 끝난 후에 졸업한다. 지금은 대학교 4학년이니까 내년에 졸업한다.

40. ①

풀이 이것은 날씨를 알려주는 일기예보이다. 서울은 흐리고 부산과 속초에는 비가 온다. 그리고 광주는 맑고 제일 덥다.

41. ④

풀이 이 식당에서 음식을 먹으면 한 달 동안 돈을 내지 않고 무료로 커피를 마실 수 있다. 그리고 학생은 20% 싸게 음식을 먹을 수 있다. 이 식당에서 비빔밥이 제일 비싸고 라면이 제일 싸다. 이 식당은 일요일에 문을 열지 않는다.

42. ③

풀이 이것은 이수진 씨가 민지 씨에게 보내는 문자 메시지이다. 이수진 씨는 내일 오후에 친구들과 같이 한강공원에 가서 사진도 찍고 자전거도 탈 것이다. 이수진 씨는 민지 씨에게 시간이 있으면 오라고 초대했다.

43. ②

풀이 나는 오늘 친구와 같이 옷을 사러 백화점에 갔다. 지하철을 타고 갔다. 백화점에서 친구는 바지를 사고 나는 짧은 치마를 샀다.

44. ③

풀이 나는 보통 학교까지 걸어서 간다. 걸어서 삼십 분쯤 걸리지만 운동을 하기 위해 걸어서 다닌다. 그런데 오늘은 늦게 일어났다. 그래서 버스를 탔다.

45. ④

풀이 내일은 쉬는 날이다. 그래서 동생과 영화를 보기 위해서 표를 샀다. 내일 우리는 영화를 보고 식당에서 저녁을 먹을 것이다.

46. ①

풀이 나는 오늘 시계 박물관에 갔다. 박물관 표가 비싸서 재미있을 것이라고 기대했는데 시계도 많지 않았고 재미없었다. 그래서 박물관에서 일찍 나왔다. 이 박물관이 마음에 들지 않았다.

47. ②

풀이 할머니가 쓰시는 안경이 오래돼서 나는 할머니께 새 안경을 사 드리고 싶다. 그래서 지난주부터 안경 살 돈을 벌기 위해서 아르바이트를 하고 있다.

48. ④

풀이 나는 보통 주말에는 공원에서 자전거를 탄다. 그런데 요즘 주말마다 비가 왔다. 그래서 공원에 못 갔다. 이번 주말에는 비가 안 와서 자전거를 탔으면 좋겠다.

49. ④

풀이 '-(으)면'은 아직 일어나지 않았지만 '그렇게 되면'이라는 가정을 나타낼 때 사용한다. 그래서 답은 '보이면'이다.

50. ③

풀이 나는 고등학교 때부터 그림 그리는 것을 좋아했다. 예전에는 가족이나 친구들의 얼굴을 많이 그렸다. 그런데 요즘은 경치를 자주 그린다. 또 그림을 그리고 싶어서 자동차로 여행을 간다. 자동차로 가다가 경치가 좋으면 구경도 하고 그림도 그린다.

51. ②

풀이 커피는 마시는 것뿐만 아니라 여러 가지로 사용할 수 있는데, 나쁜 냄새를 없앨 수도 있다. 그래서 음식 냄새가 나는 냉장고 안에 넣으면 음식 냄새를 없앨 수 있다.

52. ④

풀이 커피 가루를 비누와 함께 사용하여 손을 씻을 수 있고, 냄새를 없앨 수 있다. 또 그릇을 깨끗하게 닦을 수도 있다. 이 글은 커피 가루로 할 수 있는 것들을 소개하고 있다.

53. ①

풀이 '–아서/어서/해서'는 '원인이나 이유'를 나타낼 때 사용한다. '아이가 채소를 안 먹어서 인터넷을 보고 아이가 먹을 수 있는 음식을 만들었습니다.'로 문장을 만든다. 원인이나 이유를 나타내는 두 문장을 이어주는 '그래서'가 답이다.

54. ③

풀이 내 아이는 채소를 좋아하지 않아서 채소가 들어 있는 음식을 먹을 때는 채소만 빼고 먹었다. 그래서 나는 인터넷을 보고 아이가 좋아할 수 있게 채소를 넣은 음식을 만들었다. 지금은 아이가 채소가 들어 있는 음식을 잘 먹는다.

55. ④

풀이 '하지만'은 앞 문장과 다른 내용의 말을 이어주기 때문에 '서울에서 혼자 산다.', '가끔 가족을 만나러 고향에 간다.'와 다른 내용의 말은 '즐겁다'가 좋다. 그리고 뒤에 오는 문장이 즐거운 이유를 말한다. '도시에서는 혼자 할 수 있는 일이 많다.' 그래서 '즐겁다'로 연결하면 된다.

56. ①

풀이 나는 어렸을 때는 시골에서 살았다. 서울은 큰 도시이다. 서울에서 대학을 졸업하고 회사에 다닌다. 혼자 살기 때문에 가끔 가족을 보러 고향에 간다. 혼자 살지만 나는 도시에서 사는 것이 좋다. 왜냐하면 도시에서는 할 수 있는 일이 많아서 재미있기 때문이다.

57. ②

풀이 이 글은 아파트에서 살면서 일어난 일을 쓴 글이다. 사실을 먼저 제시하고 문제를 어떻게 해결했는지 순서대로 찾는다.

저는 아파트에서 삽니다.
➜ 아파트가 오래돼서 윗집 아이들 발소리가 크게 들립니다.
➜ 그런데 요즘 소리가 너무 커서 윗집에 가서 이야기했습니다.
➜ 그때부터 소리가 조금 작아졌습니다.

58. ③

풀이 이 글은 옷에 기름얼룩이 생겼을 때 어떻게 하는지에 대해서 쓴 글이다. 옷에 기름얼룩이 생겼을 때 차례로 따라 하면 얼룩이 없어지는 방법을 순서대로 찾는다.

옷에 기름얼룩이 생겼을 때 쉽게 없애는 방법이 있습니다.
➜ 따뜻한 물에 부엌에서 쓰는 세제를 조금 넣어 잘 섞습니다.
➜ 그 물에 기름얼룩이 있는 옷을 넣습니다.
➜ 10분 정도 지난 후에 깨끗한 물에서 여러 번 흔들어 줍니다.

59. ③

풀이 '그런데 길에는 먹을 것이 별로 없어서 찾아다녀도 먹지 못합니다.'는 '우리 동네에는 주인 없는 고양이가 많은데, 이 고양이들은 먹을 것을 주는 주인이 없어서 항상 음식을 찾아다녀야 하지만 길에는 먹을 것이 별로 없다.'는 의미의 문장을 써야 한다. 그래서 '주인이 없어서 항상 음식을 찾아다녀야 합니다.'와 '그래서 제가 동네 여기저기에 먹을 것을 놓아둡니다.' 사이인 ⓒ에 들어가는 것이 좋다.

60. ①

풀이 우리 동네에는 주인 없는 고양이가 많다. 고양이가 길에서 먹을 것을 찾기가 어렵기 때문에 나는 매일 아침과 저녁에 먹을 것을 준다. 이 일이 힘들지만 기분 좋게 하고 있다.

61. ④

풀이 도서관에서는 책도 읽을 수 있고 영화나 드라마도 빌릴 수 있다. 그리고 빌린 영화나 드라마를 편하게 볼 수 있다. 빌린 후에 볼 수 있는 '순서'를 나타내는 '빌려서'를 쓰는 것이 좋다.

62. ①

풀이 도서관에는 여러 가지 서비스가 있는데, 책뿐만 아니라 영화나 드라마를 빌릴 수 있다. 그리고 돈을 받지 않고 어린이를 위한 한글 수업이나 컴퓨터, 스마트 전화 사용법, 역사와 문화를 알려준다.

63. ③

풀이 부산시에서 하는 축제에 대해 알려주기 위해 쓴 글이다.

64. ①

풀이 이 축제는 13일 토요일 오전 열한 시부터 오후 여섯 시까지 한다. 참가비는 없고 이 축제에 오면 부산 음식 만들기, 물고기 그림 그리기 등 다양한 행사를 즐길 수 있다.

65. ②

풀이 '이유'를 나타내는 '-아서/어서/해서'가 들어간 '있어서'가 좋다. 여름 올림픽도 있고 겨울 올림픽도 있어서 여름과 겨울에 올림픽이 열린다.

66. ④

풀이 그리스에서 처음 시작한 올림픽은 4년마다 여러 나라에서 열린다. 한국에서는 1988년에는 여름 올림픽, 2018년에는 겨울 올림픽이 열렸다.

67. ③

풀이 잠을 적게 자는 것은 건강에 좋지 않다. 7~8시간 정도 자는 것이 좋은데, 잠자는 시간만큼 중요한 것은 잠을 잘 자는 것이다.

68. ①

풀이 어른들은 7~8시간 자는 것이 좋은데, 잠을 적게 자면 낮에 졸릴 수도 있고 몸이 약해져서 감기에 걸리기 쉽다. 그리고 잠을 많이 자도 깊은 잠을 못 자면 건강에 좋지 않다.

69. ②

풀이 강아지가 카페에 온 손님들에게 '반갑게' 꼬리를 흔드는 이유는 카페 손님들과 친해졌기 때문이다.

70. ④

풀이 회사 1층에 카페가 있다. 그런데 어느 날 집을 잃어버린 강아지가 카페에 있었다. 카페 주인은 강아지에게 음식을 주고 집으로 데리고 갔다. 카페 주인은 강아지 주인을 찾아 주기 위해서 날마다 강아지를 데리고 카페에 온다. 아직 강아지 주인은 찾지 못했지만 강아지가 카페에 온 손님들과 친해졌다. 나도 강아지와 헤어지는 것이 싫다.

15 주차

모의고사 2 정답 및 풀이

(1-30번 듣기/ 31-70번 읽기)

[듣기 1-30번]

1	2	3	4	5	6	7	8	9	10
①	④	②	③	④	①	②	④	③	②
11	12	13	14	15	16	17	18	19	20
②	④	①	③	④	④	③	①	②	④
21	22	23	24	25	26	27	28	29	30
②	④	②	①	①	③	④	②	③	④

01. ①

> 여자: 학생이 많아요?
> 남자: ______________________

풀이 "학생이 많아요?"라고 물으면 "네, 학생이 많아요."/"아니요, 학생이 적어요."/"아니요, 학생이 없어요."로 대답한다.

02. ④

> 여자: 도서관에 가요?
> 남자: ______________________

풀이 "도서관에 가요?"라고 물으면 "네, (도서관에) 가요."/"아니요, (도서관에) 안 가요."로 대답한다.

03. ②

> 남자: 친구를 어디에서 만나요?
> 여자: ______________________

풀이 "친구를 어디에서 만나요?"라고 물으면 "(장소)에서 만나요."로 대답한다.

04. ③

> 여자: 오늘 뭐 해요?
> 남자: ______________________

풀이 "오늘 뭐 해요?"라고 물으면 "(오늘) –아요/어요/해요."로 대답한다.

05. ④

여자: 처음 뵙겠습니다.
남자: ______________________

풀이 "처음 뵙겠습니다."라고 인사하면 "만나서 반갑습니다."로 대답한다.

06. ①

남자: 맛있게 드세요.
여자: ______________________

풀이 "맛있게 드세요."라고 말하면 "네, 잘 먹겠습니다."/"감사합니다."로 대답한다.

07. ②

여자: 여자 옷은 몇 층에 있어요?
남자: 2층에 있습니다.

풀이 옷을 파는 곳은 옷 가게이고, 옷이나 신발 등 여러 가지 물건을 살 수 있는 곳은 백화점이다.

08. ④

여자: 여기에서 5번 버스를 탈 수 있어요?
남자: 네, 조금 있으면 버스가 올 거예요.

풀이 기차나 지하철을 타는 곳은 역이고, 버스를 타는 곳은 (버스) 정류장이다.

09. ③

> 남자: 어떻게 오셨어요?
> 여자: 이거 한국 돈으로 바꾸고 싶어요.

풀이 돈을 바꿀 수 있는 곳은 은행이다.

10. ②

> 여자: 한국어 책은 어디에 있어요?
> 남자: 이쪽으로 가면 있어요.

풀이 책을 살 수 있는 곳은 서점/책방이다.

11. ②

> 여자: 이 아파트에 사세요?
> 남자: 네, 10층에 이사 왔어요.

풀이 여자는 남자에게 이 아파트에 사는지 묻고 있다. 아파트는 집의 형태 중 하나이다.

12. ④

> 남자: 저는 김밥하고 라면을 좋아해요.
> 여자: 그래요? 저도 좋아해요.

풀이 김밥, 라면 등은 음식의 종류이다.

13. ①

> 남자: **여기 언제 쉬어요?**
> 여자: **저희는 월요일에 쉽니다.**

풀이 두 사람은 일하지 않고 쉬는 날에 대해 이야기를 하고 있다. 쉬는 날을 '휴일'이라고 한다.

14. ③

> 남자: **저는 학교에서 학생을 가르쳐요.**
> 여자: **선생님이시네요. 저는 경찰관입니다.**

풀이 '선생님', '경찰관'은 직업의 종류이다.

15. ④

> 남자: **찌개 좀 먹어 보세요. 제가 만들었어요.**
> 여자: **아, 맛있네요.**

①

②

③

④

풀이 두 사람이 앉아서 식사하면서 남자가 여자에게 음식을 먹어 보라고 하고, 여자는 숟가락을 들고 있는 그림을 고른다.

16. ④

> **여자:** 오늘 배울 노래가 뭐예요?
> **남자:** 제가 먼저 기타를 쳐 볼게요. 잘 들어보세요.

①

②

③

④

풀이 남자가 앉아서 기타를 치고 있고 여자는 듣고 있는 그림을 고른다.

17. ③

> **남자:** 오늘 부산 가는 버스 몇 시에 있어요?
> **여자:** 잠시만요.
> 오후 두 시에 출발하는 버스가 있습니다.
> **남자:** 그거 두 장 주세요.

풀이 여자는 버스표를 팔고 있고, 남자는 부산에 가는 버스표를 사려고 한다.

18. ①

여자: 요즘 수영을 배우고 있는데 힘들지만 재미있네요.
민수 씨도 수영할 수 있어요?
남자: 아니요. 저는 수영을 한 번도 해 본 적이 없어요.
여자: 그래요? 제가 다니는 수영장에 와 볼래요? 선생님도 좋으세요.
남자: 좋아요. 이번 주 일요일에 시간이 있으니까 가 볼게요.

풀이 여자는 요즘 수영을 배우고 있는데 힘들지만 재미있다. 남자는 수영을 해 본 적이 없다. 남자도 일요일에 시간이 있어서 수영장에 가 보려고 한다.

19. ②

남자: 내일 백화점에 가려고 하는데요. 같이 갈래요?
여자: 몇 시쯤 갈 거예요? 저는 점심 약속이 있어서요.
남자: 저는 아무 때나 괜찮아요.
여자: 그럼 네 시에 학교 정문 앞에서 만나요.

풀이 두 사람은 내일 같이 백화점에 가려고 한다. 여자는 내일 점심에 약속이 있어서 오후 네 시에 학교 정문 앞에서 만날 것이다.

20. ④

여자: 졸업하면 민수 씨는 뭐 할 거예요?
남자: 저는 대학원에 가려고 해요.
여자: 그래요? 무슨 공부를 하고 싶은데요?
남자: 대학원에서 한국어를 더 공부하고 싶어요.
그래서 요즘 시험 준비를 하고 있어요.

풀이 남자는 졸업한 다음에 대학원에 가서 한국어를 더 공부할 것이다. 그래서 요즘 대학원 시험 준비를 하고 있다.

21. ②

여자: 방학 때 제주도에 처음 가 봤는데 정말 좋았어요.
남자: 저도 작년에 가 봤어요. 바다 구경도 하고 한라산에도 갔어요.
여자: 그랬어요? 저는 날씨가 안 좋아서 한라산에는 못 갔어요.
남자: 그럼 다음에는 꼭 가 보세요.

풀이 여자는 제주도에 처음 가 봤다. 그런데 날씨가 안 좋아서 한라산에는 못 갔다. 남자는 작년에 갔는데 바다 구경도 하고 한라산에도 갔다.

22. ④

남자: 수지 씨, 여행 준비하세요?
여자: 네, 이번 휴가 때 친구들하고 여행을 가려고 해요.
남자: 휴가인데 집에서 쉬고 싶지 않아요?
여자: 저는 여행을 다니면 기분도 좋아지고 힘도 나요.

풀이 여자는 여행을 다니면 기분도 좋아지고 힘도 난다. 그래서 이번 휴가 때 친구들하고 여행을 갈 것이다.

23. ②

남자: 오늘 할 일이 정말 많네요.
회의 준비도 해야 되고, 발표 준비도 해야 돼서 바빠요.
여자: 회의는 다음 주니까 발표 끝나고 천천히 준비해요.
남자: 그럼 발표 준비는 오늘 다 끝내야겠어요.
여자: 네, 발표가 내일이니까 발표 준비부터 해야지요.

풀이 남자는 오늘 회의 준비와 발표 준비를 해야 하기 때문에 바쁘다. 여자는 회의는 다음 주에 있으니까 내일 할 발표를 먼저 준비하는 것이 좋다고 한다. 여자는 급한 일을 먼저 하는 것이 좋다고 생각한다.

24. ①

> 남자: 요즘 스트레스가 많아서 잠을 잘 못 자요.
> 여자: 그러면 저하고 이번 주말에 등산 갈래요?
> 등산을 하면 스트레스도 풀리고 잠도 잘 올 거예요.
> 남자: 고마워요. 등산복하고 등산화가 없어서 사야겠네요.
> 여자: 없어도 돼요. 이번 주말에는 집 근처 산에 갈 거니까 편한 차림으로 가요.

풀이 남자는 스트레스가 많아서 요즘 잠을 잘 못 잔다. 여자는 남자에게 등산을 하면 스트레스가 풀려서 잠을 잘 잘 수 있으니까 같이 주말에 등산을 가자고 한다. 이번 주말에는 집 근처 산에 가기 때문에 등산화는 필요 없고 편한 옷을 입으면 된다.

※ [25~26] 다음을 듣고 물음에 답하십시오.

> 여자: (딩동댕) 안내 드립니다. 여름 방학이 시작되기 전에 학교 도서관에서 책을 정리하려고 합니다. 정리 시간은 다음 주 월요일 오전 9시부터 오후 5시까지입니다. 이 시간 동안 학생들은 도서관을 이용할 수 없습니다. 그리고 도서관에서 빌린 책이 있으면 이번 주 금요일 오후 5시까지 모두 가지고 오시기 바랍니다. 감사합니다. (댕동딩)

25. ①

풀이 여자는 도서관에서 책을 정리하기로 한 시간과, 빌린 책을 도서관에 반납하는 시간을 알려 주기 위해 안내방송을 하고 있다.

26. ③

풀이 학교는 여름 방학이 시작되기 전에 도서관 책을 정리하려고 한다. 정리하는 시간은 다음 주 월요일 오전 9시부터 오후 5시까지이다. 이 시간 동안 학생들은 도서관을 이용할 수 없다. 도서관에서 책을 빌린 학생들은 이번 주 금요일 오후 5시까지 책을 가지고 와야 한다.

※ [27~28]

남자: 요즘 눈이 자주 아프네요. 눈이 아프니까 머리도 아프고요.
여자: 컴퓨터를 너무 많이 하는 거 아니에요?
남자: 그런 것 같아요. 요즘 일이 많았어요. 그리고 자기 전에 휴대폰을 많이 보는데 그것도 눈에 안 좋겠지요?
여자: 그럼요. 어두운 곳에서 휴대폰을 보면 눈에 정말 안 좋아요.
남자: 이제부터 밤에는 휴대폰을 보지 말아야겠어요.
여자: 그리고 일할 때 가끔 먼 곳을 보고 쉬어 보세요.

27. ④

풀이 두 사람은 눈을 아프지 않게 하는 방법에 대해 이야기를 하고 있다.

28. ②

풀이 남자는 요즘 일이 많아서 컴퓨터를 많이 했다. 그래서 눈이 아프고 머리도 아프다. 그리고 자기 전에 휴대폰을 많이 본다. 여자는 남자에게 어두운 곳에서 휴대폰을 보면 눈에 안 좋다고 하고, 일할 때도 가끔 먼 곳을 보고 쉬라고 한다.

※ [29~30]

여자: 집에서 음식을 만들어 먹고 싶은데 요리가 아직 쉽지 않네요.
맛있게 만들기가 어려워요.
남자: 요리를 잘하려면 자주 해 봐야 돼요. 쉬운 요리부터 연습해 보는 게 좋을 거예요.
여자: 제가 너무 복잡한 요리를 하려고 했네요. 무엇부터 시작하는 게 좋을까요?
남자: 볶음밥이나 떡볶이같이 쉬운 요리를 해 보세요.
여자: 좋은 생각 같아요. 주말에 떡볶이를 만들어 봐야겠어요.
남자: 그럼 먼저 필요한 재료를 찾아보세요.

29. ③

풀이 요리를 잘 하려면 쉬운 요리부터 연습하는 것이 좋은데, 여자는 너무 복잡한 요리를 하려고 해서 맛있게 음식을 만들지 못했다.

30. ④

풀이 남자는 여자에게 요리를 잘 하려면 자주 음식을 만들어 보라고 한다. 그리고 볶음밥이나 떡볶이같이 쉬운 요리부터 해 보라고 한다. 여자는 주말에 떡볶이를 만들 것이다.

[읽기 31–70번]

31	32	33	34	35	36	37	38	39	40
④	③	②	①	④	②	①	③	②	③
41	42	43	44	45	46	47	48	49	50
④	①	①	③	④	③	④	②	①	②
51	52	53	54	55	56	57	58	59	60
④	①	②	③	③	②	②	④	②	①
61	62	63	64	65	66	67	68	69	70
①	③	④	②	③	②	②	④	③	④

31. ④

풀이 '살'은 나이를 셀 때 사용하는 단위 명사이다.

32. ③

풀이 '원'은 돈을 세는 단위 명사이다. '비싸다', '싸다'는 값/가격을 말할 때 쓴다.

33. ②

풀이 '미국, 중국, 일본, 한국' 등은 나라 이름이다.

34. ①

풀이 음식은 동사 '먹다', 물이나 주스 등의 음료수는 동사 '마시다'를 쓴다.

35. ④

풀이 사전에서 모르는 단어를 찾는다.

36. ②

풀이 나와 민수는 모두 학생이다. '-도'는 '역시', '마찬가지'라는 뜻이다.

37. ①

풀이 '아주', '정말', '진짜' 등은 '맛있다'를 강조한다.

38. ③

풀이 '시간이 없다'는 '바쁘다'의 뜻이다.

39. ②

풀이 오전에 학교에 '가다'와 오후에 집에 '오다'를 쓴다.

40. ③

풀이 도서관 이용에 관한 안내이다. 월요일부터 금요일까지 평일에는 오후 3시부터 6시까지, 토요일은 오전 10시부터 오후 4시까지 이용할 수 있다. 일요일에는 문을 닫는다. 하루에 다섯 권의 책을 2주 동안 빌릴 수 있다.

41. ④

풀이 '아바타 3' 영화표이다. 이 극장에서 하루에 네 번 영화를 상영하는데 나는 평일 저녁 6시 30분부터 8시 50분까지 두 시간 20분 동안 영화를 볼 것이다.

42. ①

풀이 지혜 씨가 집에 들어와서 민수 씨에게 보낸 문자 메시지이다. 민수 씨와 지혜 씨는 오늘 같이 영화를 봤다. 두 사람은 월요일에 학교에서 만날 것이다.

43. ①

풀이 나는 토요일 오후에 아이들에게 한국어를 가르친다. 피아노를 치면서 아이들과 한국 노래도 같이 부른다. 나는 노래를 잘 못한다. 그렇지만 수업이 재미있다.

44. ③

풀이 주말에 나는 친구들과 같이 한강공원에 갔다. 친구가 김밥을 준비했고 나는 과일을 준비했다. 공원에서 친구들과 같이 산책하고 음식을 먹었다.

45. ④

풀이 4월에는 벚꽃 축제가 많이 열린다. 사람들은 축제에 꽃을 구경하러 많이 온다. 나도 내년 봄에 벚꽃 축제에 가서 사진을 많이 찍을 것이다.

46. ③

풀이 나는 스키 타는 것을 좋아한다. 겨울에는 주말마다 스키장에 간다. 빨리 겨울이 돼서 스키를 타면 좋겠다.

47. ④

풀이 나는 오늘 오랜만에 동생을 만났다. 동생이 외국에서 공부를 한다. 그래서 2년 동안 만나지 못했다. 우리는 오늘 밤늦게까지 이야기를 했다.

48. ②

풀이 집 근처에 아주 큰 서점이 생겼다. 책도 아주 많다. 나는 이 서점을 자주 이용할 것이다.

49. ①

풀이 '-아서/어서/해서'는 이유나 원인을 나타낸다. '자전거를 타는 것이 힘들어서'의 결과는 '즐겁지 않았습니다.'가 좋다.

50. ②

풀이 나는 작년에 자전거 여행을 처음 했다. 처음에는 자전거를 타는 것이 힘들어서 여행이 즐겁지 않았다. 그런데 익숙해져서 시원한 바람을 즐기면서 자전거 여행을 할 수 있었다. 올해에도 또 자전거 여행을 다시 하고 싶다.

51. ④

풀이 '주말에는 공연도 볼 수 있습니다.'의 문장과 '기념품 가게에서는 다양한 물건을 살 수 있습니다.'의 문장을 나란히 연결할 때는 '그리고'를 쓴다.

52. ①

풀이 이 박물관에서는 옛날부터 지금까지의 그림, 그릇 등의 다양한 한국 문화를 볼 수 있고 역사도 배울 수 있다. 주말에는 공연도 보고 기념품 가게에서 물건도 살 수 있는 등 박물관에서 할 수 있는 일에 대해 알려 주고 있다.

53. ②

풀이 이 도서관에 항상 사람들이 많은 이유는 '학생들에게 인기 있는' 곳이기 때문이다.

54. ③

풀이 나는 책에 관심이 많아서 도서관에서 아르바이트를 한다. 도서관에서 책을 정리하고, 사람들이 책 빌리는 것을 도와준다. 나는 여기에서 저녁에 책을 읽을 수도 있다. 이 도서관은 학생들에게 인기 있는 곳이어서 항상 사람들이 많다. 나는 이 일이 힘들지만 재미있다.

55. ③

풀이 고양이 카페가 있는데 이 카페는 고양이를 좋아하지만 키우지 못하는 사람들이 '고양이를 만날 수 있는' 카페이다.

56. ②

풀이 고양이 카페에는 다양한 고양이가 많이 있다. 그리고 손님들이 음료나 간식을 사 먹으면서 고양이들과 같이 놀 수 있다. 손님들은 귀여운 고양이들을 보면서 즐거워한다.

57. ②

풀이 현재의 사실을 먼저 제시한다. 그리고 원인과 해결 방법을 순서대로 찾는다.

저는 요즘 일기를 쓰고 있습니다.
→ 스트레스를 많이 받기 때문입니다.
→ 그래서 스트레스를 줄이는 것에 관심이 생겼습니다.
→ 스트레스를 줄이기 위해 운동도 시작하려고 합니다.

58. ④

풀이 사실을 먼저 제시한다. 그리고 이유와 해결 방법을 순서대로 찾는다.

밤에 휴대폰을 사용하는 것은 건강에 좋지 않습니다.
→ 휴대폰의 밝은 빛이 잠을 방해할 수 있습니다.
→ 또 눈 건강에도 아주 안 좋습니다.
→ 그래서 자기 전에는 휴대폰을 멀리 하는 것이 좋습니다.

59. ②

풀이 다른 가족과 우리 가족은 드라마를 볼 때 다르다. 무엇이 다른지를 말한다. 그래서 ㉡에 들어가는 것이 좋다. 우리 가족은 드라마를 보면서 이야기를 많이 하는데 그 다음에 자세하게 어떤 이야기를 하는지 설명한다.

60. ①

풀이 우리 가족은 함께 드라마를 보면서 이야기를 많이 한다. 나는 가족이 드라마를 보면서 이야기를 하는 것이 아주 즐겁다.

61. ①

풀이 나는 요리를 잘 하기 위해 요리 연습을 한다. 레시피를 찾아보고 재료를 준비하고 요리 영상을 따라하면서 실수를 고친다. '-(으)면서'는 두 가지를 같이 할 때 사용한다. 따라서 답은 '따라하면서'이다.

62. ③

풀이 나는 요리하는 것을 좋아한다. 하지만 요리를 잘 못했다. 나는 가족들에게 맛있는 음식을 만들어 주고 싶었다. 그래서 레시피도 찾고 재료를 준비하고 요리 영상을 보면서 요리 연습을 했다. 지금은 가족 모두 내가 만든 음식을 맛있게 먹는다.

63. ④

풀이 주문한 바지가 작은데 큰 사이즈로 바꾸고 싶어서 이메일을 했다.

64. ②

풀이 월요일에 인터넷으로 바지를 주문했다. 오늘 바지를 받았는데 좀 작았다. 큰 사이즈로 바꾸고 싶어서 여러 번 전화를 했는데 안 받아서 쇼핑몰에 이메일을 했다.

65. ③

풀이 '레몬차로 마신다.'의 문장과 '설탕을 넣어 레몬청을 만들기도 한다.'의 문장을 연결할 때는 여러 가지를 나열하고 그 중에서 한 가지를 고를 때 쓰는 '-거나'를 사용한다. 따라서 답은 '마시거나'이다.

66. ②

풀이 레몬은 샐러드나 디저트 등 음식을 만들 때 사용하기도 하고, 레몬차나 레몬청으로 음료수를 만들어 마시기도 한다. 또 레몬은 청소할 때 기름을 지우거나 냄새를 없앨 수도 있다.

67. ②

풀이 산이나 바다는 휴가 장소로 사람들이 좋아하는 곳이다. 왜냐하면 더운 여름을 즐길 수 있기 때문이다. 그래서 답은 '인기가 많은데'이다.

68. ④

풀이 사람들은 여름휴가 때 바다나 산으로 많이 간다. 특히 바다는 더운 여름을 즐길 수 있는 것이 많아서 휴가 장소로 인기가 많다. 수영도 하고 산책도 할 수 있고, 아이들은 모래 놀이도 한다. 그리고 바다에서 여러 가지 스포츠도 즐길 수 있다.

69. ③

풀이 '사계절'은 '봄, 여름, 가을, 겨울'을 말한다. 내가 있는 외국은 항상 여름이다. 그래서 한국의 사계절이 많이 생각난다. 그리고 그 다음에 계절마다 생각나는 것을 썼다.

70. ④

풀이 나는 일 때문에 외국에 산다. 이곳은 여름만 있기 때문에 한국의 사계절이 생각난다. 내가 한국이 그리울 때 하는 일은 한국 음식을 만들어 먹거나 한국 드라마를 보는 것이다.

한국어능력시험 TOPIK I
토픽 기출문제 83회 답안지
듣기, 읽기

성 명 (Name)	한 국 어 (Korean)	
	영 어 (English)	

수 험 번 호											
					7						
⓪	⓪	⓪	⓪	⓪		⓪	⓪	⓪	⓪	⓪	⓪
①	①	①	①	①		①	①	①	①	①	①
②	②	②	②	②		②	②	②	②	②	②
③	③	③	③	③		③	③	③	③	③	③
④	④	④	④	④		④	④	④	④	④	④
⑤	⑤	⑤	⑤	⑤		⑤	⑤	⑤	⑤	⑤	⑤
⑥	⑥	⑥	⑥	⑥		⑥	⑥	⑥	⑥	⑥	⑥
⑦	⑦	⑦	⑦	⑦	■	⑦	⑦	⑦	⑦	⑦	⑦
⑧	⑧	⑧	⑧	⑧		⑧	⑧	⑧	⑧	⑧	⑧
⑨	⑨	⑨	⑨	⑨		⑨	⑨	⑨	⑨	⑨	⑨

※ 결 시 확인란	결시자의 영어 성명 및 수험번호 기재 후 표기	□

※ 답안지 표기 방법(Marking examples)	
바른 방법(Correct)	바르지 못한 방법(Incorrect)
■	☑ ⊡ ◧ ⊠ ⧗

※ 위 사항을 지키지 않아 발생하는 불이익은 응시자에게 있습니다.

※ 감독관 확 인	본인 및 수험번호 표기가 정확한지 확인	(인)

번호	답		란	
1	①	②	③	④
2	①	②	③	④
3	①	②	③	④
4	①	②	③	④
5	①	②	③	④
6	①	②	③	④
7	①	②	③	④
8	①	②	③	④
9	①	②	③	④
10	①	②	③	④
11	①	②	③	④
12	①	②	③	④
13	①	②	③	④
14	①	②	③	④
15	①	②	③	④
16	①	②	③	④
17	①	②	③	④
18	①	②	③	④
19	①	②	③	④
20	①	②	③	④

번호	답		란	
21	①	②	③	④
22	①	②	③	④
23	①	②	③	④
24	①	②	③	④
25	①	②	③	④
26	①	②	③	④
27	①	②	③	④
28	①	②	③	④
29	①	②	③	④
30	①	②	③	④
31	①	②	③	④
32	①	②	③	④
33	①	②	③	④
34	①	②	③	④
35	①	②	③	④
36	①	②	③	④
37	①	②	③	④
38	①	②	③	④
39	①	②	③	④
40	①	②	③	④

번호	답		란	
41	①	②	③	④
42	①	②	③	④
43	①	②	③	④
44	①	②	③	④
45	①	②	③	④
46	①	②	③	④
47	①	②	③	④
48	①	②	③	④
49	①	②	③	④
50	①	②	③	④
51	①	②	③	④
52	①	②	③	④
53	①	②	③	④
54	①	②	③	④
55	①	②	③	④
56	①	②	③	④
57	①	②	③	④
58	①	②	③	④
59	①	②	③	④
60	①	②	③	④

번호	답		란	
61	①	②	③	④
62	①	②	③	④
63	①	②	③	④
64	①	②	③	④
65	①	②	③	④
66	①	②	③	④
67	①	②	③	④
68	①	②	③	④
69	①	②	③	④
70	①	②	③	④

한국어능력시험 TOPIK I
모의고사 ① 답안지
듣기, 읽기

성 명 (Name)	한 국 어 (Korean)	
	영 어 (English)	

수			험			번			호		
					7						
⓪	⓪	⓪	⓪	⓪		⓪	⓪	⓪	⓪	⓪	⓪
①	①	①	①	①		①	①	①	①	①	①
②	②	②	②	②		②	②	②	②	②	②
③	③	③	③	③		③	③	③	③	③	③
④	④	④	④	④		④	④	④	④	④	④
⑤	⑤	⑤	⑤	⑤		⑤	⑤	⑤	⑤	⑤	⑤
⑥	⑥	⑥	⑥	⑥		⑥	⑥	⑥	⑥	⑥	⑥
⑦	⑦	⑦	⑦	⑦	■	⑦	⑦	⑦	⑦	⑦	⑦
⑧	⑧	⑧	⑧	⑧		⑧	⑧	⑧	⑧	⑧	⑧
⑨	⑨	⑨	⑨	⑨		⑨	⑨	⑨	⑨	⑨	⑨

※ 결 시 확인란	결시자의 영어 성명 및 수험번호 기재 후 표기	□

※ 답안지 표기 방법(Marking examples)	
바른 방법(Correct)	바르지 못한 방법(Incorrect)
■	☑ ⊡ ◧ ⊠ ⧗

※ 위 사항을 지키지 않아 발생하는 불이익은 응시자에게 있습니다.

※ 감독관 확 인	본인 및 수험번호 표기가 정확한지 확인	(인)

번호	답			란	번호	답			란	번호	답			란	번호	답			란
1	①	②	③	④	21	①	②	③	④	41	①	②	③	④	61	①	②	③	④
2	①	②	③	④	22	①	②	③	④	42	①	②	③	④	62	①	②	③	④
3	①	②	③	④	23	①	②	③	④	43	①	②	③	④	63	①	②	③	④
4	①	②	③	④	24	①	②	③	④	44	①	②	③	④	64	①	②	③	④
5	①	②	③	④	25	①	②	③	④	45	①	②	③	④	65	①	②	③	④
6	①	②	③	④	26	①	②	③	④	46	①	②	③	④	66	①	②	③	④
7	①	②	③	④	27	①	②	③	④	47	①	②	③	④	67	①	②	③	④
8	①	②	③	④	28	①	②	③	④	48	①	②	③	④	68	①	②	③	④
9	①	②	③	④	29	①	②	③	④	49	①	②	③	④	69	①	②	③	④
10	①	②	③	④	30	①	②	③	④	50	①	②	③	④	70	①	②	③	④
11	①	②	③	④	31	①	②	③	④	51	①	②	③	④					
12	①	②	③	④	32	①	②	③	④	52	①	②	③	④					
13	①	②	③	④	33	①	②	③	④	53	①	②	③	④					
14	①	②	③	④	34	①	②	③	④	54	①	②	③	④					
15	①	②	③	④	35	①	②	③	④	55	①	②	③	④					
16	①	②	③	④	36	①	②	③	④	56	①	②	③	④					
17	①	②	③	④	37	①	②	③	④	57	①	②	③	④					
18	①	②	③	④	38	①	②	③	④	58	①	②	③	④					
19	①	②	③	④	39	①	②	③	④	59	①	②	③	④					
20	①	②	③	④	40	①	②	③	④	60	①	②	③	④					

한국어능력시험 TOPIK I
모의고사 ② 답안지
듣기, 읽기

성 명 (Name)	한 국 어 (Korean)	
	영 어 (English)	

수		험		번		호					
					7						
ⓞ	ⓞ	ⓞ	ⓞ	ⓞ		ⓞ	ⓞ	ⓞ	ⓞ	ⓞ	ⓞ
①	①	①	①	①		①	①	①	①	①	①
②	②	②	②	②		②	②	②	②	②	②
③	③	③	③	③		③	③	③	③	③	③
④	④	④	④	④		④	④	④	④	④	④
⑤	⑤	⑤	⑤	⑤		⑤	⑤	⑤	⑤	⑤	⑤
⑥	⑥	⑥	⑥	⑥		⑥	⑥	⑥	⑥	⑥	⑥
⑦	⑦	⑦	⑦	⑦	■	⑦	⑦	⑦	⑦	⑦	⑦
⑧	⑧	⑧	⑧	⑧		⑧	⑧	⑧	⑧	⑧	⑧
⑨	⑨	⑨	⑨	⑨		⑨	⑨	⑨	⑨	⑨	⑨

※ 결 시 확인란	결시자의 영어 성명 및 수험번호 기재 후 표기	□

※ 답안지 표기 방법(Marking examples)	
바른 방법(Correct)	바르지 못한 방법(Incorrect)
■	☑ ⊡ ◧ ⊠ ✗

※ 위 사항을 지키지 않아 발생하는 불이익은 응시자에게 있습니다.

※ 감독관 확 인	본인 및 수험번호 표기가 정확한지 확인	(인)

번호	답		란		번호	답		란		번호	답		란		번호	답		란	
1	①	②	③	④	21	①	②	③	④	41	①	②	③	④	61	①	②	③	④
2	①	②	③	④	22	①	②	③	④	42	①	②	③	④	62	①	②	③	④
3	①	②	③	④	23	①	②	③	④	43	①	②	③	④	63	①	②	③	④
4	①	②	③	④	24	①	②	③	④	44	①	②	③	④	64	①	②	③	④
5	①	②	③	④	25	①	②	③	④	45	①	②	③	④	65	①	②	③	④
6	①	②	③	④	26	①	②	③	④	46	①	②	③	④	66	①	②	③	④
7	①	②	③	④	27	①	②	③	④	47	①	②	③	④	67	①	②	③	④
8	①	②	③	④	28	①	②	③	④	48	①	②	③	④	68	①	②	③	④
9	①	②	③	④	29	①	②	③	④	49	①	②	③	④	69	①	②	③	④
10	①	②	③	④	30	①	②	③	④	50	①	②	③	④	70	①	②	③	④
11	①	②	③	④	31	①	②	③	④	51	①	②	③	④					
12	①	②	③	④	32	①	②	③	④	52	①	②	③	④					
13	①	②	③	④	33	①	②	③	④	53	①	②	③	④					
14	①	②	③	④	34	①	②	③	④	54	①	②	③	④					
15	①	②	③	④	35	①	②	③	④	55	①	②	③	④					
16	①	②	③	④	36	①	②	③	④	56	①	②	③	④					
17	①	②	③	④	37	①	②	③	④	57	①	②	③	④					
18	①	②	③	④	38	①	②	③	④	58	①	②	③	④					
19	①	②	③	④	39	①	②	③	④	59	①	②	③	④					
20	①	②	③	④	40	①	②	③	④	60	①	②	③	④					

저자소개

▪ 김천미

한국외국어대학교(학사, 석사)
외국어로서 한국어교육 전공
전 연세대학교 한국어학당 강사
미국 뉴욕대학교(NYU) Clinical Associate Professor

▪ 지은정

연세대학교(학사), 뉴욕대학교, 컬럼비아대학교(석사)
럿거스 뉴저지주립대학교(박사)
응용언어학, 교육학 전공
전 미국 프린스턴 대학교 한국어 강사
미국 뉴욕대학교(NYU) Clinical Assistant Professor

▪ 김지현

브리티시컬럼비아대학교(학사)
서울대학교, 컬럼비아대학교(석사)
인지과학, 응용언어학 전공
전 미국 뉴욕대학교(NYU) 한국어 강사
서울용산국제고교 교사

▪ 권미경

연세대학교(학사, 석사), 동아대학교(박사)
교육사회문화 전공
전 연세대학교 한국어학당 강사
전 동국대학교 국제어학원 부주임 강사
동국대학교 강사

원픽 토픽 1
ONE PICK TOPIK 1

초판 1쇄 인쇄 / 2024년 12월 27일
초판 1쇄 발행 / 2024년 12월 30일

•

공저자 / 김천미 지은정 김지현 권미경
발행인 / 이 중 수
발행처 / **동 문 사**

•

서울특별시 서대문구 홍제원 1길 12
(홍제동 137-8)
Tel : 02)736-3718(대), 736-3710, 3720
Fax : 02)736-3719
등록번호 : 1974.04.27. 제9-17호
가격 : 25,000원

•

ISBN : 979-11-6328-625-7 (13710)
E-mail : dong736@naver.com
www.dongmunsa.com

원픽 토픽 1
ONE PICK TOPIK 1

한눈에 쏙쏙
어휘 공부하기

한눈에 쏙쏙
문법 공부하기

원픽 토픽 1

ONE PICK TOPIK 1

한눈에 쏙쏙
어휘 공부하기

한눈에 쏙쏙
문법 공부하기

한눈에 쏙쏙 어휘 공부하기

	어휘	영어	중국어	베트남어	모국어
1	가게	shop, store	商店	cửa hàng	
2	가격	price	价格	giá	
3	가구	furniture	家具	đồ dùng nội thất	
4	가구점	furniture shop	家具店	cửa hàng nội thất	
5	가깝다	to be near, to be close	近	gần	
6	가끔	sometimes	偶尔	thỉnh thoảng	
7	가다	to go	去	đi	
8	가루	powder	粉	bột	
9	가르치다	to teach	教	dạy	
10	가방	bag	包	cặp	
11	가볍다	to be light	轻	nhẹ	
12	가수	singer	歌手	ca sĩ	
13	가을	fall, autumn	秋天	mùa thu	
14	가장	most, best	最	nhất	
15	가족	family	家庭	gia đình	
16	간식	snack	零食	đồ ăn vặt	
17	간호사	nurse	护士	y tá	
18	감기	cold	感冒	cảm cúm	
19	감동적이다	to be moving, to be touching	令人感动的	cảm động	
20	감동하다	to be moved, to be touched	感动	cảm động	
21	갑자기	suddenly	突然地	đột nhiên	
22	값	price	价	giá cả	
23	강아지	puppy	小狗	cún con	

	어휘	영어	중국어	베트남어	모국어
24	강하다	to be strong	强烈	mạnh	
25	같다	to be the same	相同	như nhau	
26	⑲같이	like, similar to	与…相同	giống (nhau)	
27	같이	together (with)	一起	cùng (nhau)	
28	거기	there	那里	đằng kia	
29	거의	almost	几乎	hầu hết	
30	걱정하다	to worry	担心	lo lắng	
31	건강	health	健康	sức khỏe	
32	건물	building	建筑	tòa nhà	
33	걷다	to walk	走	đi bộ	
34	(감기) 걸리다	to catch (a cold)	感冒	bị (cảm cúm)	
35	(시간) 걸리다	to take (time)	费时	mất (thời gian)	
36	것	thing, one	东西	điều (gì đó)	
37	게임	game	游戏	trò chơi	
38	겨울	winter	冬天	mùa đông	
39	결혼식	wedding ceremony	婚礼	đám cưới	
40	결혼하다	to marry	结婚	kết hôn	
41	경기	game, match	比赛	trận đấu	
42	경기장	stadium, arena	体育场	sân vận động	
43	경찰관	police officer	警察局	sở cảnh sát	
44	경치	scenery	景色	phong cảnh	
45	경험	experience	经验	kinh nghiệm	
46	계란	egg	鸡蛋	trứng	
47	계산하다	to calculate, to pay	计算，结算	thanh toán	
48	계속	continuously	继续	tiếp tục	
49	계시다	to be, to stay (honorific)	在	ở (kính ngữ)	
50	계절	season	季节	mùa	
51	계획	plan	计划	kế hoạch	
52	고르다	to choose	挑	chọn	

	어휘	영어	중국어	베트남어	모국어
53	고맙다	to be thankful	心怀感激	cảm ơn	
54	고양이	cat	猫	con mèo	
55	고장나다	to break down	出故障	bị hỏng	
56	고치다	to fix, to repair	修改	sửa chữa	
57	고향	hometown	家乡	quê hương	
58	곧	soon	不久	sắp	
59	곳	place	处地方	địa điểm	
60	공부하다	to study	学习	học (tự mình học)	
61	공연	performance	演出	buổi biểu diễn	
62	공원	park	公园	công viên	
63	공책	notebook	本子	vở	
64	공항	airport	机场	sân bay	
65	과일	fruit	水果	hoa quả	
66	과자	snack foods	饼干, 零食	đồ ăn vặt	
67	관광객	tourist	游客	khách du lịch	
68	관광지	tourist attraction	旅游区, 景区	địa điểm du lịch	
69	관심	interest	兴趣, 关心	quan tâm	
70	괜찮다	to be alright	不错	không sao	
71	교사	teacher	教师	giáo viên	
72	교실	classroom	教室	lớp học	
73	교통	transportation	交通	giao thông	
74	교환하다	to exchange	交换	đổi, trao đổi	
75	구경하다	to watch, to sightsee	看	tham quan	
76	구두	shoes	皮鞋	đôi giày	
77	국수	noodle	面条	mì	
78	군데	spot, place (noun counter)	处	nơi	
79	굽다	to bake, to grill	烤	nướng	
80	그냥	just, as it is	照原样	chỉ là	

	어휘	영어	중국어	베트남어	모국어
81	그래서	so, therefore	所以	vì	
82	그러면	then, in that case	那样的话	vậy thì	
83	그런데	by the way, however	可是	nhưng	
84	그럼	(if so) then	那样就	vậy thì	
85	그렇다	to be so	那样	như vậy	
86	그렇지만	but, however	但	tuy nhiên	
87	그릇	bowl, container	碗	bát	
88	그리고	and	还有	và	
89	그리다	to draw, to paint	画	vẽ	
90	그리스	Greece	希腊	Hy Lạp	
91	그림	picture, drawing	画	tranh	
92	그립다	to miss, to long for	怀念	nhớ	
93	그만두다	to stop, to quit	放弃	từ bỏ	
94	극장	theater	剧院	nhà hát	
95	근처	neighborhood, vicinity	附近	gần (đâu đó)	
96	급하다	to be urgent	急	gấp	
97	기간	period (of time)	期间	thời hạn	
98	기념품	souvenir	纪念品	quà lưu niệm	
99	기다리다	to wait	等待	chờ	
100	기름	oil	油	dầu	
101	기분	feelings, mood	心情	tâm trạng	
102	기쁘다	to be glad	高兴	vui mừng	
103	기숙사	dormitory	宿舍	ký túc xá	
104	기억	memory	记忆	ký ức	
105	기온	temperature	气温	nhiệt độ	
106	기타	guitar	吉他	đàn ghi-ta	
107	긴장하다	to be nervous	紧张	lo sợ	
108	길	street, way	路	đường	

	어휘	영어	중국어	베트남어	모국어
109	길다	to be long	长	dài	
110	김밥	gimbap	紫菜包饭	kimbap	
111	김치	kimchi	辛奇	kim chi	
112	깜짝	with surprise	突然	ngạc nhiên	
113	깨끗하다	to be clean	干净	sạch	
114	꼬리	tail	尾巴	đuôi	
115	꼭	surely, certainly	一定	nhất định	
116	꽃다발	bunch of flowers	花束	bó hoa	
117	꽃집	flower shop	花店	cửa hàng hoa	
118	꽤	quite, fairly	颇	khá là	
119	꿈	dream	梦	giấc mơ	
120	끓이다	to boil	煮	đun sôi	
121	끝나다	to end	结束	kết thúc	
122	나누다	to divide	分	chia	
123	(냄새) 나다	to smell	闻到...味道	có (mùi)	
124	나라	country	国家	quốc gia	
125	나오다	to come out	出来	đi ra ngoài	
126	나이	age	年龄	tuổi	
127	나타나다	to appear	出现	xuất hiện	
128	날씨	weather	天气	thời tiết	
129	날짜	date	日期	ngày	
130	남극	the South Pole	南极	Nam Cực	
131	남다	to remain	剩下	còn, còn lại	
132	낫다	to be better (than), to recover	痊愈	khỏi	
133	낮	daytime	白天	ban ngày	
134	낮다	to be low	低	thấp	
135	낳다	to give birth to	生产	sinh	
136	내년	next year	明年	năm tới	
137	(돈) 내다	to pay	付款	trả	

	어휘	영어	중국어	베트남어	모국어
138	(비) 내리다	(rain) to fall	下	rơi	
139	(차) 내리다	to get off	下车	xuống	
140	내용	content	内容	nội dung	
141	내일	tomorrow	明天	ngày mai	
142	냄새	smell	气味	mùi	
143	냉면	naengmyeon	冷面	mì lạnh	
144	냉장고	refrigerator	冰箱	tủ lạnh	
145	너무	too	太	quá, rất	
146	넓다	to be wide, to be spacious	宽	rộng	
147	넘어지다	to fall down	摔倒	ngã xuống	
148	넣다	to put in	放进	bỏ vào	
149	노래	song	歌	bài hát	
150	노래방	noraebang, karaoke	练歌房	quán karaoke	
151	노력하다	to make effort	努力	cố gắng	
152	녹다	to melt	融化	tan	
153	놀다	to play	玩	chơi	
154	놀라다	to be surprised	吃惊	ngạc nhiên	
155	놀이	play, game	游戏	trò chơi	
156	농구	basketball	篮球	bóng rổ	
157	높다	to be high	高兴	cao	
158	누나	older sister of a male	姐	chị gái	
159	눈	snow	雪	mắt, tuyết	
160	눈	eye	眼	mắt (kém)	
161	눈물	tear	流泪	rơi (nước mắt)	
162	느끼다	to feel	感受	cảm thấy	
163	늘	always	时常	luôn luôn	
164	늦게	late	迟	muộn	
165	다니다	to go to, to attend	出席	đi	
166	다르다	to be different	不同	khác	

	어휘	영어	중국어	베트남어	모국어
167	다시	again	再	lại	
168	다양하다	to be various	多样	phong phú	
169	다음	next	下一个	tiếp theo	
170	닦다	to wipe	擦	kỳ cọ	
171	단어	word	单词	từ ngữ	
172	단풍	fall foliage	枫叶	lá mùa thu	
173	닫다	to close	关	đóng	
174	(맛) 달다	to be sweet	甜	ngọt	
175	담기다	to be put in	包含	đưa vào	
176	대신	instead	取而代之	thay vì	
177	대학교	college, university	大学	trường đại học	
178	대학원	graduate school	研究生院	trường cao học	
179	대회	competition	大会	đại hội	
180	더	more	更	hơn	
181	덕분에	thanks to	托...的福	nhờ	
182	덜	less	比...少	ít hơn	
183	덥다	to be hot	热	nóng	
184	데려가다	to take/bring (someone)	带走	đưa về	
185	도서관	library	图书馆	thư viện	
186	도움	help	帮助	sự giúp đỡ	
187	도착하다	to arrive	到达	đến nơi	
188	돈	money	钱	tiền	
189	돌보다	to take care	照顾	chăm sóc	
190	돌아오다	to come back	回来	trở lại, trở về	
191	동물	animal	动物	động vật	
192	동생	younger sibling	弟弟	em	
193	동아리	club	社团	câu lạc bộ	
194	동안	during	期间	trong khi (thời gian)	
195	되다	to become	成为	trở thành	

	어휘	영어	중국어	베트남어	모국어
196	뒤	behind	后	mặt sau	
197	드라마	drama	电视剧	drama	
198	드리다	to give (humble)	奉	cho (kính ngữ)	
199	드시다	to eat (honorific)	吃	ăn (kính ngữ)	
200	듣다	to hear, to listen	听	nghe	
201	(마음에) 들다	to enter (one's heart), to like	喜欢	ưng bụng	
202	들다	to pick up, to carry	拿着	nâng, xách	
203	들리다	to be heard	听见	nghe thấy	
204	들어오다	to enter	进来	đi vào	
205	등산	hiking	登山	leo núi	
206	디자인	design	设计	thiết kế	
207	디저트	dessert	饭后甜点	món tráng miệng	
208	따뜻하다	to be warm	暖和	ấm áp	
209	딸	daughter	女儿	con gái	
210	딸기	strawberry	草莓	dâu tây	
211	떠나다	to leave, to depart	离开	rời khỏi	
212	떡볶이	tteokbokki	炒年糕	tteokbokki	
213	떨다	to tremble, to shiver	颤动	run	
214	떨어지다	to fall	掉下来	rơi	
215	또	again	又	nữa	
216	뜨겁다	to be hot	烫	nóng	
217	라면	ramyeon	方便面	mì ramen	
218	레몬	lemon	柠檬	chanh vàng	
219	레시피	recipe	食谱	công thức, cách làm	
220	(몸) 마르다	to be skinny	瘦	gầy (cơ thể)	
221	마시다	to drink	喝	uống	

	어휘	영어	중국어	베트남어	모국어
222	마음	mind, heart	心	trái tim, tấm lòng	
223	마지막	last	最后	cuối cùng	
224	마트	supermarket	超市	siêu thị	
225	만	ten thousand	万	10000	
226	만나다	to meet	见面	gặp	
227	만들다	to make	制作	làm	
228	만약	if, by any chance	如果	nếu như, giả sử	
229	만일	if, just in case	万一	phỏng như	
230	만화	comic book	漫画	truyện tranh	
231	많다	to be many, to be much	多	nhiều	
232	말씀	words (honorific)	话	lời nói	
233	맑다	to be clear	清澈	thoáng đãng	
234	맛	taste	味	vị	
235	맛있다	to be tasty	好吃	ngon	
236	(옷) 맞다	to fit	对的	vừa	
237	매년	every year	每年	hàng năm	
238	매우	very	很	rất	
239	매일	every day	每天	hàng ngày	
240	머리	head, hair	头, 头发	đầu, tóc	
241	먹다	to eat	吃	ăn	
242	먼저	first, in advance	先	trước tiên	
243	멀다	to be far	远	xa	
244	멀리	far, far away	远远地	xa	
245	멈추다	to stop	停	dừng lại	
246	멋있다	to be stylish, to be cool	帅气	sành điệu	
247	메뉴	menu	菜单	thực đơn	
248	메시지	message	短信	tin nhắn	
249	명절	holiday	传统节日	ngày lễ	

	어휘	영어	중국어	베트남어	모국어
250	몇	how many	几	một số	
251	모두	all	全部	mọi	
252	모래	sand	沙子	cát	
253	모레	the day after tomorrow	后天	ngày kia	
254	모르다	to not know	不知道	không biết	
255	모습	appearance	容貌	dáng vẻ	
256	모양	shape	模样	hình dạng	
257	모이다	to gather	聚集	gom, tụ vào	
258	모임	gathering	聚会	nhóm	
259	모자	hat	帽子	mũ	
260	목	neck, throat	脖子	cổ	
261	목마르다	to be thirsty	口渴	khát nước	
262	목소리	voice	嗓音	giọng	
263	몸	body	身体	cơ thể	
264	무겁다	to be heavy	重	nặng	
265	무게	weight	重量	cân nặng	
266	무료	free (of charge)	免费	miễn phí	
267	문	door	门	cửa	
268	문구점	stationery store	文具店	cửa hàng văn phòng phẩm	
269	문자	letter, text	文字	tin nhắn	
270	문화	culture	文化	văn hoá	
271	물	water	水	nước	
272	물건	object	物件	đồ vật	
273	물고기	fish	鱼	cá	
274	물어보다	to ask	问	hỏi	
275	뭐	what	什么	gì	
276	미술관	art museum	美术馆	phòng trưng bày nghệ thuật	
277	미안하다	to be sorry	对不起	xin lỗi	
278	미용실	hair salon	美容院	thẩm mỹ viện	

	어휘	영어	중국어	베트남어	모국어
279	밑	under, beneath	底下	dưới	
280	바꾸다	to change	换	thay đổi, đổi	
281	바나나	banana	香蕉	chuối	
282	바다	sea, ocean	海	biển	
283	바라다	to wish	希望	trông mong	
284	바람	wind	风	gió	
285	바지	pants	裤子	quần	
286	박물관	museum	博物馆	bảo tàng	
287	박수	clapping, applause	掌声	vỗ tay	
288	밖	outside	外	ngoài	
289	반	half	半	một nửa	
290	반갑다	to be glad	高兴	rất vui được gặp bạn	
291	받다	to receive	获得	nhận được	
292	발음	pronunciation	发音	phát âm	
293	발표	presentation	发表	phát biểu	
294	밝다	to be bright	明朗	sáng	
295	밤	night	夜	đêm	
296	방	room	房间	phòng	
297	방법	method, way	方法	cách	
298	방송	broadcasting	广播	phát sóng	
299	방학	(school) vacation	放假	kì nghỉ	
300	방해하다	to interrupt, to disturb	妨碍	cản trở	
301	배	belly	肚子	bụng	
302	배	ship	船	thuyền	
303	배달하다	to deliver	配送	giao hàng	
304	배우	actor, actress	演员	diễn viên	
305	배우다	to learn	学习	học hỏi	
306	백화점	department store	百货商店	trung tâm thương mại	

	어휘	영어	중국어	베트남어	모국어
307	버리다	to discard, to throw away	丢弃	vứt đi	
308	버스	bus	公交车	xe buýt	
309	버튼	button	按钮	cái nút	
310	번호	number	号码	con số	
311	벚꽃	cherry blossoms	樱花	hoa anh đào	
312	변하다	to change	变	thay đổi	
313	별로	not much	不怎么	(không) mấy, (không) quá	
314	병원	hospital	医院	bệnh viện	
315	보내다	to send	送走	gửi	
316	보다	to see, to watch	看	nhìn	
317	보통	usually	一般	thông thường	
318	복잡하다	to be complicated, to be crowded	复杂	phức tạp	
319	볼펜	ballpoint pen	圆珠笔	bút bi	
320	봄	spring (season)	春天	mùa xuân	
321	뵙다	to see, meet (humble)	拜见	gặp	
322	부드럽다	to be soft, to be smooth	柔软的	mềm mại	
323	부르다	to call	叫	gọi	
324	부모	parents	父母	cha mẹ	
325	부엌	kitchen	厨房	phòng bếp	
336	부탁하다	to ask a favor	嘱托	nhờ vả	
327	부터	from (time)	从	từ, bắt đầu từ	
328	분위기	atmosphere, ambience	气氛	bầu không khí	
329	불고기	bulgogi	烤牛肉	Bulgogi	
330	불다	to blow	吹	thổi	
331	불쌍하다	to be pitiful	可怜	tội nghiệp	

	어휘	영어	중국어	베트남어	모국어
332	불편하다	to be inconvenient, to be uncomfortable	不方便	bất tiện	
333	비	rain	雨	cơn mưa	
334	비누	soap	肥皂	xà phòng	
335	비빔밥	bibimbap	拌饭	bibimbap	
336	비슷하다	to be similar	类似	tương tự	
337	비싸다	to be expensive	贵	đắt	
338	비행기	airplane	飞机	máy bay	
339	빌리다	to borrow	借	vay mượn	
340	빛	light	光	ánh sáng	
341	빨리	fast, quickly	快	nhanh	
342	빵	bread	面包	bánh mỳ	
343	빵집	bakery	面包店	tiệm bánh	
344	빼다	to not include	除去	bỏ ra	
345	사과	apple	苹果	táo	
346	사다	to buy	买	mua	
347	사람	person	人	người	
348	사무실	office	办公室	văn phòng	
349	사실	fact	事实	sự thật	
350	사용법	certain way of using something	使用法	cách sử dụng	
351	사용하다	to use	使用	sử dụng	
352	사이트	(web)site	网页	website	
353	사전	dictionary	词典	từ điển	
354	사진관	photo studio	照相馆	phòng chụp ảnh	
355	산	mountain	山	núi	
356	산책	stroll, a short leisurely walk	散步	đi bộ	
357	살다	to live	活	sống	
358	상	award	奖	phần thưởng	

	어휘	영어	중국어	베트남어	모국어
359	상품	prize, merchandise	奖品, 商品	sản phẩm	
360	새로	newly	新	mới	
361	새롭다	to be new, to feel fresh	全新	mới	
362	샐러드	salad	沙拉	salad	
363	생각	thought	想法	suy nghĩ	
364	생기다	to happen, to occur	发生	xảy ra	
365	생일	birthday	生日	sinh nhật	
366	생활	(daily) life	生活	đời sống	
367	서다	to stand	站	đứng	
368	서비스 센터	customer service center	客服中心	trung tâm chăm sóc khách hàng, CSKH	
369	서점	bookstore	书店	hiệu sách	
370	서투르다	to be clumsy	不熟练	hậu đậu	
371	섞다	to mix	掺	trộn	
372	선물	gift, present	礼物	quà	
373	선생님	teacher	师 老师	giáo viên	
374	선수	athlete	运动员	vận động viên	
375	설명하다	to explain	说明	giải thích	
376	설탕	sugar	糖	đường	
377	섬	island	岛	hòn đảo	
378	성함	name (honorific)	贵姓	tên	
379	세계	world	世界	thế giới	
380	세제	detergent	洗衣粉	bột giặt	
381	소개	introduction	介绍	giới thiệu	
382	소리	sound	声音	âm thanh	
383	소중하다	to be precious	珍贵	quý giá	
384	소포	package	包裹	bưu kiện	
385	손님	guest, customer	客人	khách hàng	

	어휘	영어	중국어	베트남어	모국어
386	손자	grandson	孙子	cháu trai	
387	손잡이	handle, knob	把手	tay cầm	
388	쇼핑	shopping	购物	mua sắm	
389	쇼핑몰	shopping mall	商场	trung tâm mua sắm	
390	수박	watermelon	西瓜	dưa hấu	
391	수업	class, course	课	tiết học	
392	수업료	tuition	学费	học phí	
393	수영	swimming	游泳	bơi lội	
394	수영장	swimming pool	游泳池	bể bơi	
395	수요일	Wednesday	星期三	thứ tư	
396	숙제	homework	作业	bài tập về nhà	
397	쉬다	to rest	休息	nghỉ ngơi	
398	쉽다	to be easy	容易	dễ	
399	스마트폰	smart phone	智能手机	điện thoại thông minh	
400	스키	ski	滑雪	trượt tuyết	
401	스트레스	stress	压力	stress	
402	스파게티	spaghetti	意大利面	mì sphagetti	
403	스포츠	sports	体育	thể thao	
404	슬프다	to be sad	悲伤	buồn	
405	습관	habit	习惯	thói quen	
406	승객	passenger	乘客	hành khách	
407	(도시) 시	city	市	thành phố	
408	시간	hour (duration)	时间	thời gian	
409	시계	clock, watch	时钟, 手表	đồng hồ	
410	시골	rural area	乡下	nông thôn	
411	시원하다	to be cool, to be refreshing	凉快	mát	
412	시작하다	to begin, to start	开始	bắt đầu	
413	시장	market	市场	chợ	

	어휘	영어	중국어	베트남어	모국어
414	시험	exam, test	考试	bài kiểm tra	
415	식당	restaurant	食堂	nhà hàng	
416	식빵	sandwich bread	三明治面包	bánh mì gối	
417	식사	meal	吃饭	bữa ăn	
418	식탁	dining table	餐桌	bàn ăn	
419	신기하다	to be amazing, novel	神奇	thần kỳ	
420	신나다	to be excited	兴奋	hào hứng	
421	신다	to put on (footwear)	穿	đi (giày, dép)	
422	신발	shoes	鞋	giày thể thao	
423	신용카드	credit card	信用卡	thẻ tín dụng	
424	신청	application	申请	đăng ký	
425	실수	mistake	失误	sai lầm	
426	싫어하다	to dislike	讨厌	không thích	
427	심심하다	to feel bored	无聊	tẻ nhạt	
428	싸다	to be cheap	便宜	rẻ	
429	쓰다	to write	写	viết	
430	(맛) 쓰다	to taste bitter	味苦	đắng	
431	쓰레기	garbage, trash	垃圾	rác	
432	아기	baby	幼儿	đứa trẻ	
433	아까	a little ago	刚才	một lúc trước	
434	아니다	to not be Noun	不是	không phải	
435	아들	son	儿子	con trai	
436	아르바이트	part-time job	兼职	làm part time	
437	아름답다	to be beautiful	美丽	đẹp	
438	아버지	father	父亲	bố	
439	아이	child	孩子	đứa trẻ	
440	아주	very	非常	rất	
441	아주머니	middle-aged woman	阿姨	bà cô	
442	아직	still, yet	还	chưa	

	어휘	영어	중국어	베트남어	모국어
443	아침	morning, breakfast	早晨	buổi sáng	
444	아파트	apartment	公寓	chung cư	
445	아프다	to be sick	疼	đau	
446	안경	eyeglasses	眼镜	kính	
447	안경점	eyeglasses store	眼镜店	cửa hàng kính	
448	안내	guidance	介绍	hướng dẫn	
449	안녕하다	to be peaceful, to be well	问候	xin chào	
450	안다	to hug, to hold	抱	ôm	
451	앉다	to sit	坐	ngồi	
452	알다	to know	懂	biết	
453	알리다	to inform	告知	cho biết	
454	앞	front	前面	đằng trước	
455	액션	action	动作	hoạt động	
456	야구	baseball	棒球	bóng chày	
457	약	medicine	药	thuốc	
458	약국	pharmacy	药店	hiệu thuốc	
459	약속	appointment, promise	约定	hứa	
460	양말	socks	袜子	vớ, tất	
461	어둡다	to be dark	黑暗	tối tăm	
462	어디	where	哪	ở đâu	
463	어떻다	to be how	怎么	như thế nào	
464	어렵다	to be difficult	难	khó	
465	어른	adult	大人	người lớn	
466	어리다	to be young, to be immature	幼小	trẻ con	
467	어린이	children	儿童	những đứa trẻ	
468	어머니	mother	母亲	mẹ	
469	어서	quick(ly)	快	mau lẹ	
470	어제	yesterday	昨天	hôm qua	

	어휘	영어	중국어	베트남어	모국어
471	언니	older sister of a female	姐	em gái	
472	언제나	always	常常	lúc nào đó	
473	얼굴	face	脸	khuôn mặt	
474	얼룩	stain	斑点	vết ố	
475	얼마	how much	多少	bao nhiêu	
476	얼음	ice	冰	đá (ăn)	
477	없다	to not be/exist, to not have	没有	không tồn tại	
478	여기	here	这儿	ở đây	
479	여러 가지	several kinds	各种	một vài	
480	여러분	everyone (you all)	诸位	mọi người	
481	여름	summer	夏天	mùa hè	
482	여보세요	hello (telephone conversation)	喂	Alo	
483	여행	travel, trip	旅行	du lịch	
484	여행사	travel agency	旅行社	đại lý du lịch	
485	역	station	站	ga tàu	
486	역사	history	历史	lịch sử	
487	역할	role	责任	vai trò	
488	연락	contact	联系	liên lạc	
489	연세	age (honorific)	高寿	tuổi (kính ngữ)	
490	연습하다	to practice	练习	luyện tập	
491	연필	pencil	铅笔	bút chì	
492	열나다	to have a fever	发烧	(bị) sốt	
493	열리다	to be open, to be unlocked	打开	mở	
494	열쇠	key	钥匙	chìa khóa	
495	영상	video	影像	video, clip	
496	영어	English (language)	英语	Tiếng Anh	
497	영화	movie	电影	phim	

	어휘	영어	중국어	베트남어	모국어
498	영화관	movie theater	电影院	rạp chiếu phim	
499	옆	next, beside	旁	bên cạnh	
500	옆집	next door	邻家	hàng xóm	
501	예쁘다	to be pretty	漂亮, 美丽	xinh	
502	예약하다	to reserve, to book	预约	đặt trước (phòng, chỗ)	
503	예정	schedule	预定	lịch trình	
504	오늘	today	今天,	hôm nay	
505	오다	to come	来	đến	
506	오디션	audition	试镜	audition	
507	오래되다	to be old	很久	cũ	
508	오랜만에	for the first time in a while	好久不见	lâu rồi	
509	오빠	older brother of a female	哥哥	anh trai	
510	오전	a.m.	上午	buổi sáng	
511	오후	p.m.	下午	buổi chiều	
512	온도	temperature	温度	nhiệt độ	
513	올림픽	Olympics	奥运会	thế vận hội	
514	올해	this year	今年	năm nay	
515	옷	clothes	衣服	quần áo	
516	옷장	wardrobe, closet	衣柜	tủ quần áo	
517	왜	why	为什么	tại sao	
518	왜냐하면	it's because~, the reason is~	这就是为 什么	bởi vì	
519	외국어	foreign language	外国语	ngoại ngữ	
520	외국인	foreigner	外国人	người nước ngoài	
521	요리	cooking, cuisine	料理	nấu ăn	
522	요리사	chef	厨师	đầu bếp	
523	요일	days of the week (noun counter)	周几	thứ (ngày trong tuần)	

	어휘	영어	중국어	베트남어	모국어
524	요즘	these days	最近	gần đây	
525	우리	we, us	我们	chúng tôi	
526	우산	umbrella	雨伞	ô	
527	우유	milk	牛奶	sữa	
528	우체국	post office	邮局	bưu điện	
529	운동	(physical) exercise	运动	tập thể dục	
530	운동장	playground	操场	sân vận động	
531	운전하다	to drive	驾驶	lái xe	
532	웃다	to laugh	笑	cười	
533	원	won (Korean currency)	韩元	won (đơn vị tiền tệ)	
534	원룸	one-room (studio)	单间	phòng đơn	
535	원하다	to want	想要	muốn	
536	위	on, above	上	bên trên	
537	위치	location	位置	vị trí	
538	유명하다	to be famous	有名	nổi tiếng	
539	유자	yuzu (fruit)	柚子	quả thanh yên	
540	유치원	kindergarten	幼儿园	mẫu giáo	
541	은행	bank	银行	ngân hàng	
542	음료	beverage	饮料	đồ uống	
543	음식	food	饮食	đồ ăn	
544	음악	music	音乐	âm nhạc	
545	의사	medical doctor	医师	bác sĩ	
546	의자	chair	椅子	cái ghế	
547	이따가	a little later	稍后	sau đó	
548	이름	name	名字	tên	
549	이번	this (time)	这次	lần này	
550	이사가다	to move, to relocate	搬家	chuyển nhà	
551	이야기하다	to talk	讲	nói chuyện	

	어휘	영어	중국어	베트남어	모국어
552	이용하다	to use	利用	sử dụng	
553	이유	reason	理由	lý do	
554	이쪽	this way (direction)	这	lối này	
555	이틀	two days	两天	hai ngày	
556	익숙해지다	to get used to	习惯了	quen với	
557	인기	popularity	人气	sự nổi tiếng	
558	인삼	ginseng	人参	nhân sâm	
559	인터넷	the Internet	因特网	internet	
560	인형	doll	娃娃	búp bê	
561	일	work, event	工作	ngày	
562	일기	diary	日记	nhật ký	
563	일어나다	to get up	起来	thức dậy	
564	일요일	Sunday	星期天	chủ nhật	
565	일정	daily schedule	日程	lịch trình	
566	일찍	early	早早	sớm	
567	일하다	to work	工作	làm việc	
568	읽다	to read	念	đọc	
569	잃어버리다	to lose	丢了	làm mất	
570	입구	entrance	入口	cổng vào	
571	입다	to wear (clothes)	穿	mặc	
572	입장료	admission fee	门票钱	phí vào cửa	
573	있다	to be, to stay, to have	在，有	có	
574	자동차	automobile, car	汽车	ô tô	
575	자르다	to cut	切	cắt	
576	자리	seat	座位	chỗ ngồi	
577	자리	(job) opening	职位	nơi	
578	자세하다	to be detailed	仔细	chi tiết	
579	자연스럽다	to be natural	自然	tự nhiên	
560	자유롭다	to be free	自由	tự do	

	어휘	영어	중국어	베트남어	모국어
561	자전거	bicycle	自行车	xe đạp	
562	자주	often	常常	thường xuyên	
563	작가	writer, author	作家	tác giả	
564	작년	last year	去年	năm ngoái	
565	작다	to be small	小	nhỏ bé	
566	잘	well	好, 擅长	tốt	
567	잠깐만	for a short period of time	暂时	một lát	
568	잠시	for a short period of time	暂时	một lát	
569	장미	rose (flower)	玫瑰	hoa hồng	
570	장소	place	场所	địa điểm, nơi	
571	재료	ingredient	材料	nguyên liệu	
572	재미있다	to be intersting, to be fun	有趣	thú vị	
573	재우다	to marinate	腌制	ướp	
574	잼	jam, preserve	果酱	mứt	
575	저기	over there	那边	phía kia	
576	저녁	evening, dinner	傍晚, 晚饭	tối	
577	적다	to be little, to be few	少	ít	
578	적당하다	to be adequate	适度	thích hợp	
579	전	before, ago	以前	trước đây	
600	전문점	specialty store	专卖店	cửa hàng chuyên dụng	
601	전시회	exhibition	展览会	triển lãm	
602	전혀	not at all	全然	tuyệt nhiên không	
603	전화번호	telephone number	电话号码	số điện thoại	
604	점심	lunch	午饭	trưa	
605	정도	degree, level	程度	khoảng	
606	정류장	bus stop	车站	trạm xe buýt	
607	정리하다	to organize	整理	dọn dẹp	

	어휘	영어	중국어	베트남어	모국어
608	정말	really	真的	thật sự	
609	제목	(the) first, title	题目	tiêu đề	
610	제일	(the) most	最	nhất	
611	조용하다	to be quiet	安静	im lặng	
612	졸리다	to feel sleepy	犯困	buồn ngủ	
613	졸업하다	to graduate	毕业	tốt nghiệp	
614	종류	kinds	种类	loại	
615	종이컵	paper cup	纸杯	cốc giấy	
616	좋다	to be good	好，良	tốt	
617	좋아하다	to like	喜欢	thích	
618	주다	to give	给	đưa cho	
619	주로	mostly	为主	hầu hết	
620	주말	weekend	周末	cuối tuần	
621	주문하다	to order	订购	đặt hàng	
622	주소	address	地址	địa chỉ	
623	주스	juice	果汁	nước ép	
624	주위	surroundings	周围	xung quanh	
625	주인	owner	主人，所有者	chủ	
626	주차장	parking lot	停车场	bãi đậu xe	
627	준비되다	to be prepared	准备	chuẩn bị	
628	줄이다	to reduce	减少	giảm bớt	
629	중요하다	to be important	重要	quan trọng	
630	즐겁다	to be joyful	开心	dễ chịu	
631	즐기다	to enjoy	享受	tận hưởng niềm vui	
632	지갑	wallet	钱包	cái ví	
633	지금	now	现在	bây giờ	
634	지나가다	to pass by	过去	đi ngang qua	
635	지난	last (past)	上	qua (quá khứ)	
636	지내다	to spend (time)	度过	trải qua	

	어휘	영어	중국어	베트남어	모국어
637	지도	map	地图	bản đồ	
638	지우다	to erase	擦除	xóa	
639	지하	basement	地下	tầng hầm	
640	지하철	subway	地铁	tàu điện ngầm	
641	직업	occupation	职业	nghề nghiệp	
642	직원	employee	职员	nhân viên	
643	직접	directly, in person	直接	trực tiếp	
644	집	house	家	nhà	
645	짧다	to be short	短	ngắn	
646	쯤	about, approximately	大约 (时间)	khoảng	
647	찍다	to take (a picture)	拍(照片)	chụp (ảnh)	
648	차	tea	茶	trà	
649	차	car	汽车	ô tô	
650	차이	difference	差异	sự khác biệt	
651	참가	participation	参加	sự tham gia	
652	참가비	registration fee	参加费用	phí tham gia	
653	참가하다	to participate	参加	tham gia	
654	창문	window	窗	cửa sổ	
655	찾다	to look for, to find	找	tìm	
656	채소	vegetable	蔬菜	rau quả	
657	책	book	书	sách	
658	책상	desk	书桌	bàn học	
659	책장	bookcase, bookshelf	书架	tủ sách	
660	처럼	like Noun	像	giống	
661	처음	first time	第一次	đầu tiên	
662	천천히	slowly	慢慢地	chầm chậm	
663	첫 번째	first	头一回	lần đầu tiên	
664	청바지	jeans	牛仔裤	quần jean	

	어휘	영어	중국어	베트남어	모국어
665	청소하다	to clean	清扫	lau dọn	
666	초대하다	to invite	招待	mời	
667	초등학교	elementary school	小学	trường tiểu học	
668	초등학생	elementary school student	小学生	học sinh tiểu học	
669	초콜릿	chocolate	巧克力	sô-cô-la	
670	최고	the best	最好	tốt nhất	
671	최근	recent	最近	gần đây	
672	(춤)추다	to dance	跳舞	nhảy	
673	축구	soccer	足球	bóng đá	
674	축제	festival	庆典	lễ hội	
675	축하하다	to congratulate	祝贺	chúc mừng	
676	출근	to go to work	上班	đi làm	
677	출발하다	to depart	出发	xuất phát	
678	출장	business trip	出差	chuyến công tác	
679	출제	test questions	出题	ra đề thi	
680	춤	dance	舞	điệu nhảy	
681	춥다	to be cold	冷	lạnh	
682	취미	hobby, pastime	爱好	sở thích	
683	취소하다	to cancel	取消	hủy bỏ	
684	층	floor (noun counter)	层	tầng	
685	(피아노) 치다	to play (the piano)	演奏	chơi (piano)	
686	치마	skirt	裙子	váy ngắn	
687	치즈	cheese	奶酪	phô mai	
688	치킨	chicken	炸鸡	thịt gà	
689	친구	friend	朋友	bạn	
690	친하다	to be close (to a friend)	亲近	thân thiện	
691	칭찬	compliment	称赞	lời khen	

	어휘	영어	중국어	베트남어	모국어
692	카드	card	卡片	thẻ	
693	카메라	camera	相机	máy ảnh	
694	카페	cafe	咖啡馆	quán cà phê	
695	캠페인	campaign	活动	chiến dịch	
696	커피숍	coffee shop	咖啡馆	quán cà phê	
697	컴퓨터	computer	电脑	máy tính	
698	컵	cup	杯	tách, ly	
699	케이크	cake	蛋糕	bánh ngọt	
700	코미디	comedy	喜剧	hài kịch	
701	콘서트	concert	演唱会	buổi hòa nhạc	
702	크기	size	大小	kích cỡ	
703	크다	to be big, to be large	大	to	
704	키우다	to raise, to grow	养育	nuôi	
705	타다	to ride	乘	lên xe	
706	태국	Thailand	泰国	Thái Lan	
707	태풍	Typhoon	台风	cơn bão	
708	택시	taxi	计程车	taxi	
709	테니스	tennis	网球	tennis	
710	테니스장	tennis court	网球场	sân tennis	
711	테이블	table	桌子	bàn	
712	텔레비전	television	电视	tivi	
713	토마토	tomato	西红柿	cà chua	
714	퇴근하다	to leave work for the day	下班	tan làm	
715	특별하다	to be special	特别	đặc biệt	
716	특히	especially, in particular	特别是	đặc biệt	
717	튼튼하다	to be strong	坚固	chắc chắn (đồ vật)	
718	(음식) 파이	pie (food)	派	miếng bánh	
719	팔다	to sell	卖	bán	

	어휘	영어	중국어	베트남어	모국어
720	펭귄	penguin	企鹅	chim cánh cụt	
721	편의점	convenience store	便利店	cửa hàng tiện lợi	
722	편지	letter	书信	lá thư	
723	편하다	to be convenient, to be comfortable	方便	thư giãn	
724	평일	weekday	工作日	ngày thường	
725	포장하다	to wrap	包装	đóng gói	
726	표	ticket	票	vé (vé xem phim)	
727	프로그램	program	项目	chương trình	
728	프린터	printer	打印机	máy in	
729	플라스틱	plastic	塑料	nhựa	
730	피곤하다	to be tired	累	mệt	
731	피아노	piano	钢琴	đàn piano	
732	피자	pizza	比萨	pizza	
733	필요하다	to be necessary	需要	cần	
734	필통	pencil case	笔筒, 笔盒	hộp bút	
735	하다	to do	干	làm	
736	하루	one day	一天	một ngày	
737	하루 종일	all day long	整天	cả ngày	
738	하얗다	to be white	白	màu trắng	
739	하지만	but	但是	nhưng	
740	학교	school	学校	trường học	
741	학기	semester	学期	học kỳ	
742	학생	student	学生	học sinh	
743	학원	private institute	学院	học viện	
744	한국어	Korean language	韩国语	tiếng Hàn	
745	한복	Korean traditional costume	韩服	Hanbok	

	어휘	영어	중국어	베트남어	모국어
746	할머니	grandmother	奶奶	bà	
747	할아버지	grandfather	爷爷	ông	
748	할인	discount	折扣	giảm giá	
749	항상	always	总是	luôn luôn	
750	해외	abroad	海外	nước ngoài	
751	햄버거	hamburger	汉堡包	bánh hamburger	
752	햇빛	sunlight	阳光	nắng	
753	행복하다	to be happy	幸福	hạnh phúc	
754	행사	event	活动	sự kiện	
755	헤어지다	to part, to break up	分手	chia tay	
756	현금	cash	现金	tiền mặt	
757	형	older brother of a male	兄	anh trai	
758	호텔	hotel	酒店	khách sạn	
759	혹시	by any chance	或许	không biết là	
760	혼자	alone	单独	một mình	
761	홈페이지	homepage	主页	trang chủ	
762	화가	painter (artist)	画家	họa sĩ	
763	화장실	restroom, toilet	洗手间	nhà vệ sinh	
764	확인하다	to confirm	确认	kiểm tra	
765	환경	environment	环境	môi trường	
766	환영하다	to welcome	欢迎	chào mừng	
767	활동하다	to work as	活动	hoạt động	
768	회사	company	公司	công ty	
769	회사원	office worker	公司职员	nhân viên văn phòng	
770	회의	meeting (for work)	会议	meeting	
771	후	after, later	后	sau	
772	후회	regret	后记	kì nghỉ	

	어휘	영어	중국어	베트남어	모국어
773	휴가	vacation (from work)	休假	điện thoại di động	
774	휴대 전화	portable phone	手机	ngày nghỉ	
775	휴일	holiday	休息日	(thời gian) trôi	
776	흐르다	to flow	流	lắc	
777	흔들다	to wave, to sway	摇动	sức mạnh	
778	희망	hope	希望	khó khăn	
779	힘	strength	力气	sức mạnh	
780	힘들다	to be hard	累	khó khăn	

한눈에 쏙쏙 문법 공부하기

1. 명이/가

① 문장의 주체를 나타낼 때 사용한다.

예문) 학생이 많아요.

우유가 맛있어요.

② 사람 또는 사물이 있는지 없는지를 나타낼 때 사용한다.

예문) 가방이 있어요.

언니가 없어요.

③ 주어의 내용이나 어떤 사실이 아니라고 부정할 때 사용한다.

예문) 아니요, 제 책이 아니에요.

아니요, 누나가 아니에요.

연습

1)	신발(이/가) 비싸요.
2)	자동차(이/가) 없어요.
3)	아니요, 선생님(이/가) 아니에요.

정답 1) 이 2) 가 3) 이

2. 명은/는

① 문장에서 내용이나 설명의 대상, 주제를 나타낼 때 사용한다.

예문) 제 이름은 마이클이에요.
저는 가수예요.

② 다른 것과 비교, 대조될 때 사용한다.

예문) 이것은 비싸요. 저것은 싸요.
저는 가수고 제 동생은 배우예요.

연습

1)	오늘(은/는) 토요일이에요.
2)	친구(은/는) 미국 사람이에요.

정답 1) 은 2) 는

3. 명을/를

– 문장의 목적어를 나타낼 때 사용한다.

예문) 동생을 만나요.
딸기를 좋아해요.

연습

1)	물(을/를) 마셔요.
2)	사과(을/를) 사요.

정답 1) 을 2) 를

4. 명에

① 어떤 장소로 이동하는 것을 나타낼 때 사용한다.

예문) 학교**에** 가요.

② 사람이나 사물이 있는 곳(장소)을 나타낸다.

예문) 교실**에** 학생이 있어요.

③ 시간이나 때를 나타낼 때 사용한다.

예문) 12시**에** 친구를 만나요.

④ 값을 말할 때 기준이 되는 단위 뒤에 사용한다.

예문) 한 개**에** 천 원이에요.

연습

1)	도서관(　　　) 가요.
2)	책상 옆(　　　) 의자가 있어요.
3)	몇 시(　　　) 친구를 만나요?
4)	한 개(　　　) 얼마예요?

정답 1) 에　2) 에　3) 에　4) 에

5. 명에서

– 행동이 이루어지는 곳, 장소를 나타낼 때 사용한다.

예문) 도서관**에서** 숙제를 해요.

학교**에서** 공부해요.

연습

1)	카페(　　　) 친구를 만나요.
2)	공항(　　　) 비행기를 타요.

정답 1) 에서　2) 에서

6. 명도

– 앞의 내용에 다른 것을 더하여 나타낼 때 사용한다.

예문) 저는 1학년이에요. 민수**도** 1학년이에요.

연습

1)	아침에 우유를 마셔요. 빵(　　　) 먹어요.
2)	오빠는 미국에 살아요. 동생(　　　) 미국에 살아요.

정답 1) 도　2) 도

7. 동형-습니다/ㅂ니다

가. 동형-습니다/ㅂ니다

- 격식적인 상황에서 서술어를 만들 때 사용한다.

예문) 김밥을 먹**습니다.**

친구를 만**납니다.**

연습

1)	문을 닫다 ➜ 문을 ( ).
2)	날씨가 좋다 ➜ 날씨가 ( ).
3)	학교에 가다 ➜ 학교에 ( ).

정답 1) 닫습니다 2) 좋습니다 3) 갑니다

나. 동형-습니까/ㅂ니까?

- 격식적인 상황에서 물어볼 때 사용한다.

예문) 김밥을 먹**습니까?**

친구를 만**납니까?**

1)	문을 닫다 ➜ 문을 ( )?
2)	날씨가 좋다 ➜ 날씨가 ( )?
3)	학교에 가다 ➜ 학교에 ( )?

정답 1) 닫습니까 2) 좋습니까 3) 갑니까

8. 명입니다

가. 명입니다

- 격식적인 상황에서 서술어를 만들 때 사용한다.

예문) 이 사람은 한국 사람**입니다.**

저는 가수**입니다.**

연습

1)	학생이다 ➜ 학생(　　　　　).
2)	친구이다 ➜ 친구(　　　　　).

정답 1) 입니다　2) 입니다

나. 명입니까?

- 격식적인 상황에서 물어볼 때 사용한다.

예문) 한국 사람**입니까?**

가수**입니까?**

연습

1)	학생이다 ➜ 학생(　　　　　)?
2)	친구이다 ➜ 친구(　　　　　)?

정답 1) 입니까　2)입니까

다. 명이/가 아닙니다.

- 격식적인 상황에서 서술어의 부정문을 만들 때 사용한다.

예문) 한국 사람**이 아닙니다.**

가수**가 아닙니다.**

연습

1)	학생(이/가 아닙니다).
2)	친구(이/가 아닙니다).

정답 1) 이 아닙니다　2) 가 아닙니다

9. 동형-아요/어요/해요

가. 동형-아요/어요/해요

– 비격식적인 상황에서 서술어를 만들 때 사용한다.

예문) 친구를 만나요.

김밥을 먹어요.

숙제를 해요.

연습

1)	학교에 가다 ➜ 학교에 ( ).
2)	책을 읽다 ➜ 책을 ( ).
3)	공부를 하다 ➜ 공부를 ( ).

정답 1) 가요 2) 읽어요 3) 해요

나. 동형-아요/어요/해요?

– 비격식적인 상황에서 물어볼 때 사용한다.

예문) 친구를 만나요?

김밥을 먹어요?

숙제를 해요?

연습

1)	학교에 가다 ➜ 학교에 ( )?
2)	책을 읽다 ➜ 책을 ( )?
3)	공부를 하다 ➜ 공부를 ( )?

정답 1) 가요 2) 읽어요 3) 해요

10. 안 동형-습/ㅂ니다

가. 안 동형-습/ㅂ니다

– 격식적인 상황에서 행동이나 상태의 부정문을 만들 때 사용한다.

예문) 책을 **안** 읽**습니다.**

친구를 **안** 만**납니다.**

공부 **안** **합니다.**

연습

1)	김밥을 먹다 ➜ 김밥을 (　　　　　　　　).
2)	학교에 가다 ➜ 학교에 (　　　　　　　　).

정답 1) 안 먹습니다 2) 안 갑니다

나. 동형-지 않습니다

– 격식적인 상황에서 행동이나 상태의 부정문을 만들 때 사용한다.

예문) 친구를 만나**지 않습니다.**

책을 읽**지 않습니다.**

공부하**지 않습니다.**

연습

1)	학교에 가다 ➜ 학교에 (　　　　　　　　).
2)	김밥을 먹다 ➜ 김밥을 (　　　　　　　　).

정답 1) 가지 않습니다 2) 먹지 않습니다

11. 안 동형-아요/어요/해요

가. 안 동형-아요/어요/해요

- 비격식적인 상황에서 행동이나 상태의 부정문을 만들 때 사용한다.

  예문) 친구를 안 만나요.

  책을 안 읽어요.

  공부 안 해요.

연습

1)	학교에 가다 ➜ 학교에 ( ).
2)	김밥을 먹다 ➜ 김밥을 ( ).

정답 1) 안 가요 2) 안 먹어요

나. 동형-지 않아요

- 비격식적인 상황에서 행동이나 상태의 부정문을 만들 때 사용한다.

  예문) 친구를 만나지 않아요.

  책을 읽지 않아요.

  공부하지 않아요.

연습

1)	학교에 가다 ➜ 학교에 ( ).
2)	김밥을 먹다 ➜ 김밥을 ( ).

정답 1) 가지 않아요 2) 먹지 않아요

12. 명이에요/예요

가. 명이에요/예요

– 비격식적인 상황에서 서술어를 만들 때 사용한다.

예문) 공항**이에요.**

친구**예요.**

연습

1)	대학생이다 ➔ 대학생(이에요/예요).
2)	사과이다 ➔ 사과(이에요/예요).

정답 1) 이에요 2) 예요

나. 명이에요/예요?

– 비격식적인 상황에서 의문문을 만들 때 사용한다.

예문) 공항**이에요?**

친구**예요?**

연습

1)	대학생이다 ➔ 대학생(이에요/예요)?
2)	사과이다 ➔ 사과(이에요/예요)?

정답 1) 이에요 2) 예요

다. 명이/가 아니에요

– 비격식적인 상황에서 서술어의 부정문을 만들 때 사용한다.

예문) 한국 사람**이 아니에요.**

의사**가 아니에요.**

연습

1)	물(이/가 아니에요).
2)	친구(이/가 아니에요).

정답 1) 이 아니에요 2) 가 아니에요

13. 동-(으)ㅂ시다

가. 동-(으)ㅂ시다

- 주로 격식적인 상황에서 어떤 행동을 함께 하자고 제안, 요청할 때 사용한다.

  예문) 학교에 같이 **갑시다.**

  같이 점심을 먹**읍시다.**

1)	주말에 같이 만나다 → ( ).
2)	같이 저녁을 먹다 → ( ).
3)	같이 숙제를 하다 → ( ).

정답 1) 만납시다 2) 먹읍시다 3) 합시다

나. 동-지 맙시다

- 격식적인 상황에서 부정적인 제안이나 요청을 할 때 사용한다.

  예문) 학교에 같이 가**지 맙시다.**

  같이 점심을 먹**지 맙시다.**

연습

1)	주말에 같이 만나다 → ( ).
2)	같이 저녁을 먹다 → ( ).
3)	같이 숙제를 하다 → ( ).

정답 1) 만나지 맙시다 2) 먹지 맙시다 3) 하지 맙시다

14. 동-(으)십시오

가. 동-(으)십시오

- 격식적인 상황에서 다른 사람의 행동이나 상태를 높여서 명령하거나, 무언가를 하도록 권유하여 말할 때 사용한다.

예문) 어서 오**십시오.**

여기 앉**으십시오.**

연습

1)	가다 ➜ (　　　　　).
2)	문을 닫다 ➜ (　　　　　).
3)	운동하다 ➜ (　　　　　).

정답 1) 가십시오 2) 문을 닫으십시오 3) 운동하십시오

나. 동-지 마십시오

- 격식적인 상황에서 다른 사람의 행동이나 상태를 높여서 부정적으로 명령하거나, 하지 않도록 권유하여 말할 때 사용한다.

예문) 내일 오**지 마십시오.**

여기 앉**지 마십시오.**

연습

1)	가다 ➜ (　　　　　).
2)	문을 닫다 ➜ (　　　　　).
3)	운동하다 ➜ (　　　　　).

정답 1) 가지 마십시오 2) 문을 닫지 마십시오 3) 운동하지 마십시오

15. 동-(으)세요

가. 동-(으)세요

- 비격식적인 상황에서 다른 사람의 행동이나 상태를 높여서 명령하거나, 무언가를 하도록 권유하여 말할 때 사용한다.

  예문) 어서 오**세요.**

  여기 앉**으세요.**

연습

1)	가다 ➜ (　　　　　).
2)	문을 닫다 ➜ (　　　　　).
3)	운동하다 ➜ (　　　　　).

정답 1) 가세요　2) 문을 닫으세요　3) 운동하세요

나. 동-지 마세요

- 비격식적인 상황에서 다른 사람의 행동이나 상태를 높여서 부정적으로 명령하거나, 하지 않도록 권유하여 말할 때 사용한다.

  예문) 내일 오**지 마세요.**

  여기 앉**지 마세요.**

연습

1)	가다 ➜ (　　　　　).
2)	문을 닫다 ➜ (　　　　　).
3)	운동하다 ➜ (　　　　　).

정답 1) 가지 마세요　2) 문을 닫지 마세요　3) 운동하지 마세요

16. 명 와/과

① 사람이나 사물을 나열할 때 사용한다.

예문) 저는 언니**와** 오빠가 있어요.

비빔밥**과** 불고기를 먹었습니다.

② 다른 사람과 같이 어떤 것을 할 때 사용한다.

예문) 친구**와** 함께 영화를 봤습니다.

동생**과** 같이 살아요.

연습

1)	시장에 가서 사과(와/과) 딸기를 샀어요.
2)	부모님(와/과) 같이 여행을 갑니다.

정답 1) 와 2) 과

17. 명 하고

① 사람이나 사물을 나열할 때 사용한다. **'명와/과'**와 의미가 같은데 보통 말할 때 사용한다.

예문) 저는 언니**하고** 오빠가 있어요.

비빔밥**하고** 불고기를 먹었어요.

② 다른 사람과 같이 어떤 것을 할 때 사용한다. **'명와/과'**와 의미가 같은데 보통 말할 때 사용한다.

예문) 친구**하고** 영화를 봤어요.

동생**하고** 같이 살아요.

연습

1)	시장에 가서 사과( ) 딸기를 샀어요.
2)	부모님( ) 같이 여행을 갑니다.

정답 1) 하고 2) 하고

18. 명(으)로

① 도구나 수단, 방법을 나타낼 때 사용한다.

예문) 볼펜으로 쓰세요.

한국어로 말해요.

② 교통수단을 나타낼 때 사용한다.

예문) 이사 갈 때 짐을 트럭으로 옮겼어요.

시간이 없어서 택시로 가요.

③ 이동의 방향을 나타낼 때 사용한다.

예문) 저쪽으로 쭉 가면 지하철역이 나와요.

여기로 지나가세요.

④ 목적지를 나타낼 때 사용한다.

예문) 부산으로 가는 버스는 몇 시에 있어요?

어디로 갈까요?

[예외] 앞의 명사가 'ㄹ' 로 끝날 때는 '으로'를 사용하지 않고 '로'를 사용한다.

예문) 지하철로 가는 게 빨라요.

교실에서는 한국말로 말하세요.

연습

1)	숟가락(　　　) 밥을 먹어요.
2)	버스(　　　) 왔어요.
3)	산 위(　　　) 올라갔어요.
4)	지하철역(　　　) 달려갔어요.
5)	연필(　　　) 쓰세요.

정답 1) 으로　2) 로　3) 로　4) 으로　5) 로

19. 명만

– 여러 가지 중에서 하나를 선택할 때 사용한다.

예문) 저는 한국 노래만 들어요.

배가 아파서 따뜻한 물만 마셔요.

연습

1)	라면은 먹지 않고 김밥(　　　) 먹었어요.
2)	너무 더워서 반바지(　　　) 입어요.

정답 1) 만　2) 만

20. 명마다

① 어떤 것이 계속해서 반복될 때 사용한다.

예문) 토요일마다 자전거를 타요.

아침마다 커피를 마셔요.

② 하나도 빠지지 않고 모두를 나타낼 때 사용한다.

예문) 사람마다 생각이 달라요.

집집마다 김치 맛이 조금씩 달라요.

연습

1)	주말(　　　) 공원에서 자전거를 타요.
2)	교실(　　　) 컴퓨터가 있어요.

정답 1) 마다　2) 마다

21. 동형-았습니다/었습니다/했습니다

가. 동형-았습니다/었습니다/했습니다

- 격식적인 상황에서 과거에 생긴 일이나 상태를 나타낼 때 사용한다.

  예문) 어제 친구를 만**났습니다.**

  점심에 김밥을 먹**었습니다.**

  주말에 숙제를 **했습니다.**

연습

1)	지난주에 학교에 가다 → 지난주에 학교에 (　　　　).
2)	어제 책을 읽다 → 어제 책을 (　　　　).
3)	저녁에 공부를 하다 → 저녁에 공부를 (　　　　).

정답 1) 갔습니다　2) 읽었습니다　3) 했습니다

나. 동형-았습니까/었습니까/했습니까?

- 격식적인 상황에서 과거에 생긴 일이나 상태를 물어볼 때 사용한다.

  예문) 어제 친구를 만**났습니까?**

  점심에 김밥을 먹**었습니까?**

  주말에 숙제를 **했습니까?**

연습

1)	지난주에 학교에 가다 → 지난주에 학교에 (　　　　)?
2)	어제 책을 읽다 → 어제 책을 (　　　　)?
3)	저녁에 공부를 하다 → 저녁에 공부를 (　　　　)?

정답 1) 갔습니까　2) 읽었습니까　3) 했습니까

22. 동형-았어요/었어요/했어요

가. 동형-았어요/었어요/했어요

– 비격식적인 상황에서 과거에 생긴 일이나 상태를 나타낼 때 사용한다.

예문) 친구를 만났어요.
김밥을 먹었어요.
숙제를 했어요.

연습

1)	지난주에 학교에 가다 ➜ 지난주에 학교에 (　　　　).
2)	어제 책을 읽다 ➜ 어제 책을 (　　　　).
3)	저녁에 공부를 하다 ➜ 저녁에 공부를 (　　　　).

정답 1) 갔어요　2) 읽었어요　3) 했어요

나. 동형-았어요/었어요/했어요?

– 비격식적인 상황에서 과거에 생긴 일이나 상태를 물어볼 때 사용한다.

예문) 친구를 만났어요?
김밥을 먹었어요?
숙제를 했어요?

연습

1)	지난주에 학교에 가다 ➜ 지난주에 학교에 (　　　　)?
2)	어제 책을 읽다 ➜ 어제 책을 (　　　　)?
3)	저녁에 공부를 하다 ➜ 저녁에 공부를 (　　　　)?

정답 1) 갔어요　2) 읽었어요　3) 했어요

23. 안 ⓢⓗ-았습니다/었습니다/했습니다

가. 안 ⓢⓗ-았습니다/었습니다/했습니다

- 격식적인 상황에서 과거의 행동이나 상태의 부정문을 만들 때 사용한다.

예문) 친구를 **안** 만**났습니다.**
책을 **안** 읽**었습니다.**
공부 **안 했습니다.**

연습

1)	지난주에 학교에 가다 ➜ 지난주에 학교에 ( ).
2)	어제 책을 읽다 ➜ 어제 책을 ( ).
3)	저녁에 공부를 하다 ➜ 저녁에 공부를 ( ).

정답 1) 안 갔습니다 2) 안 읽었습니다 3) 안 했습니다

나. ⓢⓗ-지 않았습니다

-격식적인 상황에서 과거의 행동이나 상태의 부정문을 만들 때 사용한다.

예문) 친구를 만나**지 않았습니다.**
책을 읽**지 않았습니다.**
공부하**지 않았습니다.**

연습

1)	지난주에 학교에 가다 ➜ 지난주에 학교에 ( ).
2)	어제 책을 읽다 ➜ 어제 책을 ( ).
3)	저녁에 공부를 하다 ➜ 저녁에 공부를 ( ).

정답 1) 가지 않았습니다 2) 읽지 않았습니다 3) 하지 않았습니다

24. 안 동형-았어요/었어요/했어요

가. 안 동형-았어요/었어요/했어요

– 비격식적인 상황에서 과거에 생긴 일이나 상태의 부정문을 나타낼 때 사용한다.

예문) 친구를 안 만났어요.
김밥을 안 먹었어요.
숙제를 안 했어요.

연습

1)	지난주에 학교에 가다 → 지난주에 학교에 ( ).
2)	어제 책을 읽다 → 어제 책을 ( ).
3)	저녁에 공부를 하다 → 저녁에 공부를 ( ).

정답 1) 안 갔어요 2) 안 읽었어요 3) 안 했어요

나. 동형-지 않았어요

– 비격식적인 상황에서 과거에 생긴 일이나 상태의 부정문을 나타낼 때 사용한다.

예문) 친구를 만나지 않았어요.
김밥을 먹지 않았어요.
숙제를 하지 않았어요.

연습

1)	지난주에 학교에 가다 → 지난주에 학교에 ( ).
2)	어제 책을 읽다 → 어제 책을 ( ).
3)	저녁에 공부를 하다 → 저녁에 공부를 ( ).

정답 1) 가지 않았어요 2) 읽지 않았어요 3) 하지 않았어요

25. 명이었어요/였어요

가. 명이었어요/였어요

- 비격식적인 상황에서 과거의 상태나 상황을 나타낼 때 사용한다.

예문) 공항**이었어요**.

친구**였어요**.

연습

1)	대학생이다 ➜ 대학생(이었어요/였어요).
2)	가수이다 ➜ 가수(이었어요/였어요).

정답 1) 이었어요 2) 였어요

나. 명이었어요/였어요?

- 비격식적인 상황에서 과거의 상태나 상황을 물어볼 때 사용한다.

예문) 공항**이었어요?**

친구**였어요?**

연습

1)	대학생이다 ➜ 대학생(이었어요/였어요)?
2)	가수이다 ➜ 가수(이었어요/였어요)?

정답 1) 이었어요 2) 였어요

다. 명이/가 아니었어요

- 비격식적인 상황에서 과거의 서술을 부정할 때 사용한다.

예문) 한국 사람**이 아니었어요.**

의사**가 아니었어요.**

연습

1)	그 날은 토요일(이/가 아니었어요).
2)	친구(이/가 아니었어요).

정답 1) 이 아니었어요 2) 가 아니었어요

26. 동형-(으)ㄹ 거예요

가. 동-(으)ㄹ 거예요

- 비격식적인 상황에서 1인칭(말하는 사람)과 2인칭 주어(듣는 사람)의 의지나 미래의 계획을 말할 때 사용한다.

예문) 점심에 피자를 먹**을 거예요.**

내일 친구를 만**날 거예요.**

방학에 여행을 **할 거예요?**

연습

1)	등산 갈 때 이 옷을 입다 ➜ 등산 갈 때 이 옷을 (　　　　).
2)	수업 끝나고 커피숍에 가다 ➜ 수업 끝나고 커피숍에 (　　　　)?

정답 1) 입을 거예요 2) 갈 거예요

나. 동형-(으)ㄹ 거예요

- 비격식적인 상황에서 3인칭 주어로 정확하지 않은 것을 추측할 때 사용한다.

예문) 그 사람은 지금 집에 있**을 거예요.**

내일 비가 **올 거예요.**

연습

1)	그 영화는 재미있다 ➜ 그 영화는 (　　　　　　).
2)	내일 날씨가 따뜻하다 ➜ 내일 날씨가 (　　　　　　).

정답 1) 재미있을 거예요 2) 따뜻할 거예요

27. 동형-(으)ㄹ 겁니다

가. 동-(으)ㄹ 겁니다

- 격식적인 상황에서 1인칭과 2인칭 주어의 의지나 미래의 계획을 말할 때 사용한다.

예문) 점심에 피자를 먹**을 겁니다.**
내일 친구를 만**날 겁니다.**
방학에 여행을 **할 겁니까?**

연습

1)	등산 갈 때 이 옷을 입다 → 등산 갈 때 이 옷을 ( ).
2)	수업 끝나고 커피숍에 가다 → 수업 끝나고 커피숍에 ( )?

정답 1) 입을 겁니다 2) 갈 겁니까

나. 동형-(으)ㄹ 겁니다

- 격식적인 상황에서 3인칭 주어로 정확하지 않은 것을 추측할 때 사용한다.

예문) 그 사람은 지금 집에 있**을 겁니다.**
내일 비가 **올 겁니다.**

연습

1)	그 영화는 재미있다 → 그 영화는 ( ).
2)	내일 날씨가 따뜻하다 → 내일 날씨가 ( ).

정답 1) 재미있을 겁니다 2) 따뜻할 겁니다

28. 동형-(으)면

- 조건이나 가정을 나타낼 때 사용한다.

예문) 이 책을 읽**으면** 알 수 있어요.
내일 비가 오**면** 오지 마세요.
도착하**면** 연락하세요.

연습

1)	일이 너무 많(으면/면) 좀 쉬세요.
2)	배가 아프(으면/면) 이 약을 먹어요.

정답 1) 으면 2) 면

29. 동-(으)ㄹ 수 있어요/없어요

① 어떤 것을 할 수 있는 능력을 나타낼 때 사용한다.

예문) 한국 신문을 **읽을 수 있어요.**
피아노를 **칠 수 없어요.**

② 가능한 일이나 상황을 나타낼 때 사용한다.

예문) 주말에도 일을 **할 수 있어요.**
이곳은 아이들이 **들어갈 수 없어요.**

연습

1)	저는 이가 아파서 음식을 먹다 → ( ).
2)	저는 그림을 잘 그리다 → ( ).
3)	이곳은 공사 중이어서 차가 지나가다 → ( ).

정답 1) 먹을 수 없어요 2) 그릴 수 있어요/없어요 3) 지나갈 수 없어요

30. 동-(으)려고

– 어떤 일을 할 목적이나 의도가 있을 때 사용한다.

예문) 공을 잡으려고 뛰어갔어요.

친구한테 주려고 꽃을 샀어요.

연습

1)	책을 읽(으려고/려고) 도서관에 갔어요.
2)	생일 파티에 친구를 초대하(으려고/려고) 전화를 했어요.

정답 1) 으려고 2) 려고

31. 동-아야/어야/해야 하다/되다

– 반드시 할 필요가 있을 때 사용한다. **'동-아야/어야/해야 돼요'**를 쓰기도 한다.

예문) 7시까지 집에 가야 해요.

건강을 위해서 야채를 많이 먹어야 해요.

내일 꼭 회의를 해야 돼요.

연습

1)	아르바이트를 찾다 → ( ).
2)	창문을 열다 → ( ).
3)	친구한테 전화하다 → ( ).

정답 1) 찾아야 해요/돼요 2) 열어야 해요/돼요 3) 전화해야 해요/돼요

32. 동형-고

가. 동형-고

- 시간의 순서와 관계없이 두 가지 이상을 나열할 때 사용한다.

  예문) 비도 오**고** 바람도 불어요.

  이 가방은 가볍**고** 커요.

나. 동-고

- 앞의 행동과 뒤의 행동이 순서대로 일어날 때 사용한다.

  예문) 손을 씻**고** 밥을 먹어요.

  밥을 먹**고** 이를 닦아요.

연습

1)	방이 넓(　　　) 깨끗해요.
2)	숙제를 하(　　　) 놀러 나갔어요.

정답 1) 고　2) 고

33. 동형-아서/어서/해서

가. 동형-아서/어서/해서

- 앞의 내용이 뒤의 이유나 원인이 될 때 사용한다.
- '동-(으)ㄹ까요? / 동-(으)십시오 / 동-(으)ㅂ시다'와 같이 쓰지 않는다.

예문) 바**빠서** 전화를 못 했어요.
매운 음식을 먹**어서** 배가 아파요.
청소를 안 **해서** 집이 더러워요.

연습

1)	옷이 작다 / 못 입어요. ➜ 옷이 ( ) 못 입어요.
2)	비가 내리다 / 택시를 탔어요. ➜ 비가 ( ) 택시를 탔어요.
3)	청소하다 / 집이 깨끗해졌어요. ➜ ( ) 집이 깨끗해졌어요.

정답 1) 작아서 2) 내려서 3) 청소해서

나. 동-아서/어서/해서

- 앞의 행동과 뒤의 행동이 순서대로 일어날 때 사용한다.

예문) 언니를 만**나서** 영화를 봐요.
김밥을 만들**어서** 친구들과 먹었어요.
숙제를 **해서** 선생님께 냈어요.

연습

1)	꽃을 사다/친구에게 줬어요. ➜ 꽃을 ( ) 친구에게 줬어요.
2)	길을 건너다/똑바로 가세요. ➜ 길을 ( ) 똑바로 가세요.
3)	친구들을 초대하다/요리를 해 줬어요. ➜ 친구들을 ( ) 요리를 해 줬어요.

정답 1) 사서 2) 건너서 3) 초대해서

34. 동-(으)러

- 동사 '가다', '오다' 등과 함께 써서 이동의 목적을 나타낼 때 사용한다.

  예문) 저녁을 먹**으러** 식당에 가요.

  친구를 만나**러** 왔어요.

연습

1)	시험공부를 하다 → 시험공부를 (　　　　　) 도서관에 가요.
2)	한국어를 배우다 → 한국어를 (　　　　　) 한국에 왔어요.

정답 1) 하러　2) 배우러

35. 동-(으)려면

- 조건 또는 의도를 나타낼 때 사용한다.

  예문) 장학금을 받**으려면** 성적이 좋아야 해요.

  약속 장소에 빨리 가**려면** 지하철을 타세요.

연습

1)	그 식당에서 먹다 → 그 식당에서 (　　　　　) 예약해야 돼요.
2)	지각하지 않다 → 지각하지 (　　　　　) 지금 출발하세요.

정답 1) 먹으려면　2) 않으려면

36. 동형-았으면/었으면/했으면 좋겠어요

- 어떤 것을 희망하거나 바랄 때 사용한다.

예문) 그 사람을 한번 만났으면 좋겠어요.
저도 그런 친구가 있었으면 좋겠어요.
내일은 날씨가 따뜻했으면 좋겠어요.

연습

1)	그런 집에서 살다 → 그런 집에서 ( ).
2)	떡볶이가 더 맵다 → 떡볶이가 더 ( ).
3)	이번 시험에서 1등을 하다 → 이번 시험에서 ( ).

정답 1) 살았으면 좋겠어요 2) 매웠으면 좋겠어요 3) 1등을 했으면 좋겠어요

37. 동형-거나

- 두 가지의 행동 중에서 하나를 선택할 때, 또는 둘 중 어느 것을 선택해도 괜찮을 때 사용한다.

예문) 저녁에는 음악을 듣거나 숙제를 해요.
머리가 아프거나 열이 날 때 이 약을 드세요.

연습

1)	이번 방학에는 여행을 하( ) 아르바이트를 할 계획이에요.
2)	맵( ) 짠 음식은 건강에 안 좋아요.

정답 1) 거나 2) 거나

38. 명(이)나

① 두 개 중에서 하나를 선택할 때, 또는 둘 중 어느 것을 선택해도 괜찮을 때 사용한다.

예문) 지하철**이나** 버스로 가는 게 좋겠어요.
저녁에는 피자**나** 치킨 어때요?

연습

1)	시장에 가서 수박(이나/나) 딸기 좀 사 오세요.
2)	기타(이나/나) 피아노 같은 악기를 배우고 싶어요.

정답 1) 이나 2) 나

② 보통 '명, 권, 개, 시간, 원, 잔, 대, 그릇' 등의 단위명사와 함께 사용해서 수량이 기대나 예상보다 많거나 클 때 사용한다.

예문) 어제 집에 친구들이 열두 명**이나** 왔어요.
그 가수는 자동차가 열 대**나** 있다고 해요.

연습

1)	저는 안경을 좋아해서 안경이 스무 개(이나/나) 있어요.
2)	너무 피곤해서 커피를 다섯 잔(이나/나) 마셨어요.

정답 1) 나 2) 이나

39. 동-은 지/ㄴ 지 (시간) 되다

- 어떤 일이 생기고 나서 시간이 지난 것을 나타낼 때 사용한다.

  예문) 밥을 먹은 지 한 시간 됐는데 또 배가 고파요.

  한국에 온 지 1년 됐어요.

연습

1)	그 사람 소식을 듣다 ➜ 그 사람 소식을 (　　　　　) 두 달 됐어요.
2)	우리는 못 만나다 ➜ 우리는 (　　　　) 3년이 됐어요.

정답 1) 들은 지　2) 못 만난 지

40. 동형-게

- 행동의 목적 또는 뒤에 오는 행동의 상태 정도를 나타낼 때 사용한다.

  예문) 시원한 바람이 들어오게 창문을 열어 주세요.

  밖이 추우니까 옷을 따뜻하게 입으세요.

연습

1)	잘 들을 수 있다 ➜ (　　　　　) 크게 말해 주세요.
2)	방을 깨끗하다 ➜ 방을 (　　　　　) 청소해야 돼요.

정답 1) 잘 들을 수 있게　2) 깨끗하게

41. 동-고 싶다

가. 동-고 싶다

- 말하는 사람(1인칭), 듣는 사람(2인칭)이 원하거나 바라는 것을 나타낼 때 사용한다.

  예문) 고향에 가**고 싶어요.**

  생일에 무슨 선물을 받**고 싶어요?**

연습

1)	한국 음식을 먹다 ➜ 한국 음식을 ( ).
2)	공원에서 자전거를 타다 ➜ 공원에서 자전거를 ( ).
3)	유나 씨는 어디에서 살다 ➜ 유나 씨는 어디에서 ( )?

정답 1) 먹고 싶어요 2) 타고 싶어요 3) 살고 싶어요

나. 동-고 싶어 하다

- 다른 사람(3인칭)이 원하는 것을 나타낼 때 사용한다.

  예문) 제 친구는 좋아하는 가수의 공연에 가**고 싶어 해요.**

  동생은 한국에서 대학교에 다니**고 싶어 해요.**

연습

1)	주말에 친구가 저를 만나다 ➜ 주말에 친구가 저를 ( ).
2)	누나는 의사가 되다 ➜ 누나는 의사가 ( ).

정답 1) 만나고 싶어 해요 2) 되고 싶어 해요

42. 동-겠-

가. 동-겠-

- 말하는 사람(1인칭)의 의지와 의도를 나타낼 때 사용한다.

예문) 이 일은 제가 하**겠**습니다.
저는 김밥을 먹**겠**습니다.

연습

1)	내일 연락 드리다 ➜ 내일 연락 ( ).
2)	이제부터 학교에 일찍 오다 ➜ 이제부터 학교에 일찍 ( ).

정답 1) 드리겠습니다 2) 오겠습니다

나. 동형-겠-

- 2인칭이나 3인칭 주어와 쓰여 상황이나 상태를 보고 추측할 때 사용한다.

예문) 일이 많아서 피곤하시**겠**어요. 좀 쉬세요.
이번 주는 계속 춥**겠**습니다.

연습

1)	내일은 비가 오다 ➜ 내일은 비가 ( ).
2)	요즘 시험 기간이어서 민수 씨가 바쁘다 ➜ 요즘 시험 기간이어서 민수 씨가 ( ).

정답 1) 오겠습니다 2) 바쁘겠어요

43. 동-아/어/해 보다

가. 동-아/어/해 보세요

- 어떠한 행동을 시도하는 것을 권유할 때 사용한다.

예문) 그 사람을 만나 보세요.
이 책 한번 읽어 보세요.
이번 수영 대회에 참가해 보세요.

연습

1)	새로 생긴 식당에 가 보다 ➜ 새로 생긴 식당에 ( ).
2)	제임스 씨에게 전화하다 ➜ 제임스 씨에게 ( ).

정답 1) 가 보세요 2) 전화해 보세요

나. 동-아/어/해 봤어요

- 시도나 경험한 것을 이야기할 때 사용한다.

예문) 그 가수 공연에 가 봤어요.
매운 김치찌개를 먹어 봤어요.

연습

1)	그 사람을 만나다 ➜ 그 사람을 ( ).
2)	기타를 배우다 ➜ 기타를 ( ).

정답 1) 만나 봤어요 2) 배워 봤어요

44. 동형-기 때문에

가. 동형-기 때문에

- 어떤 일의 원인이나 이유를 나타낼 때 사용한다.
- **'동-(으)ㄹ까요? / 동-(으)십시오 / 동-(으)ㅂ시다'**와 같이 쓰지 않는다.

예문) 날마다 늦게 자**기 때문에** 늘 피곤해요.

일이 많**기 때문에** 친구를 만날 시간이 없어요

연습

1)	친구는 책을 많이 읽다 / 아는 것이 많아요. ➜ 친구는 책을 많이 ( ) 아는 것이 많아요.
2)	그 사람은 누구에게나 친절하다 / 인기가 많아요. ➜ 그 사람은 누구에게나 ( ) 인기가 많아요.

정답 1) 읽기 때문에 2) 친절하기 때문에

나. 명 때문에

- 어떤 일의 원인이나 이유를 나타낼 때 사용한다.
- **'동-(으)ㄹ까요? / 동-(으)십시오 / 동-(으)ㅂ시다'**와 같이 쓰지 않는다.

예문) 어젯밤에 모기 **때문에** 못 잤어요.

눈 **때문에** 길이 미끄러워요.

연습

1)	비 ( ) 여행을 못 갔어요.
2)	동생 ( ) 화가 났어요.

정답 1) 때문에 2) 때문에

45. 동형-지만

- 서로 반대인 두 사실을 연결할 때 사용한다.

예문) 저는 노래는 잘 부르**지만** 춤은 못 춰요.
그 식당은 비싸**지만** 음식은 맛이 없는 것 같아요.

연습

1)	개는 좋아하다 / 고양이는 좋아하지 않아요. ➜ 개는 (　　　　　) 고양이는 좋아하지 않아요.
2)	이 가방은 작다 / 비싸요. ➜ 이 가방은 (　　　　　) 비싸요.

정답 1) 좋아하지만 2) 작지만

46. 동형-(으)니까

- 어떤 일의 원인이나 이유를 나타낼 때 사용한다.
- '**동-(으)ㄹ까요? / 동-(으)십시오 / 동-(으)ㅂ시다**'와 같이 쓸 수 있다.

예문) 다음 주에 시험이 있**으니까** 열심히 공부하세요.
내일 그 사람 생일**이니까** 파티를 할까요?

연습

1)	저는 한식을 좋아하다 / 한국 요리를 배울 거예요. ➜ 저는 한식을 (　　　　　) 한국 요리를 배울 거예요.
2)	이 카페는 사람이 많다 / 다른 곳으로 갈까요? ➜ 이 카페는 사람이 (　　　　　) 다른 곳으로 갈까요?

정답 1) 좋아하니까 2) 많으니까

47. 동 -(으)ㄹ까 하다

– 어떤 일을 할 생각이나 의도를 말할 때 사용한다.

예문) 점심에는 학생 식당에서 먹을까 해요.

방학이 되면 고향에 갈까 해요.

연습

1)	사진 동아리에 가입하다 ➜ 사진 동아리에 ( ).
2)	졸업식에 이 옷을 입다 ➜ 졸업식에 이 옷을 ( ).

정답 1) 가입할까 해요 2) 입을까 해요

48. 동 형 -기

– 동사와 형용사에 사용하여 명사를 만든다. 주로 동사와 함께 사용한다.

예문) 한국어 말하기는 쉬운데 쓰기가 어려워요.

행복하기를 바랍니다.

연습

1)	먹다 ➜ 먹( )
2)	청소하다 ➜ 청소하( )

정답 1) 기 2) 기

49. 동-기가 쉽다/어렵다

- 어떤 일이나 상태가 쉽거나 어려운 것을 나타낼 때 사용한다.

예문) 이 산은 낮아서 올라가기가 쉬워요.

한국말을 잘 못해서 한국 뉴스 듣기가 어려워요.

연습

1)	이 요리는 간단해서 만들다 ➜ 이 요리는 간단해서 ( ).
2)	길이 복잡해서 운전하다 ➜ 길이 복잡해서 ( ).

정답 1) 만들기가 쉬워요 2) 운전하기가 어려워요

50. 명 중에서

- 두 개 이상의 것에서 하나를 고를 때 사용한다.

예문) 저는 운동 중에서 농구를 좋아해요.

운동화와 구두 중에서 뭘 더 자주 신어요?

연습

1)	우리 팀과 그 팀 ( ) 어느 팀이 이길까요?
2)	외국어 ( ) 한국어가 어려운 편이에요.

정답 1) 중에서 2) 중에서

51. 명부터 명까지

– 시간, 동작, 상태 등의 시작과 끝을 나타낼 때 사용한다.

예문) 너무 피곤해서 어젯밤 9시부터 오늘 아침 10시까지 잤어요.
문제 1번부터 10번까지 풀어보세요.

연습

1)	이 책은 너무 어려워서 처음(　　　) 끝(　　　) 다 모르겠어요.
2)	월요일(　　　) 금요일(　　　) 학교에 가요.

정답 1) 부터, 까지 2) 부터, 까지

52. 명에서 명까지

– 시작하는 장소와 도착하는 장소를 말할 때 사용한다.

예문) 집에서 학교까지 지하철로 30분쯤 걸려요.
여기에서 버스 정류장까지 뛰어갈까요?

연습

1)	지하철역(　　　) 집(　　　) 멀어서 이사하고 싶어요.
2)	고향(　　　) 한국(　　　) 비행기로 10시간 걸렸어요.

정답 1) 에서, 까지 2) 에서, 까지

53. 동형-(으)면서

- 두 가지 이상의 동작을 동시에 하거나 두 가지 상태가 동시에 있는 것을 나타낼 때 사용한다.

예문) 책을 읽**으면서** 음악을 들어요.
이 식당 음식은 맛있**으면서** 값도 싸요.

연습

1)	노래를 부르다 / 춤을 춰요. ➜ 노래를 ( ) 춤을 춰요.
2)	그 사람은 운동도 잘하다 / 공부도 잘해요. ➜ 그 사람은 운동도 ( ) 공부도 잘해요.

정답 1) 부르면서 2) 잘하면서

54. 동-기 위해(서)

- 주로 격식적인 상황에서 앞의 내용이 뒤의 내용의 목적이나 의도가 되는 것을 나타낼 때 사용한다.
- '**동-기 위하여**'로도 사용할 수 있다.

예문) 한국 회사에서 일하**기 위해서** 한국어를 공부해요.
시험에서 좋은 성적을 받**기 위해서** 열심히 공부해요.

연습

1)	회의 준비를 하다 / 회사에 일찍 출근했어요. ➜ 회의 준비를 ( ) 회사에 일찍 출근했어요.
2)	한국 문화를 알다 / 한국 드라마를 많이 봐요. ➜ 한국 문화를 ( ) 한국 드라마를 많이 봐요.

정답 1) 하기 위해서 2) 알기 위해서

55. 명의 명

– 명사 뒤에 '의'를 넣어 뒤에 나오는 명사가 처음 나온 명사나 대명사의 소유임을 나타낸다. 주로 '의'를 생략하여 쓴다.

예문) 저의/제 가방이에요.
학생의 컴퓨터예요.

연습

1)	누구( ) 연필이에요?
2)	선생님( ) 가방은 까만색이에요.

정답 1) 의 2) 의

56. 동형-아도/어도/해도 되다

– 어떤 행동이나 상태에 대한 허락이나 허용을 나타낼 때 쓴다.

예문) 가: 이 음식을 먹어도 돼요? 나: 네, 먹어도 돼요.
주말에는 전화해도 돼요.
농구를 하고 싶은데 키가 작아도 돼요?

연습

1)	화장실에 가다 ➜ 화장실에 ( ) 돼요?
2)	문을 열다 ➜ 문을 ( ) 돼요.
3)	여기에서 샤워하다 ➜ 여기에서 ( ) 돼요.

정답 1) 가도 2) 열어도 3) 샤워해도

57. 동형-(으)면 안 되다

- 그 행동이나 조건을 금지하거나 제한할 때 사용한다.

예문) 가: 이 음식을 먹어도 돼요? 나: 아니요, 먹**으면 안 돼요.**
주말에는 전화**하면 안 돼요.**
수영할 때 모자가 없**으면 안 돼요.**

연습

1)	화장실에 가다 ➜ 화장실에 ( ) 안 돼요.
2)	문을 열다 ➜ 문을 ( ) 안 돼요.
3)	회의실이 이렇게 더럽다 ➜ 회의실이 이렇게 ( ) 안 돼요.

정답 1) 가면 2) 열면 3) 더러우면

58. 동-고 있다

- 현재 진행 중이거나 계속되는 상태를 나타낸다.
- 과거 진행이나 완료된 시점에서는 (그때) '**동-고 있었어요**'를 쓴다.

예문) 요즘 한국어 수업을 듣**고 있어요.**
지금 영수가 자**고 있어요.**
어제 샤워하**고 있었어요.** 그래서 전화를 못 받았어요.

연습

1)	지금 음식을 만들다 ➜ 지금 음식을 ( ) 있어요.
2)	요즘 주말에 테니스를 치다 ➜ 요즘 주말에 테니스를 ( ) 있어요.
3)	어제 전화했을 때 자다 ➜ 어제 전화했을 때 ( ) 있었어요.

정답 1) 만들고 2) 치고 3) 자고

59. 동-(으)ㄴ 적이 있다/없다

- '**동-(으)ㄴ 적이 있다**'는 말하는 사람이 과거에 했던 어떤 행동의 경험을 나타낸다.
- 반대로 '**동-(으)ㄴ 적이 없다**'는 경험이 전혀 없음을 나타낸다.

  예문) 미영 씨는 한복을 입은 적이 있어요?

  번지 점프를 한 적이 없어요.

연습

1)	전에 김밥을 먹었다 → 김밥을 (　　　) 적이 있어요.
2)	어렸을 때 한국어를 배웠다 → 어렸을 때 한국어를 (　　　) 적이 있어요.
3)	김치를 안 만들었다 → 김치를 (　　　) 적이 없어요.

정답 1) 먹은 2) 배운 3) 만든

60. 동-(으)ㄹ게요

- '-겠-'의 비격식체로 자신의 의지를 나타내거나 상대방에게 약속을 할 때 사용한다. 2, 3인칭 주어와는 사용하지 않는다.

  예문) 제가 읽을게요.

  내일 일찍 올게요.

연습

1)	내일까지 숙제를 내겠습니다. → 내일까지 숙제를 (　　　).
2)	저는 비빔밥을 먹겠습니다. → 저는 비빔밥을 (　　　).

정답 1) 낼게요 2) 먹을게요

61. 형-(으)ㄴ데/ 동-는데

① 뒤에 오는 문장의 이유나 배경을 설명한다.

- 완료된 것을 나타낼 때는 '**동형-았는데/었는데/했는데**'를 사용한다.
- '있다'와 '없다'가 들어있는 어휘는 '-는데'를 사용한다.

예문) 옷이 예**쁜데** 어디에서 샀어요?

테니스를 잘 치시**는데** 언제부터 치셨어요?

이 김치가 맛있**는데** 직접 만드셨어요?

② 뒤에 오는 문장과 비교할 때 사용한다.

예문) 떡볶이는 매**운데** 설렁탕은 안 매워요.

저는 열심히 공부하**는데** 제 동생은 게임만 해요.

드라마는 재미있**는데** 뉴스는 재미없어요.

연습

1)	일이 많다 / 도와줄 수 있어요? ➜ 일이 (　　　　) 도와줄 수 있어요?
2)	학교에 갔다 / 교실에 아무도 없었어요. ➜ 학교에 (　　　　) 교실에 아무도 없었어요.
3)	백화점은 비싸다/ 시장은 싸요. ➜ 백화점은 (　　　　) 시장은 싸요.

정답 1) 많은데 2) 갔는데 3) 비싼데

62. 명 때

가. 명 때

- 명사와 함께 사용하여 '그 시간에'를 나타낸다.

  예문) 방학 **때** 아르바이트를 했어요.

  이번 휴가 **때** 바닷가에 다녀왔어요.

나. 동형-(으)ㄹ 때

- 그 행동을 하는 시간 또는 그 당시의 상태를 나타낸다. 완료된 시점을 나타낼 때는 **'-았을/었을/했을 때'**를 사용한다.

  예문) 운동**할 때** 음악을 들어요.

  기분이 좋**을 때** 노래를 불러요.

  어**렸을 때** 피아노를 배웠어요.

연습

1)	시험( ) 도서관에 앉을 자리가 없어요.
2)	밥을 먹다 ➜ 밥을 ( ) 휴대폰을 봐요.
3)	한국에 왔다 ➜ 한국에 ( ) 덥고 비가 많이 왔어요.

정답 1) 때 2) 먹을 때 3) 왔을 때

63. 형-아지다/어지다/해지다

- 시간이 지나면서 조금씩 변화하여 어떤 상태가 되는 과정을 나타낼 때 사용한다.

  예문) 공기가 **맑아졌어요.**

  매일 운동해서 **건강해졌어요.**

연습

1)	발음이 좋다 ➜ 발음이 ( ).
2)	날씨가 덥다 ➜ 날씨가 ( ).
3)	방이 깨끗하다 ➜ 방이 ( ).

정답 1) 좋아졌어요 2) 더워졌어요 3) 깨끗해졌어요

64. 동형-지요?

– '네, 아니요'의 대답을 묻는 질문이 아니라 상대방이 어떤 사실을 알고 있다고 생각하고 물어보거나 확인할 때 사용한다.

– 명사인 경우에는 **'명(이)지요?'**, 완료된 문장에서는 **'동형-았지요/었지요/했지요?'**를 사용한다.

예문) 오늘 날씨가 좋**지요?**
민수 씨는 한국 사람**이지요?**
방학**했지요?**

연습

1)	한국어가 재미있다 ➔ 한국어가 ( )?
2)	내일이 휴일이다 ➔ 내일이 ( )?
3)	숙제를 다 했다 ➔ 숙제를 다 ( )?

정답 1) 재미있지요 2) 휴일이지요 3) 했지요

65. 동형-네요

– 비격식적인 상황에서 감탄하거나 놀랐을 때 사용한다.

– 완료된 문장에서는 **'동형-았네요/었네요/했네요'**를 쓴다.

예문) 눈이 오**네요!**
집이 좋**네요!**
벌써 숙제를 다 **했네요!**

연습

1)	키가 크다 ➔ 키가 ( )!
2)	음식이 맵다 ➔ 음식이 ( )!
3)	사람들이 많이 왔다 ➔ 사람들이 많이 ( )!

정답 1) 크네요 2) 맵네요 3) 왔네요

66. 명 에게/한테

- 사람이나 동물 명사와 같이 써서 그 명사가 행동을 받는 것을 나타낸다.
- '주다', '보내다', '가르치다', '빌려주다' 등의 동사와 자주 사용한다.
- 존대의 대상일 때는 **'명 께'**를 사용한다.

예문) 친구**에게** 전화를 했어요.
강아지**한테** 먹을 것을 줘요.
어머니**께** 편지를 보냈어요.

연습

1)	동생(　　　) 무슨 선물을 줄 거예요?
2)	선생님(　　　) 이메일을 썼어요.

정답 1) 에게 / 한테　2) 께

67. 명 에게(서)/한테(서)

- 명사와 같이 써서 그 명사로부터 무엇을 받았을 때 사용한다.
- '받다', '얻다', '배우다' 등의 동사와 자주 사용한다.
- 존대의 대상일 때는 **'명 께'**를 사용한다.

예문) 친구**에게(서)** 편지를 받았어요.
동생**한테(서)** 생일 축하 전화가 왔어요.
부모님**께** 학비를 받았어요.

연습

1)	저는 동생 / 이메일을 받았어요. ➜ 저는 동생(　　　　　　) 이메일을 받았어요.
2)	저는 선생님 / 추천서를 받았어요. ➜ 저는 선생님(　　　) 추천서를 받았어요.

정답 1) 에게(서)/한테(서)　2) 께

68. 동-기 전에

- 동사와 같이 써서 그 동사를 하기 전에 어떤 행동을 할 때 사용한다.

예문) 학교에 가**기 전에** 아침을 먹어요.

저녁을 먹**기 전에** 숙제를 해요.

연습

1)	서비스 센터에 가다 / 전화를 했어요. ➜ 서비스 센터에 (　　　　) 전화를 했어요.
2)	책을 읽다 / 책을 쓴 작가에 대해 찾아봤어요. ➜ 책을 (　　　　) 책을 쓴 작가에 대해 찾아봤어요.

정답 1) 가기 전에 2) 읽기 전에

69. 동-(으)ㄴ 후에

- 동사와 같이 써서 그 동사를 한 다음에 어떤 행동을 할 때 사용한다.

예문) 아침을 먹**은 후에** 학교에 가요.

숙제를 **한 후에** 저녁을 먹었어요.

연습

1)	전화를 하다 / 서비스 센터에 갔어요. ➜ 전화를 (　　　　) 서비스 센터에 갔어요.
2)	책을 쓴 작가에 대해 찾아보다 / 책을 읽었어요. ➜ 책을 쓴 작가에 대해 (　　　　) 책을 읽었어요.

정답 1) 한 후에 2) 찾아본 후에

70. 동형-(으)ㄹ 줄 알다/모르다

가. 동-(으)ㄹ 줄 알다/모르다

- 어떤 일을 할 방법을 알거나 능력을 나타낼 때 사용한다.

예문) 피아노를 **칠 줄 알아요.**

이 컴퓨터를 사용**할 줄 몰라요.**

연습

1)	자전거를 타다 ➜ 자전거를 ( ).
2)	불고기를 만들다 ➜ 불고기를 ( ).
3)	운전하다 ➜ ( ).

정답 1) 탈 줄 알아요 / 몰라요 2) 만들 줄 알아요 / 몰라요 3) 운전할 줄 알아요 / 몰라요

나. 동형-(으)ㄹ 줄 알다/모르다

- 생각이나 예상했던 것과 다른 사실이나 상태를 나타낼 때 사용한다.

예문) 떡볶이가 매**울 줄 알았어요.** (실제는 떡볶이가 안 맵다.)

날씨가 추**울 줄 몰랐어요.** (실제는 날씨가 춥다.)

연습

1)	*[나는 오늘 날씨가 좋을 거라고 생각했는데 그렇지 않았다.]* 날씨가 좋다 ➜ 날씨가 ( ).
2)	*[나는 오늘 날씨가 따뜻할 거라고 생각하지 않았다. 그런데 따뜻했다.]* 날씨가 따뜻하다 ➜ 날씨가 ( ).

정답 1) 좋을 줄 알았어요 2) 따뜻할 줄 몰랐어요

71. 동-는 동안(에)

– 어떤 행동이나 상태가 계속되는 시간을 나타낼 때 사용한다.

예문) 제가 자**는 동안(에)** 전화가 왔어요.

친구가 밥을 먹**는 동안(에)** 저는 숙제를 했어요.

연습

1)	친구가 TV를 보다 / 저는 청소했어요. ➜ 친구가 TV를 (　　　　) 저는 청소했어요.
2)	제가 단어를 찾다 / 친구는 쓰기 연습을 했어요. ➜ 제가 단어를 (　　　　) 친구는 쓰기 연습을 했어요.

정답 1) 보는 동안(에) 2) 찾는 동안(에)

토픽1에 자주 나오는 문법 정리

1. 비격식체와 격식체

1) 서술문, 의문문, 명령문, 청유문의 비격식체와 격식체

	비격식체	격식체
서술문	(명)이에요/예요	(명)입니다
	(동)(형)-아요/어요/해요	(동)(형)-습니다/ㅂ니다
의문문	(명)이에요/예요?	(명)입니까?
	(동)(형)-아요/어요/해요?	(동)(형)-습니까/ㅂ니까?
명령문	(동)-아요/어요/해요	(동)-(으)십시오
	(동)-(으)세요(존대)	
청유문	(동)-아요/어요/해요	(동)-읍시다/ㅂ시다

2) 서술문, 명령문, 청유문의 부정문 비격식체와 부정문 격식체

	부정문 비격식체	부정문 격식체
서술문	아니요, (명)이/가 아니에요	아니요, (명)이/가 아닙니다
	아니요, 안 (동)(형)-아요/어요/해요	아니요, 안 (동)(형)-습니다/ㅂ니다
	아니요, (동)(형)-지 않아요	아니요, (동)(형)-지 않습니다
명령문	아니요, (동)-지 말아요/마요	아니요, (동)-지 마십시오
	아니요, (동)-지 마세요(존대)	
청유문	아니요, (동)-지 말아요/마요	아니요, (동)-지 맙시다

2. 부정을 나타내는 표현

	질문	긍정	부정
이다	(명)이에요/예요?	네, (명)이에요/예요	아니요, (명)이/가 아니에요
있다	(명) 있어요?	네, 있어요	아니요, 없어요
동사 형용사	(동)(형)-아요/어요/해요?	네, (동)(형)-아요/어요/해요	아니요, 안 (동)(형)-아요/어요/해요 아니요, (동)(형)-지 않아요
	(동)-아요/어요/해요?	네, (동)-아요/어요/해요	아니요, 못 (동)-아요/어요/해요 아니요, (동)-지 못해요
알다	알아요?	네, 알아요	아니요, 몰라요

- 동사 '(명)하다'(공부하다, 운동하다, 숙제하다 등)인 경우 부정문은 '하다' 앞에 '안' 또는 '못'을 사용한다. 동사 '좋아하다'와 '싫어하다' 등은 예외이다.

  예) 재미없어서 공부 안 해요. 오늘은 산책 안 해요.
  감기에 걸려서 수영 못 해요. 숙제 못 해서 걱정이에요.
  매운 음식을 안 좋아해요. / 안 싫어해요.

3. 관형형

형용사	-(으)ㄴ (명) (* '있다/없다' 형용사는 '-는' 사용)
좋다	좋은
싸다	싼
*재미있다	재미있는
*맛없다	맛없는

동사	-(으)ㄴ (명) (과거)	-는 (명) (현재)	-(으)ㄹ (명) (미래)
먹다	먹은	먹는	먹을
가다	간	가는	갈
하다	한	하는	할

4. 청유 및 추측

질문	대답(긍정)	대답(부정)
(제가) ㊍-(으)ㄹ까요?	네, ㊍-(으)세요	아니요, ㊍-지 말아요/마요/마세요
(같이) ㊍-(으)ㄹ까요?	네, ㊍-아요/어요/해요	아니요, ㊍-지 말아요/마요
(3인칭) ㊍㊒-(으)ㄹ까요?	네, ㊍㊒-(으)ㄹ 거예요 네, ㊍㊒-(으)ㄹ 것 같아요	아니요, 안 ㊍㊒-(으)ㄹ 거예요 아니요, 안 ㊍㊒-(으)ㄹ 것 같아요

5. 불규칙

1) '으' 불규칙

– 모음 '아, 어' 앞에서 '으'가 탈락된다.

	-아요/어요/해요	-아서/어서/해서	-습니다/ㅂ니다
아프다	아파요	아파서	아픕니다
고프다	고파요	고파서	고픕니다
기쁘다	기뻐요	기뻐서	기쁩니다
쓰다	써요	써서	씁니다

2) 'ㄷ' 불규칙

– 모음 '아, 어, 으' 앞에서 'ㄷ'이 'ㄹ'로 바뀐다.

	-아요/어요/해요	-(으)면	-습니다/ㅂ니다
듣다	들어요	들으면	듣습니다
걷다	걸어요	걸으면	걷습니다
묻다(질문하다)	물어요	물으면	묻습니다
싣다	실어요	실으면	싣습니다

3) 'ㄹ' 불규칙

- 자음 'ㄴ, ㅂ, ㅅ' 앞에서 받침 'ㄹ'이 탈락된다.
- '-(으)로', '-(으)려면' 등의 'ㄹ'로 시작하는 문법이나 '-(으)면', '-(으)면서' 등의 'ㅁ'으로 시작하는 문법이 오면 '으'를 생략한다.

동사	-는 ㊐	-습니다/ㅂ니다	-(으)려면	-아요/어요/해요
살다	사는	삽니다	살려면	살아요
알다	아는	압니다	알려면	알아요
만들다	만드는	만듭니다	만들려면	만들어요

형용사	-(으)ㄴ ㊐	-습니다/ㅂ니다	-(으)면	-아요/어요/해요
달다	단	답니다	달면	달아요
멀다	먼	멉니다	멀면	멀어요
길다	긴	깁니다	길면	길어요

4. 'ㅂ' 불규칙

- 모음 '아, 어, 으' 앞에서 받침 'ㅂ'이 '우'로 바뀐다.

	-아요/어요/해요	-(으)면	-습니다/ㅂ니다
춥다	추워요	추우면	춥습니다
덥다	더워요	더우면	덥습니다
어렵다	어려워요	어려우면	어렵습니다
맵다	매워요	매우면	맵습니다
*돕다(예외)	도와요	도우면	돕습니다

5 'ㅎ' 불규칙

- 모음 '아, 어' 앞에서 'ㅎ'이 탈락하고 모음 'ㅣ'가 첨가돼서 'ㅐ'나 'ㅒ'가 된다.
- '으' 앞에서 'ㅎ'과 '으'가 탈락된다.
- '좋다'는 예외이다.

	-아요/어요/해요	-아서/어서/해서	-(으)ㄴ	-습니까/ㅂ니까
빨갛다	빨개요	빨개서	빨간	빨갛습니까
까맣다	까매요	까매서	까만	까맣습니까
하얗다	하얘요	하얘서	하얀	하얗습니까
어떻다	어때요	어때서	어떤	어떻습니까
그렇다	그래요	그래서	그런	그렇습니까

6. 'ㄹ' 불규칙

- 모음 '아, 어' 앞에서 '으'가 탈락되고 'ㄹ'을 첨가한다.
- '으' 앞의 모음이 '아, 오'면 '아요', '아서' 등을, '아, 오'가 아니면 '어요', '어서' 등을 쓴다.

	-아요/어요/해요	-아서/어서/해서	-습니다/ㅂ니다
다르다	달라요	달라서	다릅니다
모르다	몰라요	몰라서	모릅니다
고르다	골라요	골라서	고릅니다
부르다	불러요	불러서	부릅니다
흐르다	흘러요	흘러서	흐릅니다

7. 'ㅅ' 불규칙

- 모음 '아, 어, 으' 앞에서 받침 'ㅅ'이 탈락된다.

	-아요/어요/해요	-(으)면	-습니다/ㅂ니다
낫다	나아요	나으면	낫습니다
젓다	저어요	저으면	젓습니다
긋다	그어요	그으면	긋습니다
잇다	이어요	이으면	잇습니다

6. 이유를 나타내는 문법

문법	예문
㊍㊌-(으)니까	날씨가 추**우니까** 두꺼운 옷을 입으세요.
	어제 눈이 많이 왔**으니까** 운전을 조심하세요.
㊍㊌-아서/어서/해서	날씨가 추**워서** 두꺼운 옷을 입었어요.
	눈이 **와서** 지하철을 탈 거예요.
㊍㊌-기 때문에	날씨가 춥**기 때문에** 두꺼운 옷을 입었어요.
	눈이 **왔기 때문에** 길이 미끄러워요.

7. 비교를 나타내는 문법

비교 대상	긍정적 표현	부정적 표현
두 개의 명사를 비교	명1이/가 명2보다 **더**	명1이/가 명2보다 **덜**
세 개 이상의 명사를 비교	(명 중에서) 명1이/가 **제일**	

8. 간접화법

글의 종류	간접화법	
	긍정문	부정문
서술문	명(이)라고 하다	명이/가 아니라고 하다
	동-는/ㄴ다고 하다	안 동-는/ㄴ다고 하다 동-지 않는다고 하다
	형-다고 하다	안 형-다고 하다 형-지 않다고 하다
	동형-았/었/했다고 하다	안 동형-았/었/했다고 하다 동형-지 않았다고 하다
의문문	명(이)냐고 하다	명이/가 아니냐고 하다
	동형-냐고 하다	안 동형-냐고 하다
	동형-았/었/했냐고 하다	안 동형-았/었/했냐고 하다
명령문	동-(으)라고 하다	동-지 말라고 하다
청유문	동-자고 하다	동-지 말자고 하다

9. 추측을 나타내는 문법

	과거	현재	미래
명사	명이었던/였던 것 같다	명인 것 같다	명일 것 같다
동사	동-(으)ㄴ 것 같다	동-는 것 같다	동-(으)ㄹ 것 같다
형용사	형-았/었/했던 것 같다	형-(으)ㄴ 것 같다	형-(으)ㄹ 것 같다

10. 반말

글의 종류	격식체 존대말	격식체 반말	비격식체 존대말	비격식체 반말
서술문	[명]입니다/ㅂ니다	[명]이다/다	[명]이에요/예요	[명]이야/야
	[동]-습니다/ㅂ니다	[동]-는다/ㄴ다	[동][형]-아요/어요/해요	[동][형]-아/어/해
	[형]-습니다/ㅂ니다	[형]-다		
의문문	[명]입니까/ㅂ니까?	[명]이냐?(이니?)/냐?(니?)	[명]이에요?/예요?	[명]이야/야?
	[동][형]-습니까/ㅂ니까?	[동][형]-냐?(니?)	[동][형]-아요/어요/해요?	[동][형]-아/어/해?
명령문	[동](-으)십시오	[동]-아라/어라/해라	[동]-아요/어요/해요	[동]-아/어/해
청유문	[동]-(으)ㅂ시다	[동]-자	[동]-아요/어요/해요	[동]-아/어/해

중국어 번역　Rebecca Cai
베트남어 번역　VU THI NGOC(김 써니)